PODER & SABER

Fernando Augusto Fernandes

PODER & SABER
Campo jurídico e ideologia

GERAÇÃO

Copyright © by Fernando Augusto Fernandes
Copyright © 2022 by Geração Editorial
2ª edição – Fevereiro de 2023

Grafia atualizada segundo o Acordo Ortográfico da Língua Portuguesa de 1990, que entrou em vigor no Brasil em 2009.

Editor e Publisher
Luiz Fernando Emediato

Editor
Willian Novaes

Produtora Editorial
Ana Paula Lou

Capa, Projeto Gráfico e Diagramação
Alan Maia

Revisão
Josias A. de Andrade

Dados Internacionais de Catalogação na Publicação (CIP) de acordo com ISBD

F363p   Fernandes, Fernando Augusto
          Poder & Saber: campo jurídico e ideologia / Fernando Augusto Fernandes. – 2. ed. – São Paulo : Geração Editorial, 2023.
          288 p. ; 15,6cm x 23cm.

          ISBN: 978-65-5647-003-0

          1. Direito. 2. Campo jurídico. 3. Ideologia. 4. Regime militar. I. Título.

                                                   CDD 340
2020-888   CDU 34

Elaborado por Vagner Rodolfo da Silva – CRB-8/9410

Índices para catálogo sistemático
1. Direito   340
2. Direito   34

TRISTÃO FERNANDES
Rua Joaquim Floriano, 466, sala 2.401 Ed. Office
Itaim Bibi – São Paulo/SP
CEP: 04534-002

Coedição e Distribuição:
GERAÇÃO EDITORIAL
Rua João Pereira, 81 – Lapa
CEP: 05074-070 – São Paulo – SP
Telefone: +55 11 3256-4444
E-mail: geracaoeditorial@geracaoeditorial.com.br
www.geracaoeditorial.com.br

Impresso no Brasil
Printed in Brazil

PODER E SABER:
CAMPO JURÍDICO E IDEOLOGIA

Fernando Augusto Fernandes
Orientador: Prof. Dr. Gisálio Cerqueira Filho

Tese de doutorado apresentada ao Programa de Pós-Graduação em Ciência Política (PPGCP) da Universidade Federal Fluminense (UFF) como parte dos requisitos para obtenção do grau de Doutor em Ciência Política.

Dezembro, 2010 Niterói – RJ

NOTA DA EDIÇÃO DE 2020

O tempo passa. Em 2010, terminei a tese de doutorado que defendi em 28 de janeiro de 2011. Dez anos depois, em Paraty (RJ), cumpro a quarentena do coronavírus. O mundo não parou, mas se encontra em enorme transformação. Através dos tempos, como vampiros, as "permanências históricas de longa duração".

No último capítulo deste livro, que relata uma intensa luta por uma educação mais humanista e permanente, de Anísio Teixeira e Darcy Ribeiro, estávamos na eleição de Dilma Rousseff. Reeleita posteriormente em 2014, deixou o posto devido a um processo de *impeachment* em 2016, que teve entre os proponentes, Miguel Reale Júnior, ex-ministro do governo Fernando Henrique Cardoso e professor da USP. Os laços ideológicos e emocionais são ligas dessas permanências históricas como se o pai, Miguel Reale, um dos ideólogos da Ação Integralista Brasileira (AIB) e um dos principais redatores do Ato Institucional brasileiro estivesse agindo pelo filho. Todos assistimos às cenas de Janaina Paschoal na USP, que obteve seu doutorado, orientada por Miguel Reale Júnior. Janaina vociferava de forma quase incompreensível:

"Nós queremos seguir a uma cobra? O Brasil não é a República da cobra! Nós somos muitos Célios, muitos Miguéis, muitas

Janainas, muitos Celsos, muitos Daniéis, eles derrubam um e levantam dez. Não vamos deixar essas cobras dominando nossas mentes, as almas de nossos jovens, porque os professores de verdade querem mentes e almas livres. Por meio do dinheiro, de dinheiro, por meio de ameaças, por meio de perseguições, por meio de processos montados — e eu sei o que estou falando, porque conversei bem com muito perseguido político — eles querem nos deixar cativos. Mas não vamos abaixar a cabeça que meu pai me diz — Ricardo meu pai — 'Deus não dá asas para cobra' e aí eu digo para ele 'Mas pai, às vezes a cobra cria asas'. — Mas quando isso acontece Deus manda uma legião para cortar as asas da cobra! Nós queremos libertar o país do cativeiro de almas e mentes. Não vamos abaixar a cabeça para essa gente que se acostumou com um discurso único. Acabou a República da cobra!"

Logo após esse discurso, ao ser questionada pelos jornalistas, chorando Janaina diz que abraçaria Dilma se ela estivesse ali:

"Eu iria abraçá-la. Sei que ela deve estar sofrendo demais. A posição de quem acusa é muito dura. Não gosto desse papel. Acho que ela foi engendrada pelas cobras que estavam ao redor dela. De alguma forma, acho que estou fazendo um bem pra ela".

Não foi a única vez que a orientanda de Reale chorou. No dia 30 de agosto de 2016, na tribuna do Senado, Janaina dispara:

"Finalizo pedindo desculpas à senhora Presidenta, não por ter feito o que fiz, mas por eu ter lhe causado sofrimento. Mas sei que a situação que está vivendo não é fácil. Muito embora não fosse meu objetivo, causei sofrimento".

E chorando, finaliza:

"Peço que ela um dia entenda que eu fiz isso também pensando nos netos dela".

Nessas permanências históricas não é preciso ter grande capacidade imaginativa e de análise para perceber a religiosidade transpassando o discurso na USP e comparar a cobra figurada do seu discurso com a serpente que é descrita em Gênesis 3 em "A tentação de Eva e a queda do homem", quando Eva é tentada a comer do fruto proibido e por isso é lançada com Adão para fora do paraíso.

Ao mesmo tempo que Janaina, a maior acusadora de Dilma, juntamente com seu mentor, Reale, usa um sentimento falseado de compaixão, como se um "amor" justificasse a violência tal qual descreve a relação descrita por Pierre Legendre em *O amor do censor*. Muito disso sustenta a violência contra a mulher: "Eu não sei por que estou batendo, mas você sabe por que está apanhando", bato "por culpa sua", "eu te amo e te bato", diria o abusador.

O discurso e as emoções que desencapsularam as atuações dos comportamentos históricos de longa duração que vão potencializar o *impeachment* e trazer velhas posições que pareciam estar superadas como um anticomunismo acabaram se amalgamando com um plano claro de nova intervenção na América Latina por meio de "guerra jurídica assimétrica" (*lawfare*)[1] que acabou gerando a prisão de inúmeros ex-presidentes nas nações "do lado de baixo do equador" e destruição de empresas. Isso enquanto nunca nenhum ex-presidente americano se viu condenado em

---

[1] A professora Carol Proner descreve *lawfare* como um método de guerra não tradicional pelo qual a lei, pela sua legitimidade e seus atores (juízes, promotores e policiais) é utilizada como um meio para alcançar objetivo militar, desestabilizando ou substituindo governos. Cf. PRONER, Carol. **Lawfare como herramienta de los neofascismos.**

nenhum processo crime e teve suas empresas protegidas. A lava jato é uma faceta dessa intervenção.

O livro *Poder e Saber — Campo Jurídico e Ideologia* segue para nova publicação, agora digital, sem acréscimos. Simples correções ortográficas. Isto porque ele deve representar o retrato daquele momento histórico e servir de auxílio para análise da atual conjuntura e do futuro. Nesta reedição a capa conta com dois quadros do artista e amigo Maramgoní,[2] que representam o conflito ideológico entre as Faculdade do Recife e de São Paulo. Os quadros ficam frente a frente como se o conflito ideológico entre eles pairasse entre a sala de reunião e a recepção pela eternidade.

Meus eternos agradecimentos à Banca Examinadora: ao Prof. Dr. Gisálio Cerqueira Filho (UFF), meu eterno orientador; e a Gizlene Neder (UFF). Hoje, juntos, estamos analisando novamente as gravações dos julgamentos de presos políticos, novamente me orientando. Isso depois de 20 anos de luta pela abertura e dois julgamentos do Supremo Tribunal. História que pode ser mais bem acompanhada com o livro *Voz Humana — A defesa perante os Tribunais da República*. A Geraldo Luiz Mascarenhas Prado (UFRJ) que, além de professor, tenho a honra de ter atuado em conjunto e ter contribuído como impetrante do *habeas corpus* que foi o primeiro precedente da "quebra da cadeia de custódia da prova". A Álvaro Rico (UDELAR) e Ismêmia Lima Martins (UFF). Ismênia, que é a professora de História de todos nós e que durante o exame da banca, após horas, ainda conseguiu brilhar e tornar tudo tão leve. E aos professores que se disponibilizaram como suplentes. Externo, Márcia Barros Ferreira Rodrigues (UFES); e interno, Luis Antonio Cunha Ribeiro (UFF).

---

[2] Waldemar Maramgoní Junior, ver PITLIUK, Márcio. *A arte de Maramgoní*. Itu: Pit Cult, 2019. Escrevi um texto em sua homenagem na página 22, onde está a foto de um outro quadro do Supremo Tribunal Federal no Rio de Janeiro, que sempre mantive no nosso escritório de Brasília. Ver <*http://www.maramgoni.com.br/biografia_2.html*>.

Não mudei nada no texto e nem no agradecimento, para não alterar aquele momento. Novamente agradeço a meu pai, Tristão Fernandes, hoje já com 92 anos e 61 de advocacia; a minha mãe, Zulka Fernandes, que continua com seus quarenta (eternos) e a família: Isabella Fernandes, hoje com 20 anos; e a Rosane Montalvão, minha companheira nesse ano que faremos 30 anos juntos. Todos, nesse momento, juntos de quarentena.

Espero que esta nova edição ajude, de alguma maneira, a analisar a Ciência Política, a História e o Direito. Ao mesmo tempo que contribua, nesse momento que o isolamento físico não deve ser sinônimo de social. "O tempo não para", dizia Cazuza.

SUMÁRIO

I. INTRODUÇÃO 21
1. Essência e Natureza do Problema 21
2. Objetivos 27
3. Hipóteses 27
4. Dimensões empíricas da pesquisa 32

CAPÍTULO 1
A Velha República 43

CAPÍTULO 2
Ideias sobre Educação 1920-1922 71

CAPÍTULO 3
1930-1935 85

CAPÍTULO 4
A Reforma do Ensino e a Formação do Novo Jurista (1930) 113

CAPÍTULO 5
As Revistas Universitárias 123
5.1. Os Autores Citados nas Revistas 151

CAPÍTULO 6
1945-1964 177

CAPÍTULO 7
Os Julgamentos no Superior Tribunal Militar 197

CAPÍTULO 8
O Dogmatismo Individualista 239

CAPÍTULO 9
Conclusões 253

Dimensão Empírica do Projeto 265
1. Fontes 265
1.1. Fontes em áudio 1.2. Fontes Escritas 265

BIBLIOGRAFIA 267
SIGLAS 277
ANEXOS 279

AGRADECIMENTOS

De início tenho que, agora e sempre, agradecer aos meus pais. Fernando Tristão nos mantém com uma chama de vida constante. Hoje com 84 anos, mais de 50 dedicados à advocacia, ex-preso político, advogado de preso político e vítima de atentado que quase ceifou sua vida, continua alegre, "o Tristão mais alegre do mundo", trabalhando firme, madrugada adentro... E Zulka, que sempre ativa, enfrentou agentes do DOPS quando Tristão estava preso, sempre protegendo-o e a família, uma mineira "cuidadora", com um ritmo de vida muito aquém de sua idade, e de todas as idades;

À minha esposa, Rosane, e minha filha Isabella. Durante anos (19) a alegria da construção da vida em comum, de afeição que enlaça as ideias e corações, ao afinar os gostos, as imaginações e as fantasias de hoje e do amanhã;

A Gisálio Cerqueira Filho e Gizlene Neder: ambos foram professores no mestrado em Criminologia e Direito Penal da Candido Mendes. Gisálio ocupou duro papel na banca de mestrado, e tivemos uma convivência que somente me fez crescer. Com Gizlene e Gisálio tive uma oportunidade única de novos olhares sobre o mundo; e a percepção de permanências que, como fantasmas, assombram a modernidade com velhos e perigosos conceitos religiosos que dão liga à ideologia perigosa que mantém nossa sociedade como está;

Às bancas que passei, em 2007, o Projeto de Tese de Doutorado: Dr. Gisálio Cerqueira Filho, Dra. Gizlene Neder, Dr. Eurico de Lima Figueiredo e Dr. Nilo Batista. Em 2008, na qualificação, somou-se a estes professores o Dr. Geraldo Prado. A todos, os meus agradecimentos;

A Daniella Diniz, que como mestranda em História, hoje doutoranda nos Estados Unidos, me ajudou na pesquisa, em especial na forma de recolhimento dos processos no Superior Tribunal Militar (STM). Hoje faz doutorado em Nova Iorque.

Aos estagiários Fernando Rodrigo do Carmo, que auxiliou na catalogação das revistas universitárias; a Bianca Guaraná, que obteve as revistas da Universidade do Recife; e a Pedro Gabriel Lopes, que obteve as revistas da Universidade de São Paulo.

RESUMO

A reforma universitária, conduzida a partir de 1930 pelas ideias de Francisco Campos, retirou das faculdades de Direito as matérias sobre Ciências Sociais, instaurando o dogmatismo tecnicista em seu ensino. As consequências da reforma não se limitaram a questões acadêmicas, de vez que as faculdades de Direito foram e têm sido formadoras de quadros para o exercício do poder na República brasileira. O processo daquela instauração pode ser acompanhado na análise comparativa entre o conteúdo das revistas de Direito das faculdades do Recife e de São Paulo, ambas com o catolicismo como marco fundador, mas com trajetórias diferentes até então. A permanência daquela reforma fica clara tanto na reforma seguinte, já no regime militar, como na análise da transcrição de sessões de julgamentos de presos políticos na década de 1970, material até o momento inédito, e é perceptível ainda hoje. Esta pesquisa apoia-se: (a) no campo da história das ideias, que as vincula ao poder, mas aplicando a estrutura dos sistemas simbólicos; (b) em procedimentos próprios do método indiciário; e (c) na verificação das ideias que influenciaram os personagens históricos envolvidos, incluindo poemas e fantasias, e que se refletiram em ações políticas e institucionais.

ABSTRACT

The university reform from the 1930s onwards inspired by the ideas of Francisco Campos removed the subjects on social sciences from law schools, thereby introducing technical dogmatism in teaching. The consequences of the reform were not limited to academic issues, since law schools were and continue to be formative for cadres for the exercise of power in the Brazilian Republic. The process of that reform can be witnessed in a comparative analysis between the content of the journals of law schools of Recife and São Paulo, both of which featured Catholicism as a touchstone, though with different trajectories until that time. The permanence of that reform is clear both in the subsequent reform during the military regime and in the analysis of the transcripts of sessions of trials of political prisoners in the 1970s (as-yet unpublished material) and is still perceptible today. This research is based: (a) on the field of the history of ideas, which links them to power, albeit applying the structure of symbolic systems; (b) on procedures inherent to the evidentiary method; and (c) on the verification of the ideas that influenced the historical personages involved, including poems and fantasies, and which were reflected in political and institutional actions.

INTRODUÇÃO

1. Essência e Natureza do Problema

Esta tese tem como objetivo identificar as ideologias jurídico-políticas, formadoras da cultura jurídica, que foi um dos sustentáculos do poder no regime militar de 1964. Uma abordagem destas ideias que, muitas vezes passaram sob disfarces nos fundamentos escritos do campo jurídico, é possível diante da abertura de um material nunca antes consultado: as gravações em áudio dos julgamentos de presos políticos, em suas sessões públicas (debates entre acusação e defesa) e secretas (votos dos ministros).

Os julgamentos da década de 1970 devem ser analisados por vários olhares; e o olhar centrado nos efeitos políticos da construção do indivíduo que exercerá o poder, sua formação e seus sentimentos é fundamental para a completa compreensão dos efeitos dos projetos ideológicos e suas permanências históricas à época e hoje.

Está faltando um estudo sobre a estratégia política de poder e hegemonia, iniciada com a reforma universitária de 1930. A importância desta estratégia na formação universitária dos quadros que vão exercer o poder é essencial, desvendando a que serviu aquela reforma e quais as suas permanências. Raymundo Faoro destacou que "o governo prepara escolas para criar letrados e bacharéis que se incorporam à burocracia, regulando a educação, de acordo com os seus fins. Está para ser escrito um estudo acerca da 'paideia' do homem brasileiro, amadurecido na estufa de um estado de funcionário público".[3]

Esta pesquisa visa verificar as consequências da reforma universitária e do dogmatismo jurídico dela decorrente, tanto nos julgamentos de presos políticos na década de 1970, quanto em suas permanências. O ineditismo da fonte se deve à decisão do Supremo Tribunal Federal (STF) no Recurso de Mandado de Segurança (RMS) 23.036. Após nove anos de aguardo (de 26/08/97, quando o acesso ao arquivo foi indeferido pelo Presidente General do Superior Tribunal Militar [STM], ao término do julgamento pelo Supremo Tribunal Federal em 28/03/2006, que teve início em 06/04/99), o Supremo Tribunal garantiu ao pesquisador que assina esta tese o direito de acesso às gravações de todos os julgamentos de presos políticos, ocorridos durante a década de 1970, contendo as sessões públicas em que se realizaram as defesas dos advogados e também as secretas, com os debates entre os ministros do STM que geraram as sentenças aos réus. Este material havia sido declarado secreto por cem anos quando, nove anos antes, o General Presidente do STM havia determinado a apreensão do material de pesquisa e sua destruição, somente impedido por liminar na Corte Suprema.

Ocorre que, após seis meses do cumprimento da decisão da mais alta corte do país, em 20 de setembro de 2006, sob a justificativa de que a decisão do Pretório Excelso "não faculta acesso eterno e irrestrito", o general Max Hoertel, descumprindo a decisão, impediu o acesso a parte integrante dos julgamentos considerados públicos e acessíveis pelo Supremo.

---

[3] FAORO, Raymundo. **Os Donos do Poder: Formação do Patronato Político Brasileiro**, 2º Vol., 8ª. ed., Rio de Janeiro: Ed. Globo, 1989. p. 224 *apud* FILHO, Alberto Venâncio. **Das Arcadas ao Bacharelismo**. São Paulo: Perspectiva, 1982, p. 305.

Os registros sonoros e escritos de todos os julgamentos da década de 1970, ou seja, durante a vigência do AI-5 (Ato Institucional nº 5 — Decreto-lei nº 1.002, de 21 de outubro de 1969) acessados foram as 105 atas de 1976 e 1983 e atas de 1977. Quanto às sessões de julgamento entre 1975 (quando o STM se instalou em Brasília) e 1979 (ano da anistia), existem 940 fitas gravadas. Antes do novo impedimento, recolheram-se 54 sessões de 1976, estando 23 fichadas; e 22 sessões de 1977, com a totalidade fichada, contando, portanto, com 76 sessões das 940 já recolhidas.

Diante da repetição técnica de assuntos e temas, foram selecionados, por amostragem, sete julgamentos para análise nesta tese. Estes julgamentos foram representativos por fugirem à rotina da corte. A luta jurídica pela abertura persiste, e outros desdobramentos ocorrem enquanto esta tese é fechada, 16 anos depois do início da insistência em acessar os arquivos secretos do Judiciário.

As implicações ideológicas do golpe militar de 1964 com o Estado Novo de 1937 e suas diferenças conjunturais relevantes já foram apontadas pela Sociologia. Esta tese, sem dispensar estas contribuições, parte da questão da formação profissional no campo jurídico. Assim, situaremos nossa observação partindo da reforma universitária de 1930, realizada sob a liderança intelectual de Francisco Campos; e verificaremos suas relações com a reforma de 1969, comandada por Jarbas Passarinho. Um indício a construir a problemática da tese e que evidencia, ao menos, a legitimidade da indagação sobre a conexão entre as duas reformas universitárias é o fato de o ministro da Educação que formulou a reforma de 1930 ter sido Francisco Campos, cuja trajetória é reconhecida, sobretudo pelo viés jurídico e por ser citado como jurista do Estado Novo e um dos autores do Ato Institucional nº 1.

Os olhares vindos de sociólogos sobre a educação na era Vargas voltam-se, em geral, à criação de cursos no campo da Sociologia, da Filosofia e da História. Há um grande destaque para o ministério Capanema, que sucedeu a Francisco Campos.

A pesquisa será encaminhada tomando por base a cultura jurídico-política subjacente a este processo, a partir da passagem à modernidade na Europa e de seus desdobramentos para o mundo luso-brasileiro, buscando verificar em que medida a formação cultural da sociedade brasileira, vista numa perspectiva de longa duração, pode dar subsídios para a análise da reforma de 1930. E, ainda, se é possível relacionar esta aos julgamentos de presos políticos da década de 1970. Os pontos a seguir, portanto, serão sublinhados.

1. As faculdades de Direito no Brasil, fundadas no Recife e em São Paulo (em 1827), exerceram importante papel na formação dos quadros dos poderes imperial e republicano, apesar de ambas terem sido originárias da Faculdade de Direito de Coimbra e se diferenciarem no embate entre as ideias liberais e as origens oligárquicas e conservadoras da cultura política e jurídica. Recife, apresentando uma ênfase mais acentuada no liberalismo e na ilustração; São Paulo, com uma presença maior do pragmatismo e do autoritarismo. Estas faculdades, tendo em vista que o monopólio do ensino jurídico no Brasil depois de 1879 terminou por força da Lei Leôncio de Carvalho, e também as outras que foram criadas seguiam as duas matrizes históricas: Recife e São Paulo.

2. Em 1930, a reforma universitária regulou e disciplinou as faculdades, dando um viés positivista às de Direito e criando as de Sociologia, Filosofia e História.

3. Em 1935, Hermes Lima e outros professores da faculdade de Direito da Universidade do Brasil foram cassados, e em 1937 instaurou-se o Estado Novo, que seguiu até 1945, sem rupturas com o projeto de 1930.

4. De 1945 a 1964, e mesmo até o início de 1970, houve tentativas de resistência política e ideológica ao projeto educacional de 1930.

5. O projeto de Francisco Campos passou a exercer hegemonia sobre a cultura jurídica que colaborou para a sustentação institucional do regime militar e cujas permanências podem ser observadas até os dias de hoje.

Pretendeu-se verificar, nesta pesquisa, o conteúdo ideológico do projeto político inserido na reforma universitária de Francisco Campos, assim como suas consequências na formação do autoritarismo brasileiro, cujo projeto manteve-se em 1937 e concorreu de forma decisiva para o golpe militar de 1964. Analisando um material inédito, dito "secreto", com uma pesquisa sustentada em um olhar do campo da história das ideias que vincula poder e saber, pretende-se contribuir para revelar o cerne da formação do operador jurídico que está a atuar na conjuntura política de transição para o Estado de Direito, a partir da década de 1980.

Assim, de forma geral, pergunta-se:

1. Nos julgamentos de presos políticos da década de 1970, quais as bases ideológicas manifestas?

2. Quais as ligações ideológicas e culturais entre a reforma de 1930, o Estado Novo e a Ditadura de 1964?

3. Por que houve a criação de faculdades próprias de Sociologia, História e Filosofia e a exclusão destas matérias da faculdade de Direito?

4. Em que esta cisão serve para a formação da sociedade brasileira, no plano do conflito do projeto burguês com a oligarquia?

5. Em que o dogmatismo jurídico sustenta, como ideologia, as práticas de autoritarismo e repressão política?

6. No material de áudio analisado, qual a interseção entre os cinco ministros civis e os dez militares?

7. Qual a raiz da ligação ideológica congruente entre o disciplinamento acadêmico dos militares e o dos juristas que sustentaram o golpe?

A seguir, veja o que se perguntará nesta tese, de forma específica:

1. Em que medida a reforma universitária de Francisco Campos, de 1930, se inseriu na "consolidação conservadora da dominação burguesa no Brasil"?[4]

2. Em que medida as práticas ideológicas "ensinadas" nas faculdades a partir desta reforma cooperaram com a sustentação do autoritarismo brasileiro e da manutenção das desigualdades político-sociais?

---

[4] FERNANDES, Florestan. **A sociologia no Brasil. Contribuição para o estudo de sua formação e desenvolvimento.** 2ª ed. Petrópolis: Vozes, 1976, p. 245.

3. Quais práticas ideológicas, manifestadas em decorrência ou de acordo com o projeto de reforma universitária de 1930, estão presentes nos julgamentos de presos políticos do regime de 1964 e quais suas permanências?

2. Objetivos

Objetivo principal

Analisar as ideologias que influíram na hegemonia do dogmatismo jurídico presente no autoritarismo, em suas manifestações históricas (1937-1964) e em suas permanências culturais de longa duração.

Objetivos específicos

1. Estimular o estudo da história das ideias, relacionando-a com a História Geral e a do Brasil e o Direito.

2. Contribuir para desvendar as ideologias que impedem rupturas e avanços na sociedade brasileira, com a utilização do Direito para a manutenção do *status quo*.

3. Contribuir para a mudança social, a partir da interferência na formação profissional de operadores sociais nos campos da Sociologia e do Direito.

3. Hipóteses

A hipótese principal é que a reforma universitária de 1930, operada e idealizada por Francisco Campos, serviu como uma estratégia de poder político, como "sociedades disciplinares" pensadas por Foucault, mas também pelo encontro não preconceituoso das ideias deste com Ruschee Kirchheimer.[5]

Partindo das faculdades de Direito, houve a propagação de um positivismo a-histórico e a-sociológico na formação do jurista e o consequente distanciamento da Sociologia, da História e da Literatura, por parte do Direito. Esse afastamento favoreceu a estratégia da construção de consenso em torno de um discurso científico (tecnicista) que encaminhou a hegemonia burguesa.

A estratégia não atingiu somente a formação dos juristas que exercem o poder judiciário, nele atuando como promotores, advogados, delegados etc., mas também os sociólogos e historiadores que, se por um lado passaram a ter faculdades próprias, foram, por outro, alijados da possibilidade de intervir no poder dos juristas, sendo destinados, pela reforma, a serem professores de ensino fundamental e médio. A regulamentação da exclusividade do jurista para intervenção no Judiciário também acompanha esta reforma. A inscrição na Ordem dos Advogados do Brasil (OAB) como pré-requisito ao exercício da advocacia e exclusiva aos juristas ocorre na mesma época, pelo Decreto nº 20.784, de 14 de dezembro de 1931, com vigência diferida para 31 de março de 1933.

---

[5] Na Argentina, em conexão com centros de pesquisa em Barcelona, Oñati (na Espanha) e Saarbrucken (Alemanha), estas posições são desenvolvidas por Emilio García Méndez, *Autoritarismo y control social*, Buenos Aires, Hammurabi, 1987 (orientado em Saarbrucken pelo jurista e criminólogo italiano Alessandro Baratta, autor de *Criminologia critica e critica del diritto penale*, Bolonha, Il Mulino, 1982, onde também desenvolve preocupações metodológicas semelhantes à que estamos propondo aqui); Roberto Bergalli (*Historia ideológica del control social*, PPU, Barcelona, 1989), penalista argentino que trabalha na Universidade de Barcelona e E. Raúl Zaffaroni — Em busca das penas perdidas, RJ, Revan, 1991. No Brasil este encaminhamento encontra-se em Nilo Batista, *Introdução crítica ao direito penal brasileiro*, RJ, Revan, 1990, no campo da criminologia; no campo de história social, discutimos detalhadamente este encaminhamento metodológico (NEDER, Gizlene. Discurso jurídico e ordem burguesa no Brasil, Porto Alegre, S. A. Fabris, 1995).

A pesquisa tem ainda as seguintes hipóteses secundárias:

1. A reforma universitária (de 1930) gerou a preponderância do dogmatismo jurídico, representado pela Universidade de São Paulo (USP) sobre as faculdades do Recife e do Rio de Janeiro, o que possibilitou a estruturação do arcabouço normativo do Golpe de 64. Não é coincidência que Francisco Campos, o jurista que formulou aquela reforma, tenha sido, décadas depois, o redator do primeiro Ato Institucional do regime militar. Esta hipótese sustenta-se no fato de também não ser coincidência que Hermes Lima tenha sido exonerado da cátedra em 1935 e, depois de 1964, do Supremo Tribunal Federal. São as mesmas forças políticas em ação. Eis aí por que a pesquisa deseja verificar as consequências da reforma universitária e do dogmatismo do Largo de São Francisco (USP) nos julgamentos de presos políticos durante a década de 1970, conforme suas transcrições em áudio, o conjunto das quais forma uma fonte inédita de informações sobre o assunto.

A doutrina de segurança nacional, com a ideia de inimigo interno nela inserida, conforme defendeu em dissertação de mestrado o autor desta tese, já existia anteriormente no Brasil, com permanências do higienismo e do positivismo. Lená Medeiros de Menezes, ao analisar a perseguição às "classes perigosas" entre 1890 e 1930 em *Os Indesejáveis*,[6] referindo-se aos anarquistas, afirma que "a ideia de defesa da soberania nacional deixa de se referir à agressão de outro estado para se voltar ao combate ao inimigo interno". Também Carlos Henrique de Aguiar, ao analisar

---

[6] MENEZES, Lená Medeiros de. **Os Indesejáveis: Desclassificados da Modernidade. Protesto, Crime e Expulsão na Capital Federal (1890-1930)**. Rio de Janeiro: EdUERJ, 1996.

a conjuntura de 1946 a 1964, afirma que "o pensamento jurídico-
-penal consegue articular 'pobreza-subversão' e, deste modo,
criminaliza aqueles considerados como inimigos da segurança e
da ordem pública, mesmo na conjuntura do pós-Estado Novo".[7]

O inimigo interno representava aquele que estava a serviço
de nações estrangeiras, exclusivamente os comunistas; e se verificará que este dogmatismo, que pretendeu expulsar as ideias estrangeiras, foi formador do amálgama de ideias que veio a constituir o conceito brasileiro de segurança nacional. O projeto de embranquecimento da população e a contundente mudança da população trabalhadora, porém, trouxeram uma gama de estrangeiros adeptos do anarquismo, que passaram a engrossar os tipos das "classes perigosas", fruto da "infiltração de ideias transitórias (...) criada(s) pelo sectarismo terrorista, sanguinário e corrupto, (que) aproxima os homens de feras bravias (...)".[8]

2. A reforma de 1930 criou, ainda que por meio do dogmatismo jurídico uspiano, permanências na época atual que têm consequências seriíssimas em relação ao conflito entre as garantias constitucionais de 1988 e aquele pensamento que, em ação, apaga garantias e direitos, deturpa-os ou impede que sejam aplicados.

O quadro formado em decorrência da estratégia referida mais acima, na primeira hipótese, é o da hegemonia de um

---

[7] SERRA, Carlos Henrique Aguiar. **História das Ideias Jurídico-Penais no Brasil: 1937-1964**, Tese para obtenção de grau de doutor na UFF — Universidade Federal Fluminense, orientado pela profª. Drª. Gizlene Neder, p. 86. Ver também, CERQUEIRA FILHO, Gisálio e NEDER, Gizlene. "Cultura Jurídica, Cultura Religiosa no Brasil e Poder Político" In **Revista Eletrônica DIÁLOGOS**, ano III, nº 11, Maringá, Paraná, 2007. No mesmo número ver SERRA, Carlos Henrique Aguiar. "Cultura jurídica e religião: diálogo com Gizlene Neder e Gisálio Cerqueira Filho, meus amigos!".

[8] NEDER, Gizlene. **Discurso Jurídico e Ordem Burguesa no Brasil**. Porto Alegre: Sergio Antonio Fabris, Editor, 1995, p. 55. Relatório do Ministro da Justiça, 1921, p. VI.

conservadorismo positivo, a-histórico e a-sociológico no Poder Judiciário, mitigando as garantias e exacerbando os poderes de polícia do Estado. Muitos destes agentes são professores em uma faculdade de Direito que trabalham para aprovar em concurso público cerca de 80% dos alunos, que ainda passam por "cursinhos" realizados por agentes estatais, todos se certificando de que os futuros quadros do poder serão dogmáticos, positivistas, autoritários e propagadores do totalitarismo.

Este consenso utilizou a estratégia de expurgar a História e a Sociologia e regular a profissão da advocacia para extinguir a possibilidade dos que se dedicassem ao estudo destas matérias viessem a exercer qualquer cargo no Poder Judiciário, contribuindo, assim, para a "neutralidade do Estado e da Justiça: 'a justiça é cega'."[9]

Há indicação da veracidade da referida hipótese. Gizlene Neder aponta as raízes beneditinas da faculdade de Direito do Recife e as franciscanas, de São Paulo; estas, somadas às origens militares, em virtude das nomeações do tenente-general José Arouche de Toledo Rendon para diretor, e do Dr. José Maria de Avelar Brotero para lente, em 13 de outubro de 1827. Assim, é possível supor que as forças acadêmicas de São Paulo tenham fornecido o arcabouço teórico para o autoritarismo pós-64, enquanto Recife, superada pelo dogmatismo, elaborava uma influência maior sobre a questão nacional, vinculada às ideias liberais mais fortemente ligadas à Revolução Francesa. Clóvis Bevilaqua, segundo Gizlene, estabelece uma relação entre a Escola do Recife e o "estado mental do Brasil" sob influência das ideias de Arruda Câmara e Azeredo Coutinho, pensadores com ampla atividade intelectual e política na virada do século XVIII para o XIX.

O conflito entre estas visões esteve nos movimentos de 1930, 1935-1942, 1942-1945, 1945-1964 e 1964-1979, e representa o embate

---
[9] NEDER, Gizlene. *Op. cit.*, p. 40.

entre o "idealista realista" e o "idealista utópico". A reforma universitária de 1930, em hipótese, é realista e visou moldar as faculdades de Direito à linha realista paulista superando, assim, o conflito Recife/RJ versus São Paulo/MG. Gizlene relata as ideologias políticas em conflito na década de 1920, dando conta que "o liberalismo conservador de Rui Barbosa desagrada Oliveira Vianna, para quem a especificidade brasileira exigia o autoritarismo". Ao mesmo tempo, Gizlene descreve que a procura da identidade nacional passa pela temática "herança colonial" *versus* "cultura importada".

Esta cultura importada é atribuída exatamente a Rui Barbosa, ligado a Recife. Por isso, apesar de os pracinhas brasileiros da Segunda Guerra Mundial terem passado pelas escolas americanas, sempre foram nacionalistas (não se representavam servindo aos interesses externos).

Em 2 de julho de 1925, com assinaturas de 112 deputados, foi apresentada ao Congresso uma emenda propondo liberdade para o Poder Executivo expulsar "os súditos estrangeiros perigosos à ordem pública ou nocivos ao interesse da República".[10]

Ligada a fatos como estes, a pesquisa deseja verificar as consequências da reforma universitária e do dogmatismo do Largo de São Francisco nos julgamentos de presos políticos durante a década de 1970.

4. Dimensões empíricas da pesquisa

4a.) Descrição do processo de pesquisa de doutorado e fontes

A pesquisa do material que constitui as fontes principais do trabalho de construção da tese de doutorado foi elaborada, a

---

[10] Citação da Emenda 67, apresentada à Câmara dos Deputados, transcrita por FARIA, Antonio Bento. **Sobre Direito de Expulsão**. Rio de Janeiro: Ribeiro dos Santos, 1925, p. 74.

princípio, no projeto de doutorado e começou a ser executada logo no início do curso. Esta pesquisa empírica debruça-se em especial sobre fontes do campo do Direito e subdivide-se em dois tópicos distintos.

1. A coleta e análise de materiais impressos, produzidos pelo campo do Direito, no âmbito acadêmico, principalmente pela Revista Forense e pelos periódicos da Faculdade de Direito do Recife e de São Paulo. Destes periódicos, elegemos os artigos (escritos por acadêmicos e juristas, advogados e intelectuais do Direito e das Ciências Sociais), que tratam das temáticas de Direito Civil, da Lei de Segurança Nacional, do Código Penal e do estudo do Direito nas faculdades acima referidas, bem como da reforma dos cursos de Direito, implementadas a partir de 1930, sob a liderança do ministro da Educação Francisco Campos. Nossa temporalidade abrange o período de 1922 a 1969, mediante uma amostragem dos volumes anuais. Nesta parte do processo de pesquisa, pretendemos analisar o discurso ideológico acerca da construção do Direito nas áreas referidas, a fim de apreender as razões objetivas e subjetivas que levaram à mudança do estudo do Direito nas universidades brasileiras, ocorrida a partir de 1930. A ideia de Direito, pensada no campo penal e criminológico por intelectuais e juristas como Roberto Lyra, Francisco Campos, Vitor Nunes Leal, dentre outros, constitui o nosso foco neste tópico.

2. A pesquisa sobre os julgamentos dos presos políticos no Supremo Tribunal Militar, em Brasília, relativa ao período entre 1975 e 1979. Estes julgamentos, divididos em sessões e transcritos dos originais gravados e organizados no pleno

do próprio Supremo Tribunal Militar na Capital Federal, contêm partes públicas e secretas. São identificados a partir das atas disponíveis no STM e referem-se a crimes políticos, pois possuem como ponto em comum acusações referentes à Lei de Segurança Nacional (LSN), formulada e redigida em diferentes anos. Nos áudios dos julgamentos, reorganizados em pautas e índices por sessões, encontramos informações relativas às acusações, à defesa e a decisão final, apresentada pelos ministros nas sessões. O acesso a este material permite apreender os elementos referentes às formas de julgar durante a ditadura militar, a partir da análise do discurso inserido na formulação da acusação, dos votos emitidos pelos ministros do STM e da sustentação oral dos advogados.

4b.) Metodologia: quadro teórico metodológico

Por meio deste estudo, pensaremos o campo jurídico como espaço social para conflitos entre diversas ideias, representativas de diferentes setores.[11] A pesquisa, ao mesmo tempo em que adotará procedimentos tradicionais do campo dos estudos de ideias políticas, utilizará métodos heterodoxos, combinando identificação dos autores, correntes ideológicas e descrição, contextualização e crítica interna e externa da fonte documental. Sem misturar teorias, pretende acionar diferentes esquemas metodológicos de forma a, captando os leques temáticos abertos pelos diversos autores, enriquecer e ultrapassar os limites de uma só visão.

As faculdades de Direito, pelo conceito de "sociedade disciplinadora",[12] cunhado por Foucault e utilizado neste estudo,

---

[11] BOURDIEU, Pierre. **O Poder Simbólico**. Trad. por Fernando Tomaz. Rio de Janeiro: Bertrand Brasil, 1998.

[12] FOUCAULT, Michel. **Vigiar e Punir: Nascimento da Prisão**. Trad. por Lígia M. Pondé Vassallo. Petrópolis: Vozes, 1987.

podem ser entendidas como agentes na preparação da classe dominante e de seus operadores para exercer o poder. Vale lembrar a importância do Poder Judiciário na estrutura do Estado: é a ele, na divisão hobbesiana moderna, que cabe julgar os atos do Poder Executivo, declarar leis inconstitucionais e, mesmo, determinar leis por meio de um instrumento constitucional intitulado mandado de injunção.

As ideias jurídicas serão tomadas como objeto empírico, rompendo-se com visões exclusivamente formalistas ou instrumentalistas. Segundo Bourdieu, as primeiras afirmam a independência absoluta do Direito em relação ao mundo social; e as segundas concebem o Direito como reflexo ou utensílio a serviço da classe dominante. Bourdieu destaca o pensamento de Kelsen, cuja "teoria pura do Direito" exclui qualquer dado histórico, psicológico ou social, no que se aparenta à reforma de Francisco Campos, que define a hegemonia desta visão em decorrência de razões e forças políticas. A estratégia de formar um *corpus* jurídico relativamente independente das pressões externas cria, segundo Bourdieu, os "intérpretes autorizados". Entre estes são fundamentais o professor, por meio do monopólio de ensinar as regras em vigor de maneira normalizada e formalizada; e o juiz, voltado à interpretação prática do caso concreto, a quebrar o rigorismo do primeiro, exercendo papel indispensável à sobrevivência do sistema, assim como os teóricos que lhe produzem "inovações". Uma espécie de estrutura teológica, fechada em si, buscando a revelação do justo na letra da lei.

O caminho será, portanto, abordar as ideias e o poder, a representação do conflito das ideologias dos grupos e subgrupos da classe dominante na formação acadêmica e na execução em Direito, mas aplicando a estrutura dos "sistemas simbólicos".[13]

---
[13] BOURDIEU, Pierre. *Op. cit.*, p. 210.

A formação, que vai além dos currículos e do "intérprete autorizado", busca a hegemonia do discurso e gerará o "intelectual orgânico" (conceito de Antonio Gramsci),[14] formado por uma rede de capitais simbólicos (Bourdieu) e que passa a ser reprodutor e mantenedor desta hegemonia.

Procedimentos epistemológicos do método indiciário[15] serão utilizados na análise destes discursos, aplicados que já foram na História[16] e nas Ciências Sociais.[17] Ginzburg destaca a utilização milenar deste método pelos caçadores e sua retomada por alguns pensadores na passagem do século XIX para o XX, sublinhando, ainda, os aspectos da pesquisa médica: o sintoma que dá pistas e indícios a serem pesquisados (também e inclusive) pela intuição. Estes procedimentos epistemológicos aparecem também nos romances policiais de Conan Doyle (que tinha formação médica), assim como nas interpretações psicanalíticas de Sigmund Freud, em um método heurístico centrado em dados marginais, nos detalhes, nos resíduos que, manifestados involuntariamente e em constante reincidência, são reveladores.

Na obra *Nenhuma ilha é uma ilha*,[18] Ginzburg demonstra, sob o método indiciário, como se enredam em países diversos as ideias

---

[14] GRAMSCI, Antonio. **Obras Escolhidas, Vol. 2**. Coleção Teoria. Lisboa: Ed. Estampa, 1974.

[15] GINZBURG, Carlo. Sinais: Raízes de um Paradigma Indiciário In GINZBURG, Carlo. **Mitos, Emblemas, Sinais: Morfologia e História**. São Paulo: Companhia das Letras, 1989, pp. 143-179.

[16] NEDER, Gizlene. *Op. cit.*, assim como CHALHOUB, Sidney. **Visões da liberdade — Uma História das Últimas Décadas da Escravidão na Corte**. Companhia das Letras: São Paulo, 1990.

[17] CERQUEIRA FILHO, Gisálio. **Édipo e Excesso: Reflexões Sobre a Lei e a Política**. Porto Alegre: Sergio Antonio Fabris, Editor, 2002, p. 27; CERQUEIRA FILHO, Gisálio. **Autoritarismo Afetivo — A Prússia como Sentimento**, São Paulo: Ed. Escuta, 2005, p. 13, assim como ZIZEK, Slavoj. **O Mais Sublime dos Histéricos: Hegel com Lacan**. Rio de Janeiro: Jorge Zahar Editor, 1988 e ZIZEK, Slavoj. **Eles não Sabem o que Fazem: O Sublime Objeto da Ideologia**. Rio de Janeiro: Jorge Zahar Editor, 1990.

[18] GINZBURG, Carlo. *Nenhuma Ilha é uma Ilha: Quatro Visões da Literatura Inglesa*. Trad. por Samuel Titan Jr. São Paulo: Companhia das Letras, 2004.

na literatura e nas artes visuais. Este livro faz inúmeras ligações circulares de informações. No primeiro capítulo, analisa Utopia, de Thomas Morus. Numa passagem das *Imagens de Filóstrato* (I, 23), por exemplo, este pode ter sido influenciado, em uma rede de circulação de ideias, por Petrus Christus ao pintar o quadro Retrato de um cartuxo. A mesma obra e o mesmo quadro podem, nesta linha de raciocínio, terem influenciado Morus. Mesmo a Opúscula, de Luciano, publicada em Paris em 1514, pode ter influenciado a obra. O livro Utopia foi publicado na Alemanha em 1524, ano em que Leonhard Reynmann lançou Practica astrologica, em cujo frontispício ilustrado via-se Saturno, o deus pagão, seguido por uma fileira de camponeses brandindo, como armas, os próprios apetrechos de trabalho; e contemplando a cena, o papa e o imperador, atemorizados. Ginzburg se pergunta: como as obras teriam influenciado as guerras camponesas?

Ginzburg demonstra que a relação entre o imaginário e a realidade na narrativa sobre a inventada ilha de Utopia permitiu que Morus, por meio da ficção, trouxesse à baila as profundas transformações em curso na sociedade inglesa. Ginzburg passeia no entrelaçamento das ideias, demonstrando sua circularidade e provando que "nenhum homem é uma ilha, nenhuma ilha é uma ilha".

Esta pesquisa, para a compreensão mais ampla e precisa, pretende tirar ensinamentos do método de Ginzburg e não se ater ao texto sobre a reforma, às revistas universitárias e aos julgamentos, mas verificar as fontes e as ligações das ideias políticas e de formação que influenciaram direta ou tangencialmente os personagens. Isto inclui suas fantasias e seus romances, que acabam refletidos nas ações institucionais e políticas.

Mikhail Bakhtin, em Marxismo e filosofia da linguagem, mostra como o discurso, o que se fala, deve ser analisado entre o mundo interior e exterior, cujo limite é o signo, assim como a introspecção não pode ser separada da realidade material, ou seja, da situação social que a envolve. A palavra, afirma, nasce e se desenvolve no curso de socialização do indivíduo para, em seguida, ser integrada ao organismo individual e, assim tornar-se fala interior. A língua, portanto, não pode ser separada de seu conteúdo ideológico. A análise de uma obra literária, por exemplo, só pode ser apreendida na unicidade da vida literária, em conexão permanente com outras espécies literárias. Assim, também, o discurso é apreendido dentro da situação social, em que a comunicação verbal é sempre acompanhada, ou completada, por atos sociais de caráter não verbal. (gestos de trabalho, atos simbólicos, cerimônias etc.).

Bakhtin afirma que "a enunciação realizada é como uma ilha emergindo de um oceano sem limites, o discurso interior. As dimensões e as formas dessa ilha são determinadas pela situação da enunciação e seu auditório".[19] A enunciação, portanto, é uma realidade da linguagem e de sua estrutura socioideológica. O significado, segundo Bakhtin, não está na palavra ou na alma do interlocutor, mas na interação deste com o receptor, como uma faísca elétrica que só se produz no contato de polos opostos.

Bakhtin vai ainda mais longe, desce às minúcias dos textos, demonstrando que as formas literárias transportam ideologia, alterando a forma de percepção na réplica interior e no comentário efetivo.

> Qualquer que seja a orientação funcional de um determinado contexto — quer se trate de uma obra literária, de um artigo polêmico, da defesa de um advogado, etc. — nele discernimos claramente essas duas tendências, o comentário efetivo, de um lado, e a réplica, de outro.[20]

---

[19] BAKHTIN, Mikhail. **Marxismo e Filosofia da Linguagem**. Trad. por Michel Lahud e Yara Frateschi Vieira, Colaboração de Lúcia Teixeira Wisnik e Carlos Henrique D. Chagas Cruz. 12ª ed., São Paulo: Hucitec, 2006, p. 129.

[20] *Ibidem*, p. 154.

Bakhtin faz análise profunda das forças que modificam a forma de réplica e comentário, incluindo aspectos sociais do receptor que influenciam sua interiorização e exteriorização, como a fome. Neste contexto, é possível discernir o grau de firmeza ideológica, de autoritarismo e de dogmatismo que acompanha o discurso.

Pretende-se compreender o projeto de reforma universitária de 1930, arquitetado por Francisco Campos, na perspectiva da "circularidade das ideias". A pesquisa, ao olhar a reforma de 1930, buscará, além dos programas acadêmicos, os capitais simbólicos nas revistas universitárias e nas matérias na imprensa, nos livros dos diversos professores que atuaram nas referidas faculdades e nos debates legislativos anteriores à reforma e abandonados por ela. O campo político será relacionado, em determinados momentos, de acordo com o método de Giovanni Levi,[21] à micro-história: acontecimentos individuais que contêm em si a totalidade da História. A Metodologia, se por um lado cuidará para que o trabalho não se perca em generalizações, deverá, por outro, acolher abstrações, pois fatos aparentemente insignificantes podem revelar um fenômeno mais geral.

Por exemplo, na vida individual de Francisco Campos, percebe-se riqueza nos aspectos ideológicos das forças que vão perseguir uma hegemonia autoritária. Entendendo que a formação da classe dominante e de seus operadores é fundamental para a realização deste projeto de poder, será feita a ligação entre o projeto educacional idealizado por ele em 1930 e aprofundado por Jarbas Passarinho em 1969, e a verificação da atuação destes operadores durante a execução, na década de 1970, do plano conservador que foi motor desta estratégia.

---

[21] LEVI, Giovanni. Sobre a Micro-história In BURKE, Peter (org.). **A Escrita da História: Novas Perspectivas**. São Paulo: EdUNESP, 1992, p. 353.

Compunha uma das forças em 1930; foi hegemônico em 1937; começou a perder força em 1942 com a entrada do país na Segunda Guerra Mundial; deslocou-se do poder em 1945 e se desvinculou do trabalhismo, que era projeto das forças hegemônicas em 1930, mas não deste segmento; tentou assumir o poder, com outros contornos, em 1954; foi interrompido com a morte de Getúlio e retornou em 1964, já associado aos interesses econômicos liberais. O projeto educacional de 1930 será analisado em suas relações com os anos de 1937 e 1964 e com a prática judiciária de 1970.

A análise e a interpretação de conteúdo, temas, autores e correntes de pensamento formam a base para resolver as hipóteses apresentadas, levando-se em conta que agentes políticos agem com intencionalidade, mas de forma a não explicitar suas intenções e que estes documentos precisam ser concatenados com outros aspectos, para que seja possível chegar às razões, aos projetos. Este trabalho pretende articular a história do poder e das ideias políticas com a história da cultura política, recorrendo à metodologia de Carl Schorske.[22]

Os discursos e as gravações das partes secretas dos julgamentos de presos políticos (com os votos desconhecidos dos ministros militares e civis, nunca escutados sequer pelos advogados, que eram obrigados a se retirar da sala de sessões) serão submetidos a uma análise das metáforas e metonímias neles presentes, verificando o entrelaçamento de ideias que contorna cada personagem: as ligações sociais, ideias políticas e fantasias que os cercam, e os contornos ideológicos em suas falas, em seus tons e formas de fala.

Os componentes emocional e imaginário contidos na ideologia, e até mesmo sua ação subconsciente, serão levados em conta,

---

[22] SHORSKE, Carl. Museu em Espaço Contestado: a Espada, o Cetro e o Anel In SHORSKE, Carl. **Pensando com a História: Indagações na Passagem para o Modernismo**. São Paulo: Companhia das Letras, 2000, pp. 124-141.

de forma a ampliar aquele conceito metodológico. Estas variáveis são consideradas no desenvolvimento de conceitos, como o da "insuficiência imunológica psíquica", de Manoel Tosta Berlink, e nos de "individualismo fóbico" e "vulnerabilidade psíquica",[23] desenvolvidos por Gisálio Cerqueira Filho. Na ideologia positivista kelsiana que se instala em definitivo no Brasil como projeto político em 1964, como consequência do projeto de ensino, pode ser apreciado um "autismo jurídico" que se isola do mundo exterior e segue sua própria lógica. Frederic Jameson refere-se, sobre o mesmo alargamento do conceito de ideologia, à colonização do inconsciente.[24]

---

[23] CERQUEIRA FILHO, Gisálio. *Op. cit.*, p. 27, CERQUEIRA FILHO, Gisálio. *Op. cit.*, p. 98.
[24] JAMESON, Frederic. **Pós-Modernismo: A Lógica Cultural do Capitalismo Tardio**. São Paulo: Ática, 1996.

CAPÍTULO 1

A Velha República

Do Império à Velha República, não houve rupturas em relação aos estamentos (Florestan Fernandes). Nesta fase é importante a verificação da formação da elite e de seus "intérpretes autorizados" (Bourdieu), e também a questão sobre como se moldava a estrutura dos "sistemas simbólicos"[25] que permitiam a hegemonia daquele sistema político.

Gizlene Neder, que abordou as ideias jurídicas na passagem para a modernidade (entre 1890 e 1927)[26] e se posiciona na perspectiva da história das ideias em diálogo com o culturalismo, salienta que o pensamento jurídico ganha especial relevância graças à "inserção dos juristas enquanto intelectuais e produtores de conhecimento, quer pelas suas múltiplas interferências em vários campos do saber: Geografia, Economia, História do Brasil, escritas por juristas (...)".[27]

O Brasil já foi considerado o país dos bacharéis, e a importância dos formados em Direito não se restringia aos cargos vinculados à lei, mas transbordava em formação humanística para a Literatura, a História, os quadros políticos e legislativos. Gizlene

---
[25] BOURDIEU, Pierre. *Op. cit.*, p. 210.
[26] NEDER, Gizlene. *Op. cit.*, p. 99.
[27] *Ibidem*, p. 19.

destaca que "a análise do contexto histórico dessas formulações leva-nos a recortar a temática da discussão entre autoritários e liberais como uma recorrência no pensamento social e político de então",[28] tendo como pano de fundo o processo histórico que encaminha a construção da ideia de "nação".

Neder define os bacharéis como todos aqueles formados em Direito. Juristas, para ela, são os bacharéis que atingiram notoriedade e respeitabilidade, seja pela via política, seja pelo brilhantismo e erudição com que pautaram sua carreira, marcando suas atividades com a formulação de argumentos sobre a organização social e política do país.

Juristas e bacharéis com formação humanística e domínio de um campo de saber bastante abrangente tinham inegável importância na composição da intelectualidade na virada do século, segundo a historiadora. Assim, podiam desempenhar as mais diversas atividades na administração pública, nos foros, em cargos legislativos e executivos. Ensinavam Latim, Português, História, Geografia etc. nas escolas. Escreviam para jornais e produziam literatura. Sua formação, portanto, lhes "permitia atuar de forma expressiva no processo de ideologização presente na construção de uma ordem burguesa no Brasil".[29]

Gizlene destaca, ainda, "a importância dessa categoria social no processo de ideologização. São intelectuais que se encarregam da reprodução da cultura e da ideologia dominante tecendo, assim, a hegemonia".[30]

Sérgio Adorno, sob a perspectiva culturalista, estudou a formação da Faculdade de Direito de São Paulo de 1827 a 1883[31]

---

[28] *Ibidem*, p. 99.
[29] NEDER, Gizlene. *Op. cit.*, p. 99.
[30] *Ibidem*, p. 125.
[31] ADORNO, Sérgio. **Os Aprendizes do Poder**. Rio de Janeiro: Paz e Terra, 1988, p. 19.

(...) sob a ótica sociológica, o processo de formação cultural e profissional dos bacharéis em São Paulo, durante o século XIX, no contexto de emergência da ordem social competitiva na sociedade brasileira e da solidificação do liberalismo econômico e político enquanto ideologia dos estratos sociais dominantes, saídos vitoriosamente da revolução descolonizadora.[32]

Alberto Venâncio, que não se dedica à história das ideias, mas a uma cronologia do que era ensinado nas faculdades de Direito, observa a presença constante do bacharel na vida brasileira desde o início da colonização. Quanto ao ensino aos juristas "de caráter eminentemente literário e retórico, iria colocar em posição de prestígio o bacharel em artes, saído dos colégios dos jesuítas, que constituiria, inclusive, base da formação do bacharel em Direito".[33]

Alberto Venâncio observa:

> Os cursos jurídicos foram, assim, no Império, o celeiro dos elementos encaminhados às carreiras jurídicas, à magistratura, à advocacia, e ao Ministério Público, à política, à diplomacia, espraiando-se também em áreas afins na época, como filosofia, a literatura, a poesia, a ficção, as artes e o pensamento social. Constituíram, sobretudo, a pepineira da elite política que nos conduziu durante o Império. Numa frase muitas vezes citada, e algumas vezes deturpada, disse Joaquim Nabuco que "já então (década de 1840 e 1850) as faculdades de Direito eram ante-salas da Câmara.[34]

A formação portuguesa influenciou nas nossas elites em fases diferentes, inicialmente com seus filhos indo estudar em Portugal,

---

[32] *Ibidem*, p 19.
[33] FILHO, Alberto Venâncio. *Op. cit.*, p. 271.
[34] FILHO, Alberto Venâncio. *Op. cit.*, p. 273.

sendo as concepções ideológicas e jurídicas "importadas após, na concepção das faculdades de Olinda (Recife) e de São Paulo, espelhadas em Coimbra. Mesmo depois da Independência, as leis em vigor quanto ao Direito Civil foram as portuguesas, de 1822 até o primeiro Código de 1916.

A cultura jurídica portuguesa estava cravada em um tomismo e no humanismo, de fundo militarista e religioso. Em meados do século XVI, abraçou-se uma segunda escolástica, ou escolástica barroca, de corte tomista com uma visão coerente e hierárquica do universo, aristotélica, combinando teologia especulativa com filosofia racional, mantendo um equilíbrio entre a fé e a razão. A segunda escolástica foi profundamente influenciada por Santo Tomás de Aquino e pela reforma religiosa católica, ou Contrarreforma. Esta base foi a resistência da Península Ibérica, que permaneceu com uma visão aristocrática e rigidamente hierarquizada, imune aos ventos do pensamento político inglês, que passou longe, com as mudanças de inspiração de Hobbes e Locke. A opção portuguesa, a escolha política da elite, no ingresso na modernidade, foi a de manutenção da sociedade hierarquizada.

Na virada do século XVIII para o XIX, o "império luso-brasileiro" não apresentou ruptura ideológica ou política, nem mesmo no período pombalino, que primou pelo ataque à escolástica e ao jesuitismo. Apesar das modernizações do humanismo e racionalismo como orientação histórica (pois já no século XVI havia ocorrido influência do humanismo na península), ao fim aquele império manteve-se com o viés autoritário e conservador de obediência e submissão. Os estudantes remetidos para as universidades italianas em 1527, cerca de 50 bolsistas que alcançariam 200, apelidados de bordaleses, na volta trouxeram ares novos para Portugal, mas logo encontraram resistência de uma orientação ferrenha e ortodoxa, acabando nos tribunais do Santo Ofício, saindo o humanismo enfraquecido e os jesuítas sob o comando educacional.

Mesmo rompendo com os jesuítas, na reforma pombalina, defensora de uma ortodoxia católica com obediência direta ao pontífice, o sistema escolar, ação fundamental jesuítica, permaneceu marcado pelo conservadorismo clerical, substituído por outra ordem religiosa, a Congregação do Oratório. A reforma pombalina foi uma tentativa de secularização, dela advindo a Lei da Boa Razão, de 1769, que limitava a aplicação do Direito Romano ao rei e extinguia a aplicação subsidiária do Direito Canônico. Os estatutos de Coimbra também seriam reformados, passando a incluir matérias como história das leis, usos e costumes, que posteriormente se transformaram em história da jurisprudência teorética ou ciência das leis de Portugal. O humanismo crítico foi sufocado, interrompendo a laicização da política, preponderando uma visão sagrada do mundo, aristotélica e tomista. O Iluminismo passou por um filtro pombalino, uma forma de absolutismo ilustrado ou esclarecido.[35] O isolamento português chegou ao ponto de aquela nação ser chamada de "reino cadaveroso".[36]

A formação de humanidades, de fato, decorre da intelectualidade no campo jurídico; e em especial no Brasil, outros campos passaram a ter formação independente, pois várias atividades estavam diretamente ligadas às faculdades de Direito, como o Jornalismo, a Administração Pública, o ensino de História, Geografia, Sociologia, Economia...[37]

A obediência e a submissão intelectual são um *habitus* desta intelectualidade, na qual existem o sentimento e o desejo de obedecer e de se submeter ao censor, como poder e autoridade do

---

[35] NEDER, Gizlene. *Op. cit.*, p. 137.
[36] SERGIO, Antonio. *Reino Cadaveroso ou o Problema da Cultura em Portugal* In SERÃO, Joel (org.). Prosa Doutrinal de Autores Portugueses, Lisboa: Portugália, s/d, *apud* NEDER, Gizlene. *Op. cit.*, p. 69.
[37] NEDER, Gizlene *Op. cit.*, p. 20.

dono do saber.[38] Este sentimento soma-se à busca da perfeição por meio, também, da lei perfeita, em especial a Lei Maior, um viés de Direito constitucional,[39] uma razão universal expressa na lei.

Isto, porém, se deu no âmbito de um direito tomista que nega o indivíduo, ou o individualismo, tornando tudo hierarquizado, acomodando as "partes" do "todo" de forma ordenada e "harmônica". O todo, para o tomismo, significa o perfeito, trazendo consigo a ideia de "condições ideais".[40] Para Santo Tomás, em sua Suma Teológica, o indivíduo, ou a família, está relacionado a toda a sociedade. "O bem de um único homem não é o fim último, mas está relacionado ao bem comum. Paralelamente, o bem de uma casa está relacionado ao bem da cidade, que constitui a comunidade perfeita".[41]

Portugal desenvolveu uma sociedade mista, ao mesmo tempo em que o clero representava uma parcela considerável da estrutura de poder (3.189 padres e freiras contra 121 médicos, cirurgiões, mestres de ler e tabeliães).[42] A faculdade de Direito passou a ser uma nova forma de atingir a "nobreza", uma ordem dos letrados e em especial daqueles advindos de Coimbra, preparados para o desempenho de funções do Estado.[43]

A cultura jurídica estava cravada, como dito antes, em um tomismo e no humanismo de fundo militarista e religioso, um

---

[38] LEGENDRE, Pierre. O amor do censor — ensaio sobre a ordem dogmática, Rio de Janeiro, Forense-Universitária/Colégio Freudiano do Rio de Janeiro *apud* NEDER, Gizlene. *Op. cit.*, p. 20.

[39] NEDER, Gizlene. *Op. cit.*, p. 61.

[40] Existe importante nota de rodapé, número 49, no livro NEDER, Gizlene. *Op. cit.*, p. 64, em que a autora comenta uma matéria de 1994 quando professores reclamavam da doação de computadores pelo Estado, em razão da inexistência de obras físicas, transmitindo uma ideia de que somente seria possível e satisfatória a plenitude, ou a perfeição.

[41] NEDER, Gizlene. *Op. cit.*, p. 64.

[42] *Ibidem*, p. 43.

[43] NEDER, Gizlene. *Op. cit.*, p. 52.

cristianismo performático,⁴⁴ político e alegórico. Isto se expressava, sobretudo, em uma simbologia hiperbólica, vindos do militarismo os fardamentos, galões, medalhas, bandeiras, brasões; e, das manifestações religiosas de fé e devoção, como procissões, ornamentos de altares e andores, idolatria de imagens e, mesmo, a teatralidade dos autos de fé e dos tribunais do Santo Ofício, os tribunais comuns com seus ritos e pompas.⁴⁵

Soma-se a isso um território brasileiro balizado, como no século XVI, pela "reconquista: militarismo associado à visão civilizadora da cristandade, feita pelos 'eleitos por Deus'", e derivado de uma posição portuguesa autorreferente, com uma afetividade vinculada ao desprezo, sintoma de uma opção autoritária e conservadora.⁴⁶

A ideia de perfeição desdobra-se em duas hipóteses, a aspiração pela obra perfeita em toda plenitude divina, ao mesmo tempo em que a própria ciência busca atingir uma verdade que ideologicamente aproxima-se do tomismo. Este sentimento da busca pelo perfeito atinge as manifestações do campo jurídico (legisladores, magistrados, procuradores, promotores, advogados).⁴⁷ Soma-se a isso a reificação ideológica da superioridade e perfeição do saber jurídico diante de outros campos do saber, como se inatingível para o "comum, pairando a sacralização do poder-saber".

Gizlene destaca o "lugar máximo da idealização, por meio dos atributos de perfeição, neutralidade, universalidade da lei, responsável pela construção do mito do super-homem".⁴⁸ Certamente,

---

⁴⁴ ZIZEK, Slavoj. *Op. cit. apud* NEDER, Gizlene. *Op. cit.*, p. 33.
⁴⁵ BALANDIER, George. **O Poder em Cena**. Brasília: Unb 1982. NEDER, Gizlene. *Op. cit.*, p. 34.
⁴⁶ NEDER, Gizlene. *Op. cit.*, p. 39.
⁴⁷ *Ibidem*, p. 80.
⁴⁸ A nota destaca o trabalho comum de Gizlene e Gisálio, Emotion in motion.

a fantasia de controle político e social absoluto, parte do absolutismo ilustrado, soma-se a esta ideia de perfeição.[49]

Raymundo Faoro, na obra *Existe um pensamento político do Brasil?* analisa, sob a perspectiva da história das ideias, o fechamento da sociedade portuguesa às ideias liberais na reforma pombalina, visando inserir as ideias burguesas "de cima para baixo". Aqui se pode buscar a raiz do racionalismo e da importância do Direito Romano em nosso país. "A história territorial do Brasil" — disserta o mais profundo pesquisador jurídico do assunto — "começa em Portugal."[50]

Faoro destaca que o Direito Português serviu à organização política mais que ao comércio ou à economia particular, consolidando um estado de estamentos. A regulação das relações jurídicas por normas gerais, abandonando-se as decisões caso a caso, coincide com o aumento da autoridade do réu em desfavor de privilégios da nobreza e do clero. A lei, porém, veio ressalvar a supremacia real organizando, por meio de cargos e privilégios, a ordem jurídica do reino. Assim se fizeram as Ordenações Afonsinas, obras advindas da Revolução de Avis em que houve preocupação fundamental "com as atribuições dos cargos públicos, inclusive os militares e municipais; os bens e privilégios da Igreja, os direitos do rei e da administração fiscal, a jurisdição dos donatários e as prerrogativas dos fidalgos são miudamente especificadas".[51] Primeiro é construída a arquitetura administrativa, após os direitos civil, processual e penal.

As Ordenações Afonsinas representaram esforços de três reinados sucessivos, dando unidade à legislação, o que representou

---

[49] NEDER, Gizlene. *Op. cit.*, p. 114.
[50] FAORO, Raymundo. *Op. cit.*, p. 146.
[51] *Ibidem*, p. 83.

o aumento progressivo da autoridade do rei e a decadência de um direito local. Nas palavras de Faoro:

> (...) o conhecimento dos direitos inerentes à soberania não se foi buscar ao estudo dos antigos usos do reino, mas sim à lição do direito romano (...) são as das leis imperiais, conquanto se ressalvem as leis do reino e o direito tradicional.[52]

Em outra parte da obra, Faoro destaca o encontro da influência do Direito Romano com o racionalismo.

> As colunas fundamentais, sobre as quais assentaria o Estado português, estavam presentes, plenamente elaboradas, no direito romano. O príncipe, com a qualidade de senhor do Estado, proprietário eminente ou virtual sobre todas as pessoas e bens, define-se, como ideia dominante, na monarquia romana. O rei, supremo comandante militar, cuja autoridade se prolonga na administração e na justiça, encontra reconhecimento no período clássico da história imperial. O racionalismo formal do direito, com os monumentos das codificações, servirá, de outro lado, para disciplinar a ação política, encaminhada ao constante rumo da ordem social, sob o comando e o magistério da Coroa.[53]

A obra destaca que o direito escrito pelos visigodos se constrói sobre o direito romano e sob a influência do clero e dos pontos principais da antiga codificação justiniana. O modelo romano se impõe como pensamento e ideal de justiça, contrapondo-se à dispersão da autoridade, fenômeno geral

---

[52] *Ibidem*, p. 83.
[53] FAORO, Raymundo. *Op. cit.*, p. 27.

na Idade Média, sob o predomínio do direito costumeiro da terra, réplica continental do Common Law.[54]

Os interesses do clero, desde o século VI, com a conversão do reino visigótico ao catolicismo, trabalharam para romanizar a sociedade, o que dava justificava legal a seus privilégios. As lições dos clérigos-juristas durante os séculos XI e XII foram de grande influência no movimento de romanização.

Os conceitos romanos foram ponderados no que não interessava aos padrões justinianos e depurados do Direito Canônico, no conflito de interesses entre clero e Coroa. Os letrados que desta faziam parte, filhos diretos ou indiretos da Escola de Bolonha (séculos XII e XIII) e das universidades europeias, exerceram a distinção entre o *dominare*, reservado à nobreza territorial, e o *regnare*, exclusivo do príncipe, teoria que se assentava sobre o domínio eminente e não real.

O Direito Romano teve a índole da disciplina dos servidores em referência ao Estado, já que não favorecia os interesses comerciais. O comércio, no seio da Idade Média, passou a criar o seu próprio Direito, fundamento e origem do moderno Direito Comercial.

Verifica-se que os conflitos ideológicos refletem um crescer de questões históricas, com suas peculiaridades no mundo ibérico brasileiro. No Brasil, a faculdade de Direito herda os efeitos das reformas e contrarreformas de Coimbra e da história do colonizador.

Faoro destaca que:

> (...) até as reformas pombalinas a concepção dominante no nosso país foi a da escolástica, aristotélica e tomista. Os problemas econômicos foram naturalmente concebidos

---
[54] *Ibidem*, p. 27.

no quadro dos princípios éticos do tomismo na linha do pensamento medieval.[55]

A reforma contava com algo de influência estrangeira, pois o próprio Pombal era um diplomata, tendo vivido longo tempo fora de Portugal, sobretudo na Inglaterra. Autores que saíram da visão escolástica, aristotélica e tomista também viveram fora do país, como Mendes Vasconcelos e Severino de Faria, ou eram cristãos-novos, a exemplo de Duarte Gomes Solis.[56]

Para Faoro, Portugal vivia o "atraso científico e o enrijecimento do Direito, a serviço, ambas as fraquezas, do estado-maior de domínio".[57] Destaca que seria "fruta importada" em Portugal, e no Brasil a utilização técnica do conhecimento científico, uma das bases da expansão do capitalismo industrial, não tendo brotado a ciência das necessidades práticas do primeiro, cuja elite intelectual estava ocupada com o silogismo aristotélico desdenhoso da ciência natural e plena das glórias da navegação. Portugal aparece no campo do pensamento, neste contexto histórico, como um "reino cadaveroso", o "reino da estupidez". Toda a vida intelectual, depois da fosforescência quinhentista, teria ficado reduzida a comentários sobre os livros da Antiguidade "em um jogo de sutilezas formais, um jogo verbal de ilusões aéreas". Afirma Faoro:

> Por toda parte, na Europa, vemos o triunfo do moderno espírito, do espírito crítico e experimentalista. Por toda parte? Não digo bem. Menos aqui, na península ibérica; menos aqui, em Portugal. (...) Temos que confessar que viemos para trás;

---
[55] FAORO, Raymundo. *Op. cit.*, p. 80.
[56] *Ibidem*, p. 80.
[57] *Ibidem*, p. 80.

temos que declarar que tudo morreu. Nada passou do espírito científico para o século XVII português; pelo contrário: o século XVII, aqui, é peripatético e medieval.[58]

Faoro está impregnado com a ideia evolucionista na história das ideias, pois não parece perceber que o que ocorria em Portugal era não um "atraso", mas a predominância do conservadorismo. Richard Morse, sob a perspectiva culturalista, identifica o mesmo fenômeno, afirmando que a Espanha não teve uma revolução científica ou um equivalente de Hobbes ou Locke, e permaneceu quase intocada pela Reforma protestante e pelo Renascimento em sua forma italiana.[59] Enquanto ocorria um surto de individualismo político, Portugal e Espanha "permaneciam distantes da teoria de contrato social e da revolução industrial". As consequências foram duradouras: incrustaram-se em uma maneira de formação do indivíduo que nem sequer futura abertura permitiu.

No Brasil, decidiu-se com olhos do passado (metropolitano) o futuro do império, apesar da vocação do Rio de Janeiro para propor a formação da "nação", por questões estratégicas contra movimentos separatistas e, para a construção de uma "unidade moral do organismo nacional",[60] a instalação das faculdades de Direito do Recife (Olinda) e de São Paulo. As faculdades vão cumprir o papel de formadoras das elites, e com clareza, um processo de ideologização por meio da educação, formulado nos termos "formação de uma consciência nacional".[61] Gizlene Neder destaca em seu livro que a escola de Direito do Recife foi

---

[58] FAORO, Raymundo. *Op. cit.*, p. 82.
[59] MORSE, R. **O Espelho de Próspero**. São Paulo: Companhia das Letras, 1988, p. 37.
[60] BEVILAQUA, Clóvis. **História da Faculdade de Direito do Recife**, 2ª ed., RJ, INL, 1977, *apud* NEDER, Gizlene. *Op. cit.*, p. 33.
[61] NEDER, Gizlene. *Op. cit.*, p. 138.

formada no convento de São Bento; portanto, de raízes beneditinas, enquanto a de São Paulo teve alicerces franciscanos.

Informa ela que, à herança franciscana acoplou-se, de início, uma outra, de origem militar. Por decreto de 13 de outubro de 1827, haviam sido nomeados o tenente-general José Arouche de Toledo Rendon, para diretor, e o Dr. José Maria de Avelar Brotero, para lente do primeiro ano. Rendon havia sido nomeado (decreto de 20 de maio de 1822) comandante das armas de São Paulo; foi eleito deputado.[62]

A Escola do Recife, instalada no convento de São Bento, recebe fortíssima influência da ideologia liberal e representa o "estado mental do Brasil", enquanto a "Academia de São Paulo" estaria fundada nos alicerces erigidos pelos franciscanos, em data anterior ao ano de 1827.

Cabe a ressalva feita por Gizlene, de que o liberalismo se tornou uma ideologia necessária e presente na conjuntura da emancipação política. Assim, em ambas as faculdades (São Paulo e Recife),

> (...) os postulados liberais foram invocados na luta contra o monopólio metropolitano na qual engajaram-se importantes segmentos sociais ligados à grande propriedade agrária escravista. O liberalismo foi adotado, entretanto, com limitações, resguardados os privilégios daqueles segmentos sociais e mantida a escravidão.[63]

Já a faculdade de São Paulo, criada por alvará de 29 de novembro de 1824, foi fundada no convento de São Francisco, vindo,

---

[62] NEDER, Gizlene. *Op. cit.*, p. 103. Cf. Idem. **A Ilustração Luso-brasileira:** *Perinde Ac Cadaver*. In Concurso para Professor Titular de História Moderna do Departamento de História da UFF — Universidade Federal FLuminense, 1995, p. 159.

[63] NEDER, Gizlene. *Op. cit.*, pp. 102-103.

mais de duzentos anos depois, a simbolizar a Academia de São Paulo. Gizlene ressalta:

> Em que pese sua adesão formal aos pressupostos liberais vigentes no momento de fundação, a Escola paulista tem, ao longo dos anos, adaptado pragmaticamente estes pressupostos aos interesses dos setores agro-exportadores, num primeiro momento, e aos dos setores industriais, incorporados num segundo momento. Mesmo esposando o liberalismo, a "Academia" o pratica com pequenas e significativas alterações no que se refere à Escola do Recife, vindo a marcar-se pelo pragmatismo.[64]

Estas influências religiosas, de um lado os beneditinos mais dedicados à contemplação e ao estudo e mais engajados na reforma religiosa do que as ordens ditas mendicantes; e de outro, os franciscanos, mais disciplinadores e com mais interferência na formação do indivíduo, como destaca Gizlene, lembrando Jacob Burckhardt, n'A Cultura do Renascimento da Itália.[65]

O dado é importante para a compreensão do viés pragmático daquela faculdade, cujos quadros acabaram ligados ao integralismo. Gizlene destaca que o pensamento jurídico formulado em São Paulo atrelou-se vigorosamente à campanha republicana, e entre as décadas de 1880 e 1920, encontrou condições históricas para sua elaboração autoritária, que iria surgir explicitamente a partir de 1930. Destaca que:

> (...) Alberto Sales, Pedro Lessa e Alberto Torres (...) de uma ou de outra maneira criaram condições histórico-ideológicas

---

[64] NEDER, Gizlene. *Op. cit.*, p. 103.
[65] BURCKHARDT, Jacob. **A Cultura do Renascimento da Itália**. São Paulo: Companhia das Letras, 1991.

para as formulações de cunho autoritário e nacionalista que explodiram na década de 1930.[66]

Uma das hipóteses levantadas por Gizlene é que o pragmatismo e o autoritarismo encontram um terreno propício e "adequado" à sociedade brasileira, por esta ser dotada de características peculiares que a tornariam mais "apropriada" à "realidade". A autora afirma:

> (...) uma relação histórica e teórico-ideológica entre a formação do pensamento jurídico formulado pela "Academia de São Paulo" e a tendência ao encaminhamento de proposições autoritárias.[67]

Aqui há um conflito que, da raiz formadora, se estendeu como permanência ilustração / contemplação / estudos (humanismo) *versus* disciplina / pragmatismo / dogmatismo.

Neder faz uma diferenciação entre a "Academia de São Paulo" e a região de São Paulo. Na busca do "sentido da nacionalidade", as ideias dos "rastreadores" (Alberto Torres, Euclides da Cunha, Oliveira Vianna, Vicente Licínio Cardoso) convivem com as de Mário de Andrade, Oswald de Andrade e Cândido Mota Filho, fora da "Academia", mas no interior da formação ideológico-discursiva, espelhando contradições e complexidade da estrutura social. Esta busca produz na academia uma

> (...) liderança teórico-ideológica-política, que embasa e fundamenta as formulações "idealistas realistas". Referimo-nos a Alberto Torres, que expressa formulações opostas ao

---

[66] NEDER, Gizlene. *Op. cit.*, p. 105 *apud* NEDER, Gizlene. *Op. cit.*, p. 147.
[67] NEDER, Gizlene. *Op. cit.*, p. 106.

"idealismo utópico" daqueles que estariam, segundo Oliveira Vianna, numa posição de "marginalidade intelectual", padecendo de insuficiências metodológicas e tendendo ao irrealismo político. Rui Barbosa expressaria este "idealismo utópico", contestado por Oliveira Vianna.[68]

Raymundo Faoro, gaúcho que se transferiu para o Rio de Janeiro em 1951, onde se tornou Procurador do Estado, autor de vários livros[69] e foi Presidente do Conselho Federal da OAB (1977-79), faz em "Os Donos do poder: formação do patronato político brasileiro",[70] sob a perspectiva da história das ideias, um estudo em que revela o desenvolvimento de um Estado patrimonialista formado por estamentos, transplantado de Portugal para o Brasil, e a importância dos legistas, como eram, então, chamados os juristas, para este projeto. Identifica o crescimento do antiliberalismo, que adquire "consciência e densidade" especialmente por meio dos movimentos integralistas, dos quais cita o de Minas Gerais, a Legião de Outubro, liderada por Francisco Campos e Gustavo Capanema, "com camisas cáqui, milícias e símbolos, em franca inclinação à cópia fascista".[71] Cita, ainda, a Legião Revolucionária de São Paulo, fundada por João Alberto e que, depois de articulações com Juarez Távora e Osvaldo Aranha, fixou os primeiros contornos das aspirações revolucionárias, divorciadas da imediata reconstitucionalização liberal.[72]

---

[68] *Ibidem*, p. 106.
[69] FAORO, Raymundo. *Op. cit.* Idem. FAORO, Raymundo. **Machado de Assis: A Pirâmide e o Trapézio**. 2ª ed., São Paulo: Editora Nacional, 1976. FAORO, Raymundo. **Existe um Pensamento Político Brasileiro?** Rio de Janeiro: Editora Ática, 1994. FAORO, Raymundo. **Assembléia Constituinte: A Legitimidade Recuperada**. 3ª ed., Brasília: Brasiliense, 1985.
[70] FAORO, Raymundo. *Op. cit.*
[71] FAORO, Raymundo. *Op. cit.*, p. 777.
[72] Ibidem, p. 789.

O integralismo seria a fórmula retificada e exacerbada da República Velha, na feição de domínio das camadas médias, sem estadualismo e sem oligarquias, como uma comunidade no poder, liberta dos azares do liberalismo. Ele corresponde — não na forma, mas na essência, tirante o ritual fascista — à manutenção do poder pelos revolucionários de 1930 saídos do grupo dominante: Osvaldo Aranha, este, na verdade em rápida conversão à democracia, Gustavo Capanema e, sobretudo Francisco Campos.[73]

Faoro também destaca o clima de disciplinamento, mesmo sem dar atenção ao papel que a reforma de 1930 cumpriu neste aspecto, afirmando que, na aspiração culturalmente autonomista, havia a visão em que cabia ao governo educar, cultivar e orientar o povo, como uma obra de regeneração. Preponderava que "esse papel pedagógico não cabe, entretanto, às elites, no seu conteúdo sociológico".[74]

O brado liberal e reformista, que soara em 1919 com estridência, se exauriu, dando campo ao antiliberalismo. A decepção com o regime de 1891, na sua estrutura federal e individualista, extremou-se no parafascismo num lado, e no outro, nas tendências socialistas e comunistas, que iriam tomar corpo depois de 1930.[75] Faoro afirma que "na elite que virá, o povo deve ser educado e disciplinado, seja pela casaca republicana, seja pelo traje de gala das paradas, nunca pela camisa rota ou pela constituição ultrapassada".[76]

Neste cenário, o cunho político do Exército se abre na quebra dos exclusivismos estaduais. Na São Paulo divorciada da imediata reconstituição liberal, inicia-se a Legião Revolucionária, fundada por João Alberto, depois de articulações com Juarez Távora e

---
[73] *Ibidem*, p. 784.
[74] *Ibidem*, p. 752.
[75] *Ibidem*, p. 752.
[76] *Ibidem*, p. 752.

Osvaldo Aranha. Contrapunham-se ao comunismo, reclamando um Estado forte e nacionalista.

Esse movimento refletiu-se em Minas Gerais, com a criação da Legião de Outubro. Seus membros, montanheses pouco ligados à profissão das armas, deram à Legião cunho fascista, ideologizando-a para homogeneizá-la e captar adesões. Liderada por Francisco Campos e Gustavo Capanema, com camisas cáqui, milícias e símbolos, em franca inclinação à cópia fascista, teve o apoio discreto, cauteloso e quase envergonhado do governador Olegário Maciel e foi estimulada por Osvaldo Aranha, ministro da Justiça.

Enquanto isso, no Rio de Janeiro estruturava-se o Clube 3 de Outubro, presidido por Góes Monteiro, também com a assessoria de Osvaldo Aranha e Juarez Távora, visando "impedir ou deter" os tenentes, para que não levassem questões políticas para os quartéis, ficando estas restritas ao Clube; impedindo ou detendo, assim, a divisão do quadro militar e criando as bases de um partido que apoiasse a revolução.[77]

A classe média, sobretudo sem papel político na sociedade, desdenhada pelas camadas dominantes, sentiu no credo "verde" a oportunidade de ajustar-se ao Estado, que a banira durante quarenta anos, como parasitária e improdutiva. Na vertente oposta a estes movimentos, irá se somar à nova classe média (*white collar*) com pânico do comunismo e da Aliança Nacional Libertadora, que tinha a ascendência de Luís Carlos Prestes.

Formata-se a ideia definitiva de um estado autoritário sob o movimento de São Paulo e Minas Gerais, bem desenhado por Francisco Campos:

> A democracia, em estilo diverso, se divorcia do liberalismo, em busca de César, não o "César caricato" da denúncia a D.

[77] FAORO, Raymundo. *Op. cit.*, pp. 777-778.

Pedro II, mas o César que comanda o progresso, prende, demite e pune, com o esquema de Napoleão III repetindo a história. "As massas" — prossegue o cético forrado de místico — "encontram-se sob a fascinação da personalidade carismática." Esta é o centro da integração política. Quanto mais volumosas e ativas as massas, tanto mais a integração política só se torna possível mediante o ditado de uma vontade pessoal. O regime político das massas é a ditadura. A única forma natural de expressão da vontade das massas é o plebiscito, isto é, voto-aclamação, apelo, antes do que escolha. Não o voto democrático, expressão relativista e cética de preferência, de simpatia, do pode ser que sim pode ser que não, mas a forma unívoca, que não admite alternativas, e que traduz a atitude da vontade mobilizada para a guerra.[78]

Em contraponto, o monopólio de São Paulo e Recife foi quebrado em 1879 com a Lei Leôncio de Carvalho, jurista paulista que introduziu o ensino livre nas escolas de nível superior. Em 1892, Benjamin Constant abriu caminho para os "cursos livres" criando, na então Capital Federal, a Faculdade Livre de Ciências Jurídicas e Sociais e a Faculdade livre de Direito, unidas mais tarde (1920), com a interferência do Estado, à Universidade do Rio de Janeiro (Universidade do Brasil), tendo para a sede do Governo Federal convergido juristas de ambas as escolas, mas em especial do Recife, como Clóvis Bevilaqua e Sílvio Romero.

A Faculdade de Direito do Rio de Janeiro, na Rua do Catete, expressou com mais precisão a inquietude de segmentos da intelectualidade brasileira, formada pelo campo jurídico, oriunda

---

[78] CAMPOS, Francisco. O Estado Nacional. Rio de Janeiro: José Olympio, 1940, pp. 8, 19, 20 e 16 *apud* FAORO, Raymundo. *Op. cit.*, p. 788.

de diferentes regiões do país e reunida na então Capital Federal. Havia certa predominância dos intelectuais provenientes dos estados do Nordeste que, acompanhando o deslocamento do centro cultural do país do Norte para o Sul, estavam de alguma forma relacionados ao legado da Faculdade de Direito do Recife. A fundação de uma faculdade livre para o ensino das ciências jurídicas teve por objetivo primordial atender um número grande de candidatos que ficavam excedentes na Faculdade Nacional de Direito, nascida da fusão da Faculdade Livre de Ciências Jurídicas e Sociais, fundada em 1902 e da Sociedade de Estudos Nacionais, fundada em 1918. As diferenças entre as formações proporcionadas pelas faculdades de São Paulo e do Recife tiveram ascendência sobre a faculdade do Rio de Janeiro. O "Largo de São Francisco", por exemplo, representou uma faculdade mais conservadora, da qual iriam derivar juristas como Miguel Reale, integralista, ainda na década de 50.

A faculdade do Recife tem como maior personagem Tobias Barreto, que representou uma possibilidade de rompimento com as resistências à reforma pombalina e até uma possível superação das próprias ideologias burguesas ligadas ao conservadorismo escravista. Clóvis Bevilaqua e Sílvio Romero, quando foram de lá para o Rio de Janeiro, exerceram grande influência na formação jurídica na Capital Federal, mesmo sem ocuparem cadeiras na faculdade. Podemos traçar semelhanças entre a Faculdade de São Paulo e a de Minas pelas proximidades políticas do movimento integralista. Hermes Lima destaca:

> A cultura brasileira conhece fases marcantes de renovação filosófica. Uma das mais fecundas ocorreu no século passado, na década de 70, quando comtismo e evolucionismo abalaram e reformaram a mentalidade geral no país. A ela seguiu-se a campanha da Escola de Recife pela modernização

dos estudos jurídicos e sociais e que tanta influência exerceu na atmosfera do saber e da cultura do século XIX.[79]

É importante, para compreensão das estruturas ideológicas, saber qual discurso preponderava como suporte de legitimidade da intervenção da elite. Com o controle social deixando progressivamente de ser realizado no meio da produção (engenho, fazenda, capatazes), e com a passagem para a modernidade torna-se necessário punir mais e melhor, com monopólio do Estado na repressão e no controle social.

A abolição da escravatura lançou a mão de obra escrava para o contingente de subempregados e desempregados. A população, em termos absolutos, entre 1872 e 1890, praticamente dobrou: passou de 266 mil para 522 mil habitantes.[80]

A libertação dos escravos e a perda da força de trabalho, como propriedade do senhor, foram acompanhadas de um discurso ideológico afirmando que "a escravidão não havia dado a esses homens nenhuma noção de justiça, de respeito à propriedade, de liberdade".[81]

Forma-se, então, um discurso a fim de convencer que o trabalho é o elemento ordenador da sociedade e, acima de tudo, de moralidade.

O viés era o arcabouço teórico médico-eugenista-jurídico-penal,[82] misturado a uma visão de classes perigosas: os males sociais eram "obra do 'rebotalho ou das fezes sociais', do facínora, do

---

[79] LIMA, Hermes. **Anísio Teixeira: Estadista da Educação**. São Paulo: Civilização Brasileira, 1978, p. 69.
[80] CARVALHO, José Murilo de. **Os Bestializados — O Rio de Janeiro e a República Que Não Foi**. Companhia das Letras: São Paulo, 1987, p. 16.
[81] CHALHOUB, Sidney. **Trabalho, Lar e Botequim — O cotidiano dos Trabalhadores no Rio de Janeiro da *Belle Époque***. Editora UNICAMP: São Paulo, 2001, p. 68.
[82] TORTIMA, Pedro. **Crimes e Castigo — Para Além do Equador**. Editora Inédita: Belo Horizonte. 2002, p. 4.

ladrão, do desordeiro de profissão, do ébrio habitual, da meretriz, do cáften, do jogador, do vagabundo e do vadio".[83]

O homem passa a ser entendido como um animal que não tem livre-arbítrio, abandonando-se por completo a Escola Clássica. Não há mais a escolha do homem em cometer ou não o crime, esta decisão decorre dos fatores biológicos. O antigo adágio que dizia: "a ocasião faz o ladrão" transforma-se em "a ocasião dá ao ladrão a oportunidade de cometer o furto".[84] O criminoso é nato,[85] tem um defeito de nascença, uma inferioridade biológica, pode ser identificado previamente, e por isso toda esta fúria catalogadora, expedições de carteira de identidade etc.

Com a introdução, em 1870, da Filosofia do Direito nos cursos, numa fase em que se buscavam referências teórico-ideológicas do Direito Germânico sob a égide do iluminismo kantiano, abriu-se caminho para a visão do Direito como ciência. Uma corrente político-ideológica culturalista e evolucionista (de corte spenceriano) que confrontou o escolasticismo herdado de Coimbra, mas que também foi capaz de contradizer o dogmatismo excludente e autoritário do positivismo comtiano e seus desdobramentos político-ideológicos, em especial o lombrosianismo, a exemplo da obra de Tobias Barreto, "Menores e loucos", um importante libelo contra aquela visão determinista. E como se verá, sua influência em São Paulo é quase nula.

Ambas as faculdades, tal qual Portugal, adotaram o liberalismo com limitações, mantendo os privilégios de segmentos sociais e também a escravidão, criando um liberalismo sob camisa de força. O pragmatismo foi importante, sobretudo em São Paulo, para a defesa dos interesses regionais, em uma formação de absolutismo

---

[83] CARVALHO, José Murilo de. *Op. cit.*, p. 115.
[84] TORTIMA, Pedro. *Op. cit.*, p. 38.
[85] LOMBROSO, Cesare. **O Homem Criminoso**. Trad. por Maria Carlota Carvalho Gomes. Editora Rio : Rio de Janeiro, 1983, p. 85.

ilustrado, que iria gerar a tendência ao autoritarismo e ao pragmatismo. Nos movimentos artísticos, enquanto o byronismo esteve presente na rala poesia dos acadêmicos do Largo de São Francisco, a Semana de Arte Moderna representou uma ruptura estética, deslocando a reflexão acadêmica, do Direito para a Arte.

Acima de tudo, destaca-se que a Sociologia, no Brasil, teve grande contribuição dentro da faculdade de Direito, o que era imperceptível nos currículos acadêmicos (uma resolução de 1972 incluiu a Sociologia no currículo. Lei de 11 de agosto de 1827: "Crêa dos Cursos de Sciencias jurídicas e sociaes, um na cidade de S. Paulo e outro na de Olinda", Decreto 7.247, de 19 de abril de 1879; Dec. 12.321H, de 2 de janeiro de 1891; Lei 314, de 30 de outubro de 1895; Dec. 11.530, de 18 de março de 1915; Dec. 18.851, de 11 de abril de 1931; Parecer 215 — aprovado em 15/09/1962, Resolução CFE 03-72, de 25 fevereiro de 1972, Portaria 05/95 — CF/OAB e demais).[86]

O ensino, no entanto, não era totalmente regulamentado, o que permitia ao curso maior flexibilidade. Sérgio Adorno conta que havia um ambiente extraensino no qual o intelectual era preparado para a vida política, em um contato com o ideário liberal.[87] Adorno adverte, ainda, que:

> (...) essa autonomia conseguiu produzir uma vida acadêmica tão peculiar que a formação profissional e cultural do bacharel não pode, por conseqüência, ser atribuída ao padrão de ensino dominante na faculdade.[88]

---

[86] CONSELHO FEDERAL DA OAB. **Ensino Jurídico OAB: 170 anos de Cursos Jurídicos no Brasil**. Brasília: Conselho Federal da Ordem dos Advogados do Brasil, 1997, p. 187.
[87] ADORNO, Sérgio. *Op. cit.*, p. 27.
[88] *Ibidem*, p. 27.

Durante a República Velha discutia-se no Poder Legislativo a formalização e a inclusão da cadeira de Sociologia na reforma universitária, sobre o que já havia proposta anterior, de Rui Barbosa. Aurelino Leal demonstra que:

> (...) o Direito e as chamadas Ciências Sociais assentam numa base comum, descendem do mesmo tronco. A união, além do mais, decorre logicamente da nossa organização política que reclama os reconhecimentos de um e outras, nem só do juiz e do advogado.[89]

Os debates legislativos direcionavam para que, na regulamentação do curso de Direito, as matérias que pairavam no curso, mas não se integravam ao currículo oficial, ingressassem oficialmente na formação do jurista.

O deputado potiguar Juvenal Lamartine apresentou à Câmara de Deputados, em 26 de outubro de 1906, um projeto autorizando o presidente da República a reorganizar as faculdades de Direito. Sua proposta incluiu a criação de uma cadeira de noções de Sociologia, já preconizada por Rui Barbosa nos pareceres de 1882; e por João Vieira de Araújo, professor da Faculdade de Direito do Recife, em 1885. Ainda propunha a reunião do estudo das ciências sociais e jurídicas num único curso. Tais propostas geraram a publicação de um livro singular na literatura jurídica, de Aurelino Leal, em 1907, com o título de "A reforma do ensino do Direito no Brasil" e subtítulo Estudos feitos em torno do Projeto do Deputado Lamartine.

"Ou a ciência em toda a sua plenitude, ou coisa nenhuma", manifestou o deputado.

---

[89] LEAL, Aurelino. **A Reforma do Ensino do Direito no Brasil**. Bahia: [s.n.], 1907 (Officinas do "Diario da Bahia"), p. 234, *apud* FILHO, Alberto Venâncio. *Op. cit.*

O Direito e as chamadas Ciências Sociais assentam numa base comum, descendem do mesmo tronco. A união, além do mais, decorre logicamente da nossa organização política que reclama os reconhecimentos de umas e outras, nem só do juiz e do advogado, como ainda do administrador, do legislador, do político e geral.[90]

Tais dados demonstram que havia uma possibilidade concreta de a faculdade de Direito ampliar-se nos programas para uma formação mais universal. Desta forma, havia no passado-futuro ("aquilo que no passado se vislumbrava no futuro. Há, pois, uma 'memória do futuro' [aquilo que poderia ter sido], que condiciona a memória do futuro presente"),[91] na possibilidade, uma faculdade multidisciplinar. É evidente que isso afrontava o projeto de disciplinamento, necessário e histórico, daqueles que iriam exercer os cargos públicos, de poder, ou neste intervir. Esta possibilidade concreta foi sendo sufocada por uma história que acabou por ocultar no tempo presente as possibilidades do passado.

Pelo silêncio imposto desde meados da década de 1960 às alternativas culturalistas que a escola do Recife apresentou a partir de 1870, o campo do Direito no Brasil tem-se mostrado pouco criativo em termos de propostas alternativas ao dogmatismo tecnicista que se encrustou na formação jurídica realizada nas faculdades de Direito do país. Evidentemente, pela posição estratégica importante que ocupa o Direito no campo político, mormente no que diz respeito à construção de uma cidadania ativa, com garantia de direitos etc., pensar, historicamente, os diferentes projetos é fundamental.[92]

---
[90] LEAL, Aurelino. *Op. cit.*, p. 115.
[91] CERQUEIRA FILHO, Gisálio. **O Autoritarismo Afetivo — A Prússia como Sentimento**. São Paulo: Escuta, 2005, p. 121.
[92] NEDER, Gizlene. *Op. cit.*, p. 105 *apud* NEDER, Gizlene. *Op. cit.*, p. 143.

Gizlene, na nota número 86 do livro "Iluminismo jurídico-penal luso-brasileiro", destaca esta fissura entre o mundo do saber jurídico e os outros saberes, sociais e humanísticos:

> Novamente não podemos deixar de observar a presença destas permanências de longa duração na cultura jurídica brasileira do tempo presente. O fechamento dos juristas num tecnicismo dogmático implicou, histórica e culturalmente, um alheamento dos juristas em relação a outros campos do saber, que, pela proximidade no campo das ciências sociais, deveriam ser considerados, tendo em vista a afirmação de uma visão humanista do direito.
>
> Mesmo nos tempos atuais, é comum a migração do jurista com visão humanista para outros campos do saber: literatura, jornalismo, história, geografia, sociologia. Observe-se que a ruptura intentada pela chamada Escola de Recife está esmaecida na formação recente dos juristas brasileiros. Pela datação do campo da história das ideias políticas e sociais no Brasil, a escola, também designada como Ilustração Brasileira, teve início na década de 1870, com o culturalismo propugnado por Tobias Barreto. O culturalismo foi difundido por seus seguidores, mormente Sílvio Romero e Clóvis Bevilaqua, muito lidos na Faculdade Livre de Ciências Jurídicas e Sociais, fundada em 1892 no Rio de Janeiro. Teve desdobramentos igualmente importantes na escola sociológica baiana, ou na antropologia culturalista de Gilberto Freyre. O silêncio sobre esta escola vai ser imposto, sobretudo, a partir do regime militar iniciado em 1964 e, especialmente, em 1968, depois do AI-5, que derrubou sua mão pesada sobre os principais polos do humanismo crítico no Brasil (com cassações de professores, expulsões de estudantes, censura e tudo o mais).

Daí a força do dogmatismo jurídico no tempo presente, a impor que os juristas com formação humanista exilem-se em outros campos do saber.[93]

A história de nosso país, como se verá, é de constantes tentativas de superar a escolástica, aristotélica e tomista, substituindo-a, por assim dizer, por uma reforma pombalina, que seria a longo prazo impedida, em um choque de poder e ideias sobre o ensino que a vida de Anísio Teixeira simboliza, em contraponto aos projetos representados por Francisco Campos. Este expressou o acordo que a Igreja Católica teria sobre a educação no Brasil.

---

[93] NEDER, Gizlene. *Op. cit.*, p. 105 *apud* NEDER, Gizlene. Iluminismo Jurídico-Penal Luso-Brasileiro, Obediência e Submissão. ICC — Instituto Carioca de Criminologia, Rio de Janeiro: REVAN, 2000, p. 94.

CAPÍTULO 2

Ideias sobre Educação
1920-1922

Na década de 1920, já fervilhavam debates sobre a educação. Os conflitos ficavam claros entre os representantes do Movimento da Escola Nova[94] e os da Igreja Católica.[95] Para o Movimento que, em linhas gerais, pregava uma escola pública, universal e gratuita, o setor público e não o privado tinha a obrigação de proporcionar educação para todos, criando igualdade básica de oportunidades; as diferenças seriam baseadas nas qualidades pessoais. De forma não sistemática, o movimento apontava na direção de uma série de princípios pedagógicos que se afastavam da transmissão autoritária e repetitiva de ensinamentos

---

[94] Sobre o Movimento da Escola Nova ver, entre outros, TEIXEIRA, Anísio. **Educação para a Democracia**. Rio de Janeiro: José Olympio, 1936. AZEVEDO, Fernando de. **A Educação e seus Problemas**. São Paulo: Companhia Editora Nacional, 1937. FILHO, Manuel Bergstrom Lourenço. **Introdução ao Estudo da Escola Nova**. São Paulo: Companhia Melhoramentos, 1942. GUIMARÃES, Manoel Luís Lima Salgado. **Educação e Modernidade: O Projeto Educacional de Anísio Teixeira**. Rio de Janeiro, 1982, 152 f. Tese (mestrado em filosofia), PUC/RJ, Departamento de Filosofia, 1982. LIMA, Hermes. **Anísio Teixeira — Estadista da Educação**. Rio de Janeiro: Civilização Brasileira, 1979, MOREIRA, Maria Luisa. **Educação e Transformação em Fernando de Azevedo**. Tese (mestrado). Rio de Janeiro, PUC/RJ; 1981.

[95] PAIM, Antônio. Por uma Universidade no Rio de Janeiro In SCHWARTZMAN, Simon (org.), **Universidade e Instituições Científicas no Rio de Janeiro**, Brasília: CNPq, 1982, pp. 17-96.

e conhecimentos, procurando formas mais criativas e menos rígidas de aprendizagem, e com a preocupação de não isolar a educação da vida comunitária.

A escola nova e suas reformas baseavam toda a educação na atividade criadora e de pesquisa do aluno, estimulado pelo interesse, que permite desenvolver o trabalho com prazer. O aluno deve exercer sua atividade em grupo o quanto possível, rompendo com o isolamento. A escola passa a ser eminentemente social preparando para a vida e o trabalho e conscientizando da importância do trabalho. "A criança pobre aprenderá a trabalhar, a rica, trabalhando igualmente, aprenderá a respeitar o trabalho alheio."[96]

Rompia-se com a ideia de uma escola primária que visava exclusivamente ao papel mecânico de alfabetizar: ecoa ainda o brado de Anísio no artigo intitulado "Por uma educação comum ao povo brasileiro", de 1958:

> "A escola primária tem de ser a mais importante escola do Brasil, depois a escola média, depois a escola superior."[97]

A questão da educação estava em baila internacionalmente como um importante instrumento de mudança. O movimento Education Act, de Lord Fisher, eclodiu na Inglaterra em 1918; já em 1919-1920 começava a execução progressiva planejada por Otto Gloeckel e, logo depois, em 1922-1925, na Prússia e nos estados alemães, reorganizavam-se os sistemas escolares sob a constituição liberal de Weimar, enquanto León Nérard provocava, em 1923, um debate sobre a reforma de ensino na França. A questão da educação como instrumento do moderno estava

---

[96] Entrevista de Fernando de Azevedo ao jornal *A Noite*, Rio de Janeiro.
[97] LIMA, Hermes. *Op. cit.*, p. 82.

em pauta. Mesmo Gentili, no plano de reestruturação fascista da Itália, abordava modificações no ensino, enquanto Lunatscharsky, auxiliado por Kroupskaia, atacava a mesma questão na Rússia.[98]

Os nomes que marcaram esse movimento foram: Anísio Teixeira,[99] baiano, nascido em 1900, formado em 1922 na Faculdade de Direito da Universidade do Rio de Janeiro e aluno de John Dewey na Universidade Columbia em 1929; e Fernando de Azevedo, que nasceu em São Gonçalo do Sapucaí (Minas Gerais) em 2 de abril de 1894, bacharelou-se em Direito pela Faculdade de São Paulo, em 1918 e reformou o ensino em São Paulo na década de 1930, aplicando a sociologia da educação.

Em 19 de abril de 1924, Anísio, então com 23 anos, foi nomeado Inspetor Geral do Ensino na Bahia por Francisco Marques de Goes Calmon, sucedendo-o. Goes vinha do professorado, era lente de História no ginásio da Bahia, da advocacia, e presidia o Banco Econômico. As "reformas" enfrentaram dificuldades para sair das ideias: poucos recursos, a resistência da burocracia do ensino e ataques dos jornais.

Além de Anísio Teixeira e Fernando de Azevedo (1894-1974),[100] pode-se citar, como destaques, os nomes do professor Lourenço Filho (1897-1970) e de Cecília Meireles (1901-1964), professora e

---

[98] PENNA, Maria Luiza. **Fernando de Azevedo: Educação e Transformação**. Ed. Perspectiva, 1987, p. 33.

[99] Anísio Teixeira — futuro mentor de duas universidades no país — a Universidade do Distrito Federal, no Rio de Janeiro, desmembrada pelo Estado Novo de Getúlio Vargas — e a Universidade de Brasília, da qual era reitor, quando do Golpe Militar de 1964. Além dessas realizações, Anísio foi o fundador da Escola Parque, em Salvador (1950), instituição que posteriormente inspiraria o modelo dos Centros Integrados de Educação Pública — CIEPs, no Rio de Janeiro, na década de 1980.

[100] Conheceu Anísio Teixeira, encontro mediado por Monteiro Lobato, entre 1927 e 1930, dirigiu a Instrução Pública do Distrito Federal, ver nota 2 de LIMA, Helena Ibiapina. **Fernando de Azevedo e o Projeto Liberal de Educação**: www.fe.unb.br/revistadepedagogia e VIDAL, Diana Gonçalves (Org.). **Na Batalha da Educação: Correspondência entre Anísio Teixeira e Fernando de Azevedo (1929-1971)**. Bragança Paulista: EDUSF, 2000.

escritora. As suas ideias e práticas influenciaram a nova geração de Darcy Ribeiro (1922-1997) e Florestan Fernandes (1920-1995).

Anísio Teixeira, como Fernando de Azevedo, teve educação religiosa. Em 1925, Anísio acompanhou Dom Augusto Álvaro da Silva, arcebispo-primaz, depois Cardeal da Silva, numa visita à França, Bélgica e Santa Sé, em Roma, em observação de serviços educacionais; e foi o primeiro leigo a participar do Colégio Pio Latino-Americano, recebendo a bênção do papa Pio XI.

Nos Estados Unidos, entre 1928 e 1929, foi o primeiro brasileiro no Master of Arts no Teachers College da Universidade Columbia, onde fez contato com John Dewey. Retornou ao Brasil sob suas influências e curado de uma crise religiosa, segundo Hermes Lima, uma "penosa aflição religiosa, como alguém que se debate na escuridão". Anísio, em uma entrevista ao jornalista Odorico Tavares em 1952, disse:

> Por volta de 1927, senti haver superado essas mortais contradições, reconciliando-me com a filosofia que primeiro influenciara, a do espírito naturalista e científico de que me tentara afastar o ultramontanismo católico dos jesuítas. Trouxe de meus cursos universitários na Europa e na América não somente esta paz espiritual, mas um programa de luta pela educação no Brasil.[101]

Sua grande influência foi mesmo o professor John Dewey, reconhecido como um dos fundadores, com Charles Sanders Peirce e William James, da escola filosófica do Pragmatismo, além de um pioneiro em psicologia funcional e representante principal do movimento da educação progressiva norte-americana durante a primeira metade do século XX. O indivíduo, para ele, somente

---

[101] LIMA, Hermes. *Op. cit.*, p. 60.

passa a ser um conceito significante quando considerado parte inerente de sua sociedade — enquanto esta nenhum significado possui, se for considerada à parte, longe da participação de seus membros individuais. Entre várias obras, Dewey tenta sintetizar em "Democracy and education" ("Democracia e educação") a filosofia da educação democrática ou proto-democrática contida em Rousseau e Platão. Ele identificava em Rousseau uma visão que se centrava no indivíduo, enquanto Platão acentuava a influência da sociedade na qual o indivíduo se inseria. Dewey contestou esta distinção — e tal como Vygotsky,[102] concebia o conhecimento e o seu desenvolvimento como um processo social — integrando os conceitos de sociedade e indivíduo.

Depois, na obra "Experience and nature" ("Experiência e natureza"), reconheceu o empirismo subjetivo da pessoa, que é quem realmente introduz as novas ideias no conhecimento. Seria de vital importância que a educação não se restringisse ao ensino do conhecimento como algo acabado, mas que o saber e a habilidade que o estudante adquirisse pudessem ser integrados à sua vida como cidadão, pessoa, ser humano.

---

[102] Lev Semenovitch Vygotsky, fundador da escola soviética de psicologia histórico-cultural. Pioneiro na noção de que o desenvolvimento intelectual das crianças ocorre em função das interações sociais e condições de vida. Foi fundamental para o desenvolvimento da psicologia, em especial na União Soviética, o diálogo que esse pensador estabeleceu com a teoria marxista da sociedade: as concepções de Engels sobre o trabalho humano e uso de instrumentos como os meios pelos quais o homem transforma a natureza transformando a si mesmo, numa perspectiva da evolução das espécies; as contribuições de Karl Marx sobre as influências das mudanças históricas da sociedade e da vida material na consciência e comportamentos humanos são retomados e utilizados na compreensão de um dos principais problemas propostos por Wilhelm Wundt (1832-1920) para a psicologia (o estudo da consciência incluindo a percepção de estímulos e os comportamentos complexos) descrito na sua Psicologia dos povos (Volkerpsychologie). Apesar da vida breve, foi autor de uma obra muito importante, com seus colaboradores Alexander Luria e Alexei Leontiev — eles foram responsáveis pela disseminação dos textos de Vygotsky, muitos deles destruídos com a ascensão de Stalin ao Kremlin. No Ocidente, a primeira tradução de um livro seu, *Pensamento e Linguagem*, foi lançada em 1962 nos Estados Unidos.

Dewey era politicamente um progressista social, propondo erradicar os privilégios da riqueza em uma reconstrução democrática, com a tendência à igualdade movendo o poder público. Este foi o fio condutor de um saber operativo para Anísio.

Ele tomou contato com uma nação considerada industrializada, rica e poderosa em que as concepções de educação opunham-se à sua formação católico-jesuíta e elitista, em que os indivíduos são separados não por sua inteligência, mas por classes da estrutura social, uma concepção aristocrática da vida.

Segundo Hermes Lima, Anísio retornou da América liberto das ideias de pecado e de que esta vida se destinava à salvação para uma outra, futura. Isto foi uma importante mudança em sua noção da natureza humana, esta não mais consequência de uma corrupção original, mas dotada de "instintos flexibilíssimos".[103] Rompeu, assim, a concepção católica de sua formação jesuítica, na qual o intelecto trabalha para a aceitação da verdade revelada, alicerçada na devoção à maior glória de Deus. Para Anísio, nem o materialismo nem o espiritualismo explicariam o homem.

Sua visão sobre a educação voltou mudada. Ele havia criticado, em novembro de 1924 (antes de viajar a Roma e de conhecer Dewey), na Revista do Ensino, na Bahia, num artigo intitulado *A propósito da escola única*, as ideias de Carneiro Leão, definindo a escola única como uma tirania que impediria a variedade de educação. Este pensamento, à época, ainda "refletia a marca do aristocratismo haurido da formação intelectual jesuítica para o qual buscava apoio no sistema francês típico do dualismo classista, o ensino primário independente do secundário".[104]

Hermes Lima teria sido, como deputado, quem comentou um projeto sobre educação e radicalizou as críticas quando o

---
[103] LIMA, Hermes. *Op. cit.*, p. 62.
[104] *Ibidem*, p. 43.

artigo 70 do projeto retornado do Senado não continha que o ensino de religião seria o católico. Defendia sobre a religião um ponto de vista pragmático, nacionalizante. "Não tardei a sentir que aquele adubo era envenenado. Compreendi que na apologia da tradição esconde-se o medo de mudar, sobretudo nas épocas da estrutura social",[105] comentou Hermes.

A educação fazia parte da ideia de construção da nação. Anísio visava, por exemplo, adotar o sistema de rádios no interior baiano, para dar informações às escolas, juntamente com futuros aparelhos cinematográficos.

Sua personalidade permaneceu como antes: modesto e indiferente ao luxo, "austero sem ser triste, nem convicto nem formal". O espírito missionário, tão arraigado em sua personalidade moral, permaneceu intacto. "A demagogia ultramontana, o sectarismo confessional nele apontaram um materialista, menos no sentido filosófico de um corruptor das virtudes cristãs. Claro que também não escapou à pecha de comunista."[106] Anos mais tarde, em 1934, escreve "Marcha para a democracia — à margem dos Estados Unidos" em que, repelindo os postulados teológicos, afirmou que revelação e razão se excluem, pois a primeira expressa-se em dogmas, enquanto a segunda em conclusões de objetividade verificável. O editor foi chamado à polícia. "Ele reivindicava confiança na razão, no método experimental, numa época em que, em seu próprio país, alarmada a cristandade clerical ante ao mundo em crise de mudança, apelava-se para a volta à Idade Média."[107]

"Lapidado pela América",[108] ao retornar retomou um programa de luta pela educação brasileira com ênfase no papel da escola

---

[105] LIMA, Hermes. *Op. cit.*, p. 49.
[106] *Ibidem*, p. 65.
[107] *Ibidem*, p. 63.
[108] *Ibidem*, p. 61.

pública e na exigência de uma educação popular independente de filosofias religiosas e promotora da tolerância nas relações humanas. Estas ideias "deflagraram tempestades que desabariam sobre a cabeça de Anísio".[109]

Fernando de Azevedo, também influenciado por John Dewey, Durkheim e Kerchesteiner,[110] foi marcante neste movimento. Mineiro, cursou o ginasial e os estudos parcelados de grego, latim, eloquência e poética em colégios jesuítas de Nova Friburgo (Rio de Janeiro) e de São Paulo. Antes mesmo de terminar o sexto ano do ginásio, ingressou "na Companhia de Jesus, iniciando o noviciado, em Campanha, sul de Minas, aos cuidados e sob a orientação de um dos noviços mais antigos: o Irmão Leonel Franca".[111]

Na iminência de ser transferido para Roma, após três anos, onde faria os quatro anos de Filosofia na Escola Gregoriana, começou a questionar sua vocação religiosa. Durante recolhimento no Colégio São Luís, em Itu (SP), teve excelente experiência como substituto de professores de várias disciplinas, e foi esta a época em que finalmente deu fim à vida religiosa. Sua influência, porém, nunca cessou: continuou pensando a questão social e educacional, vinculando-a com a ética política. A chave do problema social estaria em uma reforma moral e religiosa, o que endossava a encíclica *Rerum Novarum*, de Leão XIII, "profundamente humana porque reduz, em última análise, a questão social a uma questão ética".[112] Sua procura era por uma conciliação, uma coincidência de visões de mundo aparentemente opostas.[113]

---

[109] *Ibidem*, p. 85.
[110] PENNA, Maria Luiza. *Op. cit.*, p. 213.
[111] AZEVEDO, Fernando de. **História de Minha Vida**. Rio de Janeiro: Livraria José Olympio Editora, 1971, apud LIMA, Helena Ibiapina. *Op. cit.*
[112] AZEVEDO, Fernando de. No Tempo de Petrônio. Ensaios sobre a Antiguidade Latina, 3ª ed., rev. e ampl., São Paulo: Edições Melhoramentos, 1962, pp. 57-58, *apud* PENNA, Maria Luiza. *Op. cit.*, p. 7.
[113] PENNA, Maria Luiza. *Op. cit.*, p. 11.

Fernando de Azevedo tinha pontos de vista em comum com Antonio Gramsci, com respeito à escola tradicional que ambos criticavam, como "instalada para uma concepção burguesa que mantém o indivíduo na sua autonomia isolada e estéril, resultante da doutrina do individualismo literário".[114] Considerando o trabalho como a melhor maneira de se estudar a realidade geral (aquisição ativa da cultura), faziam uma apologia da escola socialista, reconstituída sobre a base da atividade e da produção.

Ambos criticaram abertamente a cultura verbal, cheia de retórica e poesia, considerando desdenhosa da realidade humana e sem contrapeso científico. Enquanto Gramsci a vinculou, na Itália, à influência da cultura clássica, Azevedo a atribuiu a uma cultura arcaica, fruto da colonização portuguesa. Coincidem nos motivos para defesa do ensino de latim, "disciplina mental, formação civil, sabedoria histórica", tendo Azevedo abandonado esta ideia, diferente de Gramsci, que fez até o fim da vida a apologia ao latim.[115]

Azevedo ingressou na Faculdade de Direito do Rio de Janeiro, mas transferiu-se para Belo Horizonte, onde se iniciou no jornalismo e retomou as atividades no magistério. Formou-se, como se destacou, na Faculdade de São Paulo em 1918, para onde se mudou em 1917, passando a ser professor de latim e literatura da Escola Normal da capital. Dedicou-se à crítica literária, primeiro no *Correio Paulista* e depois em *O Estado de S. Paulo*. Foi neste último que levantou, em 1926, um grande inquérito sobre o ensino, destacando a necessidade da criação de universidades.

---

[114] AZEVEDO, Fernando de. *A Educação entre Dois Mundos, Problemas, Perspectivas e Orientações*. São Paulo: Edições Melhoramentos, 1958, p. 64, Manifesto da Escola Nova. PENNA, Maria Luiza. *Op. cit.*, p. 15.

[115] Veja-se, a esse respeito, o livro **Gramsci e la cultura contemporanea**, Ed. Riuniti, Instituti Gramsci, 1975, vários autores.

O movimento pela reforma do ensino foi iniciado com as "Conferências de Educação" (1922) e tomou vulto com a fundação, em 1924, da Associação Brasileira de Educação. As reformas foram feitas no Ceará, em 1923, por Lourenço Filho; e no Rio de Janeiro, em 1926, por Carneiro Leão. Em 1928, Leão as realizou em Pernambuco. Em 1927, elas chegaram ao Paraná, por Lisímaco da Costa; e a Minas Gerais, por Francisco Campos e Mário Cassanata. Fernando de Azevedo assumiu a instrução pública do Rio de Janeiro em 1929, quando Antonio Prado Junior foi prefeito.

O sociólogo e educador Azevedo dava grande importância ao problema da formação das elites, que seriam ponta de lança no processo de transformação nacional, com ênfase no que chamava de neo-humanismo, sem o qual entendia que o país desembocaria em uma sub-humanidade.[116]

Jackson de Figueiredo, encarnando a reação ultramontana, fundou em 1922 o "Centro Dom Vital", e um ano antes lançou A Ordem, "bastião da defesa do princípio da autoridade". O movimento de renovação da Igreja Católica, em que pese ter como protagonistas simbólicos nacionais na área da educação Jackson de Figueiredo[117] no Centro Dom Vital na década de 1920 e

---

[116] PENNA, Maria Luiza. Op. cit., p. 66.

[117] Jackson de Figueiredo Martins (Aracaju, 9 de outubro de 1891 — Rio de Janeiro, 4 de novembro de 1928). Bacharelou-se em Direito pela Faculdade Livre de Direito da Bahia. Mudou-se para o Rio de Janeiro, onde exerceu o jornalismo e dedicou-se à política. Em 1918, converteu-se ao catolicismo. Entre 1921 e 1922, fundou o Centro Dom Vital, com a finalidade de congregar leigos e religiosos no aprofundamento da doutrina católica e a revista *A Ordem*, para divulgar a doutrina católica. Por intermédio do Centro e da Revista, combateu o liberalismo e o comunismo. Em 1921, defendeu a candidatura de Artur Bernardes, considerando-o o candidato da ordem e da religião contra Nilo Peçanha, que identificava como revolucionário e ligado à maçonaria. Colaborou com o governo Bernardes na repressão aos movimentos tenentistas (1922-1924).

depois Alceu Amoroso Lima,[118] tem raízes fortes em Minas Gerais com destaque para o arcebispo de Diamantina, Dom Silvério, na organização da política laico-católica, que já em 1913 havia obtido mais de 200 mil assinaturas em um manifesto contra a instituição do divórcio.[119]

"A Igreja em Minas tornou-se um campo de provas dos movimentos de ação católica (...) começaram a recrutar cidadãos do setor médio, bem como das classes profissionais e trabalhadoras."[120] No movimento católico jovem, a geração política de Francisco Campos e Valadares estava mais solidária às causas da Igreja do que a de seus pais, de pensamento mais livre. O movimento atraía o conservadorismo mineiro em um período de crescente transformação. O efeito mais sólido foi mediar a mudança com um conjunto de símbolos e organizações que ganharam ampla aceitação na elite.[121]

O conflito entre as visões da escola nova e a Igreja Católica representa no Brasil a continuação do conflito histórico da resistência às ideias liberais, revivendo a raiz portuguesa, do "império luso-brasileiro", impedindo as rupturas ideológicas e/ ou políticas.

---

[118] Alceu Amoroso Lima (Rio de Janeiro, 11 de dezembro de 1893 — Petrópolis, 14 de agosto de 1983). Formou-se em Ciências Jurídicas e Sociais pela Faculdade Livre de Ciências Jurídicas e Sociais do Rio de Janeiro (1913), atual Faculdade Nacional de Direito da Universidade Federal do Rio de Janeiro (UFRJ). O paraninfo de sua turma foi o professor de filosofia do Direito Sílvio Romero. Estagiou e advogou no escritório do advogado João Carneiro de Sousa Bandeira, que foi seu professor na Faculdade de Direito. Adotou o pseudônimo Tristão de Ataíde, ao se tornar crítico (1919) em *O Jornal*. Em 1932, fundou o Instituto Católico de Estudos Superiores, e, em 1937, a Universidade Santa Úrsula. Após a morte de Jackson de Figueiredo, o substituiu na direção do Centro Dom Vital e da revista *A Ordem*. Em 1941, participou da fundação da Pontifícia Universidade Católica do Rio de Janeiro, onde foi docente de literatura brasileira até a aposentadoria, em 1963. Foi representante brasileiro no Concílio Vaticano II, o que o marcaria profundamente. Foi um dos fundadores do Movimento Democrata-Cristão no Brasil.

[119] WIRTH, John D. **O Fiel da Balança: Minas Gerais na Federação Brasileira. 1889-1937**. Rio de Janeiro: Paz e Terra, 1982, pp. 180-181.

[120] *Ibidem*, pp. 180-181.

[121] WIRTH, John D. *Op. cit.*, p. 144. Ver também LIMA, Hermes. *Op. cit.*, p. 74.

Existe aqui um conflito de visões e sentimentos quanto ao papel de educar. Na Igreja Católica preponderava o medo da quebra da hierarquia e também do que poderia representar uma educação "para todos", que conflitava com esta visão hierarquizada, pragmática e religiosa do mundo, pela qual ao povo caberia o papel subalterno, sempre sendo regenerado.

Anísio Teixeira representava uma ruptura com a Igreja muito mais do que Fernando de Azevedo. Nas entrelinhas do próprio projeto educacional estava a questão inaceitável que representava a "ovelha desgarrada" de Anísio. Nas redes de relação de Fernando de Azevedo isto era muito menos evidente. Mesmo em momentos difíceis, suas relações se entrelaçavam com a Igreja, a exemplo de suas cartas com Teixeira de Freitas. Não é à toa que, como se verá, enquanto Anísio foi colocado ao longo da história em uma relação direta de conflito, afastado e expurgado da vida pública no Estado Novo e no Regime de 1964, até ser encontrado morto, Fernando de Azevedo permaneceu em uma posição de destaque, sendo professor da USP e membro da Academia Brasileira de Letras (ABL).

Fernando de Azevedo veria os projetos que defendia sendo atravancados, paralisados, testemunha de que não se realizariam, mas sua educação brasileira escondia e apoiava a ocultação de seus projetos. Azevedo continuava aceito, enquanto Teixeira era banido. Se ambos estavam imbuídos dos "mesmos" projetos, não é somente nos projetos que se encontra a resposta na diferença do tratamento de ambos.

São Paulo soube anular os projetos educacionais de Azevedo, sem retirar sua cátedra. A capital, Rio de Janeiro, expurgou Teixeira da vida pública.

Anísio Teixeira, de forma diferente de Fernando de Azevedo, não conseguiu conviver com aqueles que ceifavam o projeto da Escola Nova, ou foram estes que não conseguiram contemporizar com Teixeira.

A revolução de 1930 e os anos subsequentes formam uma época fértil nos conflitos de forças ideológicas que buscam a construção de um Brasil. O movimento tenentista havia movimentado as Forças Armadas, e a coluna Prestes rodado o país. Ao mesmo tempo, movimentos comunistas e pró-fascismo evidenciavam os conflitos e antagonismos entre as frações de classe em luta pela hegemonia na condução dos destinos do país por meio de diferentes projetos de modernização e desenvolvimento econômico. A educação era vista como um caminho indispensável para um projeto nacional.

CAPÍTULO 3

1930-1935

A primeira reação do movimento católico à Revolução de 30 foi de hostilidade e oposição, chegando Jackson de Figueiredo a afirmar que "a pior ilegalidade era ainda melhor que a revolução".[122] Alceu Amoroso Lima encontraria uma entrada entre os revolucionários, ao escrever, em dezembro de 1930, que havia entre eles "uma corrente racional, tradicional e cristã" em oposição à outra, "demagógica, libertária, que fatalmente levaria ao materialismo comunista e à perseguição da tradição cristã". Conclamou os católicos para "defender a incorporação de suas reivindicações no futuro estatuto político do país".

Em 3 de novembro de 1930, no discurso de posse na Chefia do Governo Provisório, Getúlio Vargas resumiu o "programa de reconstrução nacional" incluindo, entre as medidas "mais oportunas e de imediata utilidade", a "criação de um Ministério de Instrução e Saúde Pública",[123] criado, afinal, em uma das primeiras

---

[122] VELLOSO, Mônica Pimenta. *A Ordem, Uma Revista de Doutrina, Política e Cultura Católica*. In Revista de Ciência Política, 2, Vol. II, set. 78, Rio de Janeiro: FGV, 1978, p. 125, nota 13.
[123] VARGAS, Getúlio. *A Nova Política do Brasil*, V. l. Rio de Janeiro: J. Olympio, 1938. MORAES, Maria Célia Marcondes de. Educação e Política nos Anos 30: A Presença de Francisco Campos. Rev. Bras. Est. Pedag., Brasília, v. 73, n°. 17-4, maio/ago. 1992, pp. 291-321.

medidas do Governo Provisório, pelo Decreto nº 19.402, de 14 de novembro de 1930. Francisco Campos tomou posse quatro dias depois. O ministro Francisco Campos não tardou a estabelecer uma ponte entre o catolicismo e o novo governo.

Para se ter uma ideia da importância da educação para a nova estratégia de poder, a saúde, no orçamento de 1931, teve "(...) apenas 0,7% do valor do ouro, 33% do valor do papel eram específicos para atividades educacionais (...) e os demais 67% dividiam-se entre Saúde Pública, Medicina Experimental, Assistência Pública e administração geral".[124] No entanto, pelos discursos de Francisco Campos é possível concluir que educação, por certo, tinha peso maior que a saúde.[125]

Capanema lecionou e advogou até 1929 em Pitangui (MG). Travava contatos com a reforma educacional, iniciada por Francisco Campos em sua gestão como Secretário do Interior do governo mineiro de Antônio Carlos Ribeiro de Andrada (1926-1930). Em dezembro de 1930, Capanema teve os primeiros contatos diretos com Francisco Campos a fim de destruir as bases de sustentação de Artur Bernardes em Minas Gerais, organizadas principalmente no interior do Partido Republicano Mineiro (PRM).

Em fevereiro de 1931, Capanema lançou em Minas, juntamente com Campos e Amaro Lanari, o manifesto de fundação da Legião de Outubro, organização que vinha sendo criada em vários estados com o beneplácito do Governo Provisório. Constituída como um corpo paramilitar, a Legião Liberal Mineira, tal como ficou conhecida no Estado, adotou não apenas princípios de caráter fascista em seu programa, como também o uniforme

---

[124] JUNQUEIRA, Sônia B. *A Criação do Ministério da Educação e Saúde Pública*. Dissertação (Mestrado) — PUC-Rio, Rio de Janeiro, 1977, p. 113.
[125] MORAES, Maria Célia Marcondes de. *Op. cit.*, pp. 291-321.

de camisas pardas que envergavam os nazistas, na época em ascensão na Alemanha.

Francisco Campos enviou uma carta a Getúlio Vargas em 18 de abril de 1931, propondo, entre outras coisas, a instituição do ensino religioso como matéria facultativa nas escolas públicas do país, afirmando ao presidente:

> (...) terá V. Excia. praticado talvez o ato de maior alcance político do seu governo, sem contar com os benefícios que de sua aplicação decorrerão para a educação da juventude brasileira.[126]

Ao concluir a carta, Francisco Campos afirmou, de forma enfática, que:

> (...) a Igreja Católica saberá agradecer a V. Excia. esse ato, que não representa para ninguém limitação à liberdade, antes uma importante garantia à liberdade de consciências e de crenças religiosas.

O Decreto 19.941, de 30 de abril de 1931, instituiu o ensino religioso como matéria facultativa nas escolas públicas, o que tinha sido abolido desde a Constituição de 1891.

Ao mesmo tempo, a mobilização católica tentava uma resposta ao avanço da argumentação da razão, da ciência e do materialismo como critérios da ação humana e, reconhecendo "uma hipertrofia da afetividade em detrimento da razão",[127] encampou a proposta de uma sociologia cristã, vista como capaz de contribuir para

---

[126] SCHWARTZMAN, Simon. *Tempos de Capanema*. 1ª ed., Editora da Universidade de São Paulo e Editora Paz e Terra, 1984; 2ª ed., Fundação Getúlio Vargas e Editora Paz e Terra, 2000, *apud* BENTO, Luiz Carlos. Gustavo Capanema e a Educação Brasileira: Cultura, Educação e Projetos Políticos In Revista GEPHEGO on-line.

[127] ATHAYDE, Tristão de. *Apologética e Sociologia*. Tourvilie In A Ordem, vol. 10, nº. 5, fev. 1930, *apud* VELLOSO, Mônica Pimenta. *Op. cit.*

a ação e a doutrina da Igreja. Tentava, então, deslocar o centro de gravidade do sentimento para a razão, com a tarefa de "re-espiritualizar a cultura", acabando de uma vez por todas com a incompatibilidade entre a religião e a ciência.[128]

A ação de Francisco Campos, como ministro, logo se fez presente por meio de uma série de decretos que efetivaram as chamadas Reformas Francisco Campos na educação brasileira. Foram eles:

1. Decreto nº 19.850, de 11 de abril de 1931, que criou o Conselho Nacional. R. Bras. Est. Pedag., Brasília, v. 73, nº 174, pp.291-321, maio/ago. 1992 de Educação;
2. Decreto nº 19.851, da mesma data, que dispôs sobre a organização do ensino superior no Brasil e adotou o regime universitário;
3. Decreto nº 19.852, também da mesma data, que dispôs sobre a organização da Universidade do Rio de Janeiro;
4. Decreto nº 19.890, de 18 de abril de 1931, que dispôs sobre a organização do ensino secundário;
5. Decreto nº 19.941, de 30 de abril de 1931, que instituiu o ensino religioso como matéria facultativa nas escolas públicas do país;
6. Decreto nº 20.158, de 30 de junho de 1931, que organizou o ensino comercial e regulamentou a profissão de contador;
7. Decreto nº 21.241, de 14 de abril de 1932, que consolidou as disposições sobre a organização do ensino secundário.

---

[128] DANTAS, San Tiago. Conceito de sociologia. In A Ordem, vol. 10, nº 5, fev. 1930, *apud* VELLOSO, Mônica Pimenta. *Op. cit.*

Maria Célia Marcondes de Moraes destaca que a "universidade foi concebida mais como um instrumento político do que como um espaço para a produção científica", para a formação das elites. Identifica que a escola primária visava formar o futuro cidadão como trabalhador disciplinado e adaptado ao meio social, com seu caráter moldado de acordo com a "ordem intelectual e moral reconhecida, a um dado momento, como ordem necessária e natural à convivência humana".[129] A universidade era destinada à formação das "nossas elites", "de cuja inteligente solução dependerá o futuro das nossas instituições políticas". Por isso mesmo, deveria operar também como centro difusor de ideologia.

As reformas estabelecidas desagradaram os movimentos religiosos. A introdução de disciplinas de caráter técnico-científico no ensino secundário foi atacada como uma forma de laicização do ensino. A ampliação do controle federal para reconhecimento oficial dos cursos, com a inspeção em escolas, foi apontada como "um dos flagelos da família brasileira",[130] e a eliminação da cadeira de educação moral e cívica, criticada como um excesso de racionalismo. A própria reforma universitária foi considerada excessivamente pragmática, assim como a prioridade dada à economia nos cursos jurídicos.

Em dezembro de 1931, surgiu a "Declaração de Princípios", da IV Conferência de Educação, rumo à almejada reconstrução da educação. Em janeiro de 1932, a redação de *A Ordem* protestou contra a revogação do decreto de ensino religioso pelo interventor de São Paulo, acusou os maçons e apelou ao então ministro da Justiça, Maurício Cardoso, para restabelecê-lo.[131] O

---

[129] CAMPOS, Francisco. Pela Civilização Mineira. Belo Horizonte: Imprensa Oficial, 1930. *apud* MORAES, Maria Célia Marcondes de. *Op. cit.*, pp. 291-321.
[130] VELLOSO, Mônica Pimenta. *Op. cit.*
[131] Nuvens. *A Ordem*, vol. 12, n°. 23, janeiro, 1932 *apud* VELLOSO, Mônica Pimenta. *Op. cit.*

movimento católico centrou suas críticas na posição de destaque que vinham ocupando Fernando de Azevedo, em São Paulo; e Anísio Teixeira, no Rio de Janeiro.

Fernando de Azevedo foi o redator do texto sob o título "A Reconstrução Educacional do Brasil. Ao povo e ao governo". Manifesto dos Pioneiros da Educação Nova. Ele foi publicado em 1932 pela Cia. Editora Nacional e assinado por Fernando de Azevedo, Afrânio Peixoto, A. de Sampaio Dória, Anísio Spínola Teixeira, M. Bergstrom Lourenço Filho, Roquette Pinto, J. G. Frota Pessôa, Julio de Mesquita Filho, Raul Briquet, Mario Casassanta, C. Delgado de Carvalho, A. Ferreira de Almeida Jr., J. P. Fontenelle, Roldão Lopes de Barros, Noemy M. da Silveira, Hermes de Lima, Attilio Vivacqua, Francisco Venâncio Filho, Paulo Maranhão, Cecília Meireles, Edgar Sussekind de Mendonça, Armanda Álvaro Alberto, Garcia de Rezende, Nóbrega da Cunha, Paschoal Lemme e Raul Gomes.[132]

O programa educacional desse Manifesto apresentava um conjunto de princípios, propostas e críticas relativas ao ensino público brasileiro, tais como:

> O estabelecimento de um sistema completo de educação, com uma estrutura orgânica, levando em conta as necessidades e diretrizes socioeconômicas do país, procurando contemplar a educação, em todos os graus, considerada como uma função social e serviço público; a organização e manutenção do ensino em todos os níveis, de acordo com os princípios e normas gerais estabelecidas na Constituição e o estabelecimento das bases de uma educação integral, da coeducação, da educação primária pública e gratuita.

---

[132] BRASIL. A Reconstrução Educacional no Brasil. Ao Povo e ao Governo. Manifesto dos Pioneiros da Educação Nova. São Paulo: Cia Editora Nacional, 1932. Ver também, LIMA, Hermes. *Op. cit.*, p. 71.

A escola secundária de seis anos foi organizada de forma flexível, com finalidade social e destinada, pela sua estrutura democrática, a ser acessível e proporcionar as mesmas oportunidades para todos, oferecendo as especializações sobre uma base de cultura geral.

O desenvolvimento da educação técnica profissional, de nível secundário e superior, como alicerce da economia nacional, com a necessária variedade de tipos de escolas e segundo métodos e diretrizes que formassem profissionais capazes em todos os graus da hierarquia industrial.

A organização de medidas e instituições de orientação profissional.

A criação de universidades organizadas e aparelhadas para elaborar ou criar ciência, transmiti-la e vulgarizá-la; contemplando a pesquisa científica, a "cultura livre e desinteressada", a formação do professor para escolas de todos os graus, a formação de profissionais das áreas científicas e a vulgarização da ciência e das artes na extensão universitária.

A criação de fundos escolares destinados à manutenção e ao desenvolvimento da educação em todos os graus, constituindo-se de recursos especiais e rendas arrecadadas.

A fiscalização de todas as instituições particulares de ensino, com função supletiva, em qualquer grau de ensino.

O desenvolvimento de instituições de educação e de assistência física para a defesa da saúde dos escolares, incluindo serviços médicos e dentários; criação e desenvolvimento do espírito de solidariedade e cooperação social (caixa escolar e cooperativa escolar); articulação da escola com o meio social (círculo de pais e mestres), intercâmbio interestadual e internacional de alunos e professores; intensificação e extensão da cultura (bibliotecas escolares, fixas ou circulantes, bem como museus escolares, rádio e cinema educativo).

A reorganização da administração escolar e dos serviços técnicos, a fim de que sejam executados com rapidez e eficiência, tendo seus resultados rigorosamente controlados, constantemente estimulados e revistos, renovados e aperfeiçoados.

A reconstrução do sistema educacional em bases que pudessem contribuir para a interpenetração das classes sociais e a formação de uma sociedade humana mais justa e que tivesse os objetivos e a organização da escola unificada, do jardim de infância à universidade.

O *Manifesto dos Pioneiros da Educação Nova* talvez seja o melhor retrato do que seria a Escola Nova, suas preocupações e ideologia. O documento elege o problema da educação como o mais grave de todos da nação. Identifica que nem mesmo os problemas econômicos poderiam disputar a primazia da educação "nos planos de reconstrução", alertando para a dissociação das reformas econômicas e educacionais. As "reformas parciais e frequentemente arbitrárias" não poderiam persistir sem atenção aos aspectos filosóficos e sociais e de aplicação (método).

O documento aponta que o educador pode ser um filósofo e ter sua filosofia de educação, mas que os "fins da educação" e os meios para sua realização devem preponderar. O físico e o químico poderiam não olhar para fora do laboratório, mas "o educador, como sociólogo, tem necessidade de uma cultura múltipla e bem diversa". Deve ter conhecimento do homem e da sociedade, "o jogo poderoso das grandes leis que dominam a evolução social", e a posição da escola "na diversidade e pluralidade das forças sociais que cooperam na obra da civilização". Lança a pergunta:

> Por que a escola havia de permanecer, entre nós, isolada do ambiente, como uma instituição enquistada do meio social, em meios de influir sobre ele, quando, por toda a parte,

rompendo a barreira das tradições, a ação educativa já desbordava a escola, articulando-se com as outras instituições sociais, para estender o seu raio de influência e de ação?

O texto assume tons mais profundos quando expõe que abandonados os interesses de classe que a educação estava servindo, perderia o "sentido aristológico", deixando de constituir privilégio pela condição econômica e passando a assumir um "caráter biológico", reconhecendo o direito a todo indivíduo de ser educado até onde permitam suas condições pessoais. Assim, haveria uma "hierarquia democrática" pela "hierarquia das capacidades".

A nova educação, pragmática, se propunha pôr um fim aos interesses de classes, servindo aos interesses dos indivíduos na vinculação da escola com o meio social, ao contrário da escola tradicional burguesa, que manteria uma autonomia isolada e estéril, resultante da doutrina do individualismo libertário. A escola deveria ser socializada e reconstituída sobre as bases da atividade e da produção, nas quais se considera o trabalho como a melhor maneira de estudar tanto a realidade em geral (aquisição ativa da cultura) quanto o trabalho em si mesmo, como fundamento da atividade humana. O restabelecimento do espírito de disciplina, solidariedade e cooperação viria por uma profunda obra social que pudesse ultrapassar largamente o quadro estreito dos interesses de classe.

A partir deste momento, o documento, no capítulo *O estado em face da educação* enumera os seguintes subcapítulos:

a) A educação, uma função essencialmente pública — em que afirma que a educação é função essencial do Estado com apoio da família, que estaria se modificando de "centro da produção" para "centro de consumo";

b) A questão da escola única — a defesa de uma escola pública e única que garanta o acesso a todos, independentemente das condições econômicas; a educação igual para todos, sem impedir a escola privada, mas garantindo educação igual a todas as crianças de 7 a 15 anos; e

c) Laicidade, gratuidade, obrigatoriedade e coeducação — aqui está o que mais afetava os católicos na luta pelo poder da educação: a afirmação de que a escola deveria ser alheia a "todo dogmatismo sectário", impedindo a "pressão perturbadora da escola quando utilizada como instrumento de propaganda de seitas e doutrinas", e que toda a educação, para ser obrigatória, deveria ser gratuita e sem divisões de sexo.

Um outro capítulo deste manifesto, com título de *A função educacional*, apresenta também os seus subcapítulos:

a) A unidade da educação funcional — em que repisa que somente é possível a educação laica, gratuita e obrigatória se ela for única, sem diferenças sociais e sustentada na finalidade biológica da educação, ou seja, segundo as capacidades individuais;

b) A autonomia da função educacional — aqui aborda que, sem autonomia econômica e a criação do "fundo especial ou escolar", a educação ficaria refém dos caprichos pessoais ou apetites partidários que impediriam ou mudariam o rumo dos projetos; e

c) A descentralização — subcapítulo em que esclarece que unidade não significa uniformidade ou centralismo estéril e odioso, mas uma doutrina federativa e descentralizadora, em "toda a República", mas com intercâmbio pedagógico e cultural dos estados, "sob pena de perecer a nacionalidade".

O documento passa a uma questão considerada nevrálgica: a diferença principal em relação ao ensino antigo estaria no secundário, no qual estariam a chamada "educação profissional" (de preferência manual e mecânica), e a humanística ou científica (de preponderância intelectual). A preparação de todos passava, portanto, de uma forma rígida de educação para um aparelho flexível e vivo, de acordo com a realidade social, a evitar o êxodo escolar. Melhor se apresenta transcrever a parte considerada nevrálgica:

> A estrutura do plano educacional corresponde, na hierarquia de suas instituições escolares (escola infantil ou pré-primária; primária; secundária e superior ou universitária) aos quatro grandes períodos que apresenta o desenvolvimento natural do ser humano. É uma reforma integral da organização e dos métodos de toda a educação nacional, dentro do mesmo espírito que substitui o conceito estático do ensino por um conceito dinâmico, fazendo um apelo, dos jardins de infância à universidade, não à receptividade, mas à atividade criadora do aluno. A partir da escola infantil (4 a 6 anos) até a universidade, com escala pela educação primária (7 a 12) e pela secundária (12 a 18 anos), a "continuação ininterrupta de esforços criadores" deve levar à formação da personalidade integral do aluno e ao desenvolvimento de sua faculdade produtora e de seu poder criador, pela aplicação, na escola, para a "aquisição ativa de conhecimento", dos mesmos métodos (observação, pesquisa e experiência), que segue o espírito maduro, nas investigações científicas. A escola secundária,

unificada para se evitar o divórcio entre os trabalhadores manuais e intelectuais, terá uma sólida base comum de cultura geral (3 anos), para a posterior bifurcação (dos 15 aos 18), em seção de preponderância intelectual (com os 3 ciclos de humanidades modernas, ciências físicas e matemáticas; e ciências químicas e biológicas), e em seção de preferência manual, ramificada por sua vez, em ciclos de escolas ou cursos destinados à preparação às atividades profissionais, decorrentes da extração de matérias-primas (escolas agrícolas, de mineração e de pesca), da elaboração das matérias-primas (industriais e profissionais) e da distribuição dos produtos elaborados (transporte, comunicações e comércio).

Mas, montada, na sua estrutura tradicional, para a classe média (burguesia), enquanto a escola primária servia à classe popular, como se tivesse uma finalidade em si mesma, a escola secundária ou do 3º. grau não forma apenas o reduto dos interesses da classe, que criaram e mantém o dualismo dos sistemas escolares.[133]

A partir de então, o documento passa a se dedicar ao que era o questionamento central da tese de doutorado, a universidade. A formulação desta ideia sobre o 3º. grau é fundamental para verificar o centro da hipótese de que a educação poderia ser multidisciplinar. O que se apresenta de início é que este futuro-passado[134] poderia ter ocorrido, não pela faculdade de Direito, mas pela simples universalidade da educação. Resta, no entanto, a conclusão de que, de toda forma, a ideia de cisão não só pode, mas serviu para deter esta universalidade e multidisciplinaridade.

---

[133] PENNA, Maria Luiza. *Op. cit.*, p. 195.
[134] FILHO, Gisálio Cerqueira. *Op. cit.*, p. 121.

O documento aponta que a educação superior estava se dedicando exclusivamente às profissões liberais (Engenharia, Medicina e Direito) e precisava alargar os horizontes científicos e culturais para contribuir com a real formação do ser humano, não mais em uma direção utilitária, para função pública ou privada. A universidade deveria servir para criar e difundir ideais políticos, sociais morais e estéticos a fim de obter intensivo espírito comum "nas aspirações, nos ideais e nas lutas, esse 'estado de ânimo nacional'", que admita a diversidade de ponto de vista na solução dos problemas brasileiros. Assim, os melhores, não por razões econômicas, iriam atingir o ápice das instituições e não uma elite formada artificialmente. O último parágrafo destaca que "(...) as únicas revoluções fecundas são as que se fazem ou se consolidam pela educação", com a advertência de que os erros praticados se projetam longe em suas consequências com perda irreparável de algumas gerações.

A educação dá ao povo consciência de si mesmo e de seus destinos e da força para realizá-lo, "entretém, cultiva e perpetua a identidade da consciência nacional, na sua comunhão com a consciência humana".

Durante a revolta de São Paulo, em 1932, aumentaram os conflitos e ataques por parte do grupo católico, contra uma "atuação laicista" de Anísio Teixeira como diretor da Instrução Pública do Distrito Federal. Fernando de Azevedo foi duramente criticado por se opor à instrução religiosa nas escolas públicas primárias. Ambos foram identificados como "os defensores do laicismo integral de ensino", adeptos das teorias de Dewey, e como uma ameaça à nacionalidade por negar a religião e a moral.[135] O Governo Provisório foi severamente criticado por não

---

[135] PINTO, Sobral. Crônica Política. *A Ordem*, vol. 13, n°. 36, fev., 1933. *apud* VELLOSO, Mônica Pimenta. *Op. cit.*

ter cumprido o compromisso assumido pelos revolucionários "perante a consciência católica".[136]

Anísio Teixeira, que logo em 1930 traduzira dois livros de John Dewey, reunidos em "Vida e educação", ensaio expositivo sobre a teoria das experiências do americano, entre 1932 e 1935, expôs, em Pequena Introdução à Filosofia da Educação — Escola Progressiva ou a Transformação da Escola, uma síntese do sistema filosófico educacional de Dewey. O prefeito Pedro Ernesto manteve por quatro anos Anísio à frente do sistema educacional do Distrito Federal (RJ) com muitos desgastes, diante das acusações de ateísmo, populismo, estatizante, americanizante, de subversivo pela defesa da escola única, de concorrente intruso no ensino superior, em razão da faculdade que fundara.[137] Quanto ao clima ideológico, vale transcrever Hermes Lima:

> Coincidiu, porém, sua ação com o período particularmente tumultuoso e polêmico de nossa história política. O período em que, a partir de 1930, começavam a adensar-se em nossa atmosfera as contestações ideológicas que opunham o fascismo e o comunismo como dois polos fatais por onde fatalmente deveriam convergir os regimes políticos. É preciso não esquecer como essa atmosfera ardeu no Rio de Janeiro, então capital da nação e sua capital cultural. O pavor às mudanças exaltou os reformadores.
>
> Ao ver de Anísio, porém, nada ensinara de mais útil a modernidade do que o processo de mudar pela educação, sem provocar catástrofes. Todavia, naquela atmosfera emocional, nem reacionários nem esquerdistas depositavam confiança paciente em métodos educacionais.[138]

---
[136] A Ordem, vol. 12, n°. 24, fev. 1932. *apud* VELLOSO, Mônica Pimenta. *Op. cit.*
[137] LIMA, Hermes. *Op. cit.*, p. 74.
[138] LIMA, Hermes. *Op. cit.*, p. 84.

A Instrução Pública carioca foi transformada em Secretaria de Educação pelo Decreto 3.763, de fevereiro de 1932 e, finalmente pelo Decreto 4.387, de setembro de 1933. Vários institutos foram criados. O Instituto de Educação foi assumido por Lourenço Jorge e Mario Brito; o Instituto de Pesquisas Educacionais foi entregue a Delgado de Carvalho, Paranhos Fontenelle e Ignacia Guimarães; a Divisão de Obrigatoriedade Escolar e Estatística, a Pedro Matos; a Superintendência de Ensino Secundário, Geral e Técnico, a Joaquim Faria Goes; a Divisão de Bibliotecas e Cinema Educativo, a Armando Campos; o Departamento de Prédios e Aparelhamento Escolares, a Nereu Sampaio e Assis Ribeiro; A Superintendência do Ensino de Extensão e a Superintendência de Educação Física, Recreação e Jogos, à professora americana Marieta Lois Williams; a Superintendência de Educação Musical e Artística ao maestro Villa-Lobos; e a Superintendência de Desenho e Artes Aplicadas, a Nereu Sampaio.

Anísio preparou estágios progressivos para a solução do problema da educação e foi acusado de experimentalista. A maior preocupação se fixou não só na falta de número suficiente de escolas, mas na qualidade. Entendia que somente uma obra sistemática e planejada poderia superar os problemas encontrados. Aqueles que temiam mudanças se opunham.

O debate sobre a escola pública acabou por ser inserido no contexto de ideias comunistas, e a resposta de Anísio, retirada de sua manifestação anos depois, em setembro de 1956, no Primeiro Congresso de Educação Primária, é que a escola pública, universal e gratuita

> não é doutrina especificamente socialista, como não é socialista a doutrina dos sindicatos e do direito de organização dos trabalhadores, antes estes pontos fundamentais porque se afirmou e possivelmente ainda se afirma a viabilidade

do capitalismo ou o remédio e o freio para os desvios que o tornariam insuportável.[139]

Em 16 de setembro de 1932, Francisco Campos saiu do ministério e foi substituído por outro mineiro. Assumiu o ministério Washington Pires, que ficou no cargo até 25 de julho de 1934.

No cenário político internacional ocorria o crescimento do fascismo mundial, a subida de Mussolini ao poder em 1922, na Itália, e a ascensão de Hitler, em 1933. Em 1932, ocorreu a Revolta Constitucionalista, manifestação armada de São Paulo que enfrentou tropas legalistas, pondo fim ao Governo Provisório e provocando a convocação de eleições para 1933, ao tempo que se organizava um novo código eleitoral. Em decorrência da revolta, pela primeira vez foi indicado um interventor paulista em São Paulo e se elaborou uma nova constituição, por meio de assembleia constituinte.

Iniciados os trabalhos da Constituinte, os católicos enviaram à mesma Assembleia um memorial, redigido pelo Pe. Leonel Franca, reivindicando liberdade do ensino particular, ensino religioso facultativo nas escolas públicas e o direito natural dos pais à educação dos filhos. Ingressaram na Constituição duas "emendas religiosas": a invocação do nome de Deus no preâmbulo do anteprojeto constitucional e o restabelecimento da colaboração entre a Igreja e o Estado. Outras influências exerceram as forças católicas na versão final da Constituição: a indissolubilidade do matrimônio, o ensino religioso facultativo nas escolas públicas e a assistência religiosa facultativa às classes armadas. A Constituição de 1934 incorporou pontos fundamentais das reivindicações católicas, como o ensino religioso.

Assumiu o Ministério, nesta época, o igualmente mineiro Gustavo Capanema, que permaneceu no cargo até 1945.

---

[139] LIMA, Hermes. *Op. cit.*, p. 110.

Capanema fez sua carreira política em Minas Gerais, onde foi Secretário do Interior do então governador Olegário Maciel.

Capanema tornou-se um importante elo entre o governo de Minas e as diretrizes nacionais.

O integralismo, o fascismo tupiniquim, iria empolgar 70% da oficialidade, transformando-se em movimento nacional.[140] De generais a tenentes, sob uma perspectiva antiliberal, autoritária, elitista e estatista, eram todos favoráveis a um governo forte, e muitos chegavam a propor claramente um modelo fascista.

Getúlio, em discurso de 11 de agosto de 1929, afirmara:

> (...) a minha diretiva no Governo do Rio Grande (...) se assemelha ao direito corporativo, ou organização das classes pelo fascismo, no período de renovação criadora que a Itália atravessa.

A influência nazifascista era tal que, no mesmo ano o secretário de gabinete de Getúlio Vargas, Simões Lopes, escreveu de Londres sobre sua viagem à Alemanha:

> O que mais me impressionou em Berlim foi a propaganda sistemática, metodizada, do governo e do sistema de governo nacional-socialista. Não há em toda a Alemanha uma só pessoa que não sinta, diariamente, o contato do nazismo ou de Hitler. (...) através da organização do Ministério de Propaganda fascista, tanto, que eu permito sugerir a criação de uma miniatura dele no Brasil.

O governo, então, remeteu ao Congresso um projeto de Lei de Segurança Nacional, de iniciativa do ministro Vicente Rao, a

---

[140] CAMPOS, Reynaldo Pompeu de. Repressão Judicial no Estado Novo — Esquerda e Direita no Banco dos Réus. Achiamé Editora: Rio de Janeiro, 1982, p. 31.

Lei Monstro, sob o pretexto da instabilidade social, do medo do perigo vermelho decorrente da campanha anticomunista feita pelos integralistas. A Justiça Eleitoral, recentemente criada, negaria inscrição ao Partido Comunista Brasileiro (PCB), sob a justificativa de ser um partido internacionalista.

Contra a Lei Monstro surge uma frente única, denominada Aliança Nacional Libertadora (ANL), aglomerando os antigos tenentes da Coluna Prestes e o proletariado, o que muito entusiasmou amplos setores da população. O manifesto da ANL apontava o imperialismo como responsável pelos males do Brasil:

> (...) apavorado com o invencível despertar da consciência nacional, impõe leis monstruosas e bárbaras, que aniquilam a liberdade. (...) Entretanto, nesse momento a Nação já se começava a erguer em defesa de seus direitos, de sua independência, de sua liberdade. A ANL surge justamente como coordenadora desse grande e invencível movimento.

Prestes, como tinha sido o maior líder tenentista do país e ao mesmo tempo era comunista, foi aclamado presidente de honra da ANL, selando a aliança entre os dois grupos. A partir daí, a campanha para identificar a ANL com o PCB intensificou-se.

Anísio fundou a Universidade do Distrito Federal em julho de 1935. A universidade era composta de cinco setores: a Escola de Ciências, a Faculdade de Economia e Direito, a Faculdade de Filosofia e Letras, o Instituto de Artes e o Instituto de Educação. A ideia era estabelecer um espírito criador com ênfase em pesquisa, para isso formando não só a graduação, mas também a pós-graduação, o que era um pioneirismo. No discurso inaugural, Anísio Teixeira assim se manifestou:

> (...) muitos sonhavam, é certo, iniciar, entre nós, a tradição universitária recusando essa liberdade de cátedra que foi

conquistada pela inteligência humana nas primeiras refregas intelectuais de nossa época. Muitos julgaram que a universidade poderia existir, no Brasil, não para libertar, mas para escravizar. Não para fazer marchar, mas para deter a vida. Conhecemos, todos, a linguagem deste reacionarismo. Ela é matusalênica. "A profunda crise moderna é sobretudo uma crise moral". "Ausência de disciplina". "De estabilidade". "Marchamos para o caos". "Para a revolução". É o comunismo que vem aí! Falam assim, hoje. Falavam assim há quinhentos anos. É que a liberdade, meus senhores, é uma conquista que está sempre por fazer.[141]

A reação dos católicos às ideias de cultura e liberdade e, em especial, às citações ao que Anísio chamava de "grandes tradições liberais e humanas do Brasil" foi imediata. Alceu Amoroso Lima escreveu ao ministro Capanema:

> A recente fundação de uma universidade municipal com a nomeação de certos diretores de faculdades, que não escondem suas ideias e pregação comunistas, foi a gota d'água que fez transbordar a grande inquietação dos católicos. Para onde iremos, por este caminho? Consentirá o governo em que, à sua revelia mas sob a sua proteção, se prepare uma nova geração inteiramente impregnada dos sentimentos mais contrários à verdadeira tradição do Brasil e aos verdadeiros ideais de uma sociedade sadia?[142]

---

[141] "A instalação, ontem, dos cursos da Universidade do Distrito Federal". Correio da Manhã, 10 de agosto de 1935, *apud* SCHWARTZMAN, Simon; BOMENY, Helena Maria Bousquet; e, COSTA, Vanda Maria Ribeiro. Disponível em <http://www.schwartzman.org.br/simon/capapanema/capit7.htm>. Acessado em 08/10/2010.

[142] Carta de 16 de junho de 1935. GC/Lima, A, doc. 15, série b., *apud* SCHWARTZMAN, Simon; BOMENY, Helena Maria Bousquet; e, COSTA, Vanda Maria Ribeiro. Disponível em <http://www.schwartzman.org.br/simon/capapanema/capit7.htm>. Acessado em 08/10/2010.

O primeiro reitor foi Afrânio Peixoto, escritor e professor de medicina. O corpo docente reunido tinha nomes de prestígio: o biólogo Lauro Travassos, os geólogos Djalma Guimarães e Victor Leinz, os físicos Bernard Gross e Luis Freire, os matemáticos Lélio Gama e Francisco de Oliveira Castro. Em Ciências Humanas e Letras, Jorge de Lima, Gilberto Freyre, Artur Ramos, Hermes Lima, Sérgio Buarque de Holanda, Prudente de Morais Neto; em Música, Villa-Lobos; em Pintura Candido Portinari e em História e Filosofia da Arte, Mário de Andrade.[143]

A universidade não chegou a ter prédios próprios, sendo dispersa em várias instituições como a Escola Politécnica, o Instituto Oswaldo Cruz, o Instituto Nacional de Tecnologia, o Laboratório da Produção Mineral, o que dava aos alunos a oportunidade de visitarem os laboratórios, recebendo os professores um complemento nos salários recebidos daquelas instituições.

A experiência do espírito aberto durou pouco. Em 25 de novembro de 1935 revoltou-se a capital do Rio Grande do Norte, Natal, e horas depois, Recife. Diante da notícia, Prestes se levantou no Rio de Janeiro. Agildo Barata, também no 3º. Regimento de Infantaria, mas o governo fechou o desfiladeiro da Praia Vermelha.

Filinto Müller, um ex-tenente expulso da Coluna Prestes por corrupção e covardia, foi encarregado, como chefe de polícia, de buscar Prestes.

No dia 7 de dezembro de 1935, Capanema participou de uma reunião ministerial que examinou a situação política do país e as medidas repressivas a serem tomadas pelo governo, após o fracassado levante comunista de novembro. Segundo Alzira Vargas do Amaral Peixoto, Capanema "fez a crítica da educação no Brasil (...) e reclamou contra a influência da Universidade do

---

[143] SALMERON, Roberto. A Universidade Interrompida: Brasília, 1964-1965. Brasília: Ed. UnB, 1999, p. 48.

Distrito Federal, de orientação comunista". Em decorrência do clima de anticomunismo reinante no país, o reitor Afrânio Peixoto e vários professores da UDF demitiram-se em dezembro de 1935. O sacrifício de Anísio Teixeira era prioridade clerical longamente mobilizada.

O prefeito Pedro Ernesto nomeou Francisco Campos como secretário de Educação do Distrito Federal, em substituição a Anísio Teixeira, acusado de envolvimento com o levante armado promovido dias antes pela ANL. No cargo, Campos demoliu a Universidade do Distrito Federal (UDF), que continuou funcionando até ser extinta e incorporada à Universidade do Brasil, em 1939, início da formação da atual Universidade do Estado do Rio de Janeiro (UERJ).

Analisando o levante de 1935, Hermes Lima considerou-o uma forma fantasiosa, um erro profundo, que envenenou a ambiência política, reduzindo o conceito de segurança nacional ao comunismo e erigindo este fantasma como pretexto de manobras autoritárias, passando o atestado de ideologia a compor o que seria a cidadania prestante, caindo o pensamento social sobre os órgãos de vigilância.[144]

Exmo. Sr. Prefeito:

Pela conversa que tive, hontem, com vossa excelência, pude perceber que a minha permanência na Secretaria de Educação e Cultura do Distrito Federal constituía embaraço político para o governo de vossa excelência. Reiterei, immediatamente, o meu pedido de demissão, que esteve sempre formulado, porque nunca occupei incondicionalmente esse cargo, nem nenhum outro, mas o exerci, como os demais, em caracter

---
[144] LIMA, Hermes. *Op. cit.*, p. 136.

rigorosamente technico, subordinando a minha permanência nelles à possibilidade de realizar os programas que a minha consciência profissional houvesse traçado.

Renovo a declaração, porque não me é possível acceitar agora a minha exoneração sem a ressalva de que ella não envolve, de modo algum, a confissão, que se poderia suppôr implicita, de participação, por qualquer modo, nos últimos movimentos de insurreição ocorridos no paiz. Não sendo politico e sim educador, sou, por doutrina, adverso a movimentos de violência, cuja efficacia contesto e sempre contestei. Toda a minha obra, de pensamento e da acção, ahi está para ser examinada e investigada, exame e investigação que solicito, para que se lhe descubram outras tendências e outra significação, senão as de reconhecer que o progresso entre os homens provém de uma acção intelligente e energica, mas pacífica.

Sou, por convicção, contrario a essa tragica confiança na violência que se vem espalhando no mundo, em virtude de um conflicto de interesses que só pode ser resolvido, a meu ver, pela educação, no sentido largo do termo. Por isso mesmo, constrange-me, nesta hora, ver suspeitada a minha acção de educador e toda a obra de esforço e sacrificio realizada no Districto Federal, obra que possuia a intenção profunda e permanente de indicar o rumo a seguir para se resolverem as tremendas perplexidades do momento histórico que vivemos.

Lavro contra tal suspeição o meu protesto mais vehemente, parecendo-me que tem ella mais largo alcance que a minha pessoa, porque importaria em não se reconhecer que progredir por educação é exactamente o modo adequado de se evitarem as revoluções. Se, porém, os educadores, os que descrêm da violencia e acreditam que só as ideias e o seu livre cultivo e debate, é que operam, pacificamente, as transformações necessarias, se até esses são suspeitados e feridos e malsinados nos seus esforços — que outra alternativa se abre para a pacificação e conciliação dos espiritos?

Conservo, em meio de toda a confusão momentanea, as minhas convicções democraticas, as mesmas que dirigiram e orientaram todo o meu esforço, em quatro annos de trabalhos e lutas incessantes, pelo progresso educativo do Districto Federal, e reivindico, mais uma vez, para essa obra que é do magistério do Districto Federal, e não somente minha, o seu caracter absolutamente republicano e constitucional e a sua intransigente imparcialidade democratica e doutrinaria.

Cumpre-me, neste momento, exmo. sr. Prefeito, apresentar a vossa excellencia a expressão do meu constante reconhecimento pelas attenções e, sobretudo, pela resistencia offerecida por vossa excellencia a todos que se oppuzeram, por ignorancia ou má fé, ao desenvolvimento dessa obra, até o momento actual. Possam outros, com mais intelligencia e valor, retoma-la e conduzil-a, pelos mesmos rumos liberaes e republicanos, para o seu constante progresso.

Apresento a vossa excellencia as expressões de meu devido reconhecimento e os meus votos pela sua felicidade pessoal e a felicidade do seu governo. (a.) Anisio S. Teixeira[145]

---
[145] LIMA, Hermes. *Op. cit.*, pp. 138-140.

As atividades da UDF, no entanto, não se interromperam, e em 1936 as aulas tiveram início com professores citados e outros de uma missão francesa que incluía Émile Brehier (Filosofia), Eugène Albertini, Henri Hauser e Henri Troncon (História), Gaston Léduc (Linguística), Pierre Deffontaines (Geografia) e Robert Garic (Literatura). Os planos de sua destruição, porém, já eram sentidos.

Enquanto Anísio Teixeira e Paschoal Lemme eram perseguidos, Fernando de Azevedo, que alternou posições de crítica ao regime com elogios a medidas tomadas pelo governo e julgadas por ele positivas, avançava. Em 1933, Armando Sales de Oliveira foi nomeado interventor em São Paulo. Fernando de Azevedo considerou a nomeação extremamente oportuna, e viu nela a possibilidade de concretização de um projeto que vinha sendo gestado por ele e por Júlio de Mesquita Filho, a criação da Universidade de São Paulo, afinal estabelecida pelo Decreto nº. 6.283, de 25 de janeiro de 1934, da qual faziam parte todas as escolas de formação profissional (Direito, Engenharia, Medicina e Agricultura), o Instituto de Educação e uma nova faculdade (Filosofia, Ciências e Letras). Acentuou-se aqui o fato de o Direito estar fora das áreas de humanas.

Fernando de Azevedo constatou que, a partir de 1937, as ideias da Escola Nova foram abandonadas.[146]

Com a demissão de Pedro Ernesto, Afonso Pena Jr. assumira a reitoria da UDF no lugar de Afrânio Peixoto. Alceu Amoroso Lima foi nomeado depois, em 1937. Em 1938, Capanema enviou ao diretor do Departamento Administrativo do Serviço Público (DASP), Luís Simões Lopes, o texto Observações sobre a Universidade do Distrito Federal, defendendo a inconstitucionalidade da criação da universidade, pois seus estatutos foram

---

[146] PENNA, Maria Luiza. *Op. cit.*, p. 24.

aprovados pelo prefeito e não pelo Ministério da Educação, afirmando, portanto, que:

> (...) a existência da Universidade do Distrito Federal constitui uma situação de indisciplina e de desordem no seio da administração pública do país. O Ministério da Educação é, ou deve ser, o mantenedor da ordem e da disciplina no terreno da educação.

E por isso afirmava que:

> (...) é preciso, a bem da ordem, da disciplina, da economia, e da eficiência, ou que desapareça a Universidade do Brasil, transferindo-se os seus encargos atuais para a Universidade do Distrito Federal, ou que esta desapareça, passando a Universidade do Brasil a se constituir o único aparelho universitário da capital da República.

A UDF, com 500 alunos e 50 professores, foi extinta e incorporada à Universidade Federal pelo Decreto-lei nº 1.063, de 20 de janeiro de 1938. Capanema, em sua manifestação ao Presidente, a fim de que o decreto fosse assinado, afirmou que "o Estado Novo se assenta num princípio essencial: a disciplina". O ministro defendia que "uma universidade, mesmo a mais modesta, uma vez que seja de fato uma universidade, é uma instituição nacional, de alcance, de influência, de sentido nacionais".

O que estava em jogo era a luta pelo poder de controlar o que seria, na construção nacional, o projeto de educação e, em especial, a formação das elites. O ideário da Escola Nova interferia no ensino com uma democracia "exagerada", permitindo mudanças nos futuros "intérpretes autorizados", o que afetava os interesses de classe. O conceito multidisciplinar ou aberto dos projetos da

Escola Nova ia também contra os projetos tecnicistas iniciados por Francisco Campos e, acima de tudo, os interesses da Igreja Católica que, filiada ao conservadorismo, temia mudanças.

O projeto federal de Capanema era a Universidade do Brasil. Iniciou com a Faculdade de Filosofia, Ciência e Letras, com estrutura idêntica à que tinha sido adotada em São Paulo. Os professores estrangeiros, no entanto, foram escolhidos na USP por uma comissão presidida pelo matemático Teodoro Ramos, enquanto no projeto de Capanema os professores foram indicados por Georges Dumas, em razão de suas ligações com a Igreja Católica. Capanema dirigiu carta ao professor e psicólogo francês:

> Para Psicologia e Sociologia, desejo professores habituados à pesquisa e de estudos bem orientados, mas ligados à Igreja. A faculdade vai ficar sob direção do Sr. Alceu Amoroso Lima, católico, amigo de Jacques Maritain.[147] Daí não encontrar eu boa acolhida para nomes que sejam conhecidos por suas tendências opostas à Igreja Católica.[148]

Merece destaque que, em vez de assumir a Faculdade de Filosofia, Ciência e Letras da Universidade Federal, esta foi recusada para não permitir a transferência dos professores da UDF, de Anísio, para esta instituição.

Alceu Amoroso Lima cursou o Colégio Pedro II, formou-se em ciências jurídicas e sociais pela Faculdade Livre de Ciências Jurídicas e Sociais do Rio de Janeiro (1913) e estagiou e advogou no escritório do advogado João Carneiro de Sousa Bandeira,

---

[147] Jacques Maritain (18/11/1882-28/04/1973) foi um filósofo francês de orientação católica (tomista). As obras deste filósofo influenciaram a ideologia da Democracia cristã. Escreveu mais de 60 obras e foi um dos pilares da renovação do pensamento tomista no século XX. Em 1970, pediu admissão na Ordem dos Pequenos Irmãos de Jesus (Petits Frères de Jésus) em Toulouse. Foi enterrado com sua esposa, Raissa, em Kolbsheim.

[148] SALMERON, Roberto. *Op. cit.*, p. 50.

que foi seu professor na Faculdade de Direito. Adotou como pseudônimo Tristão de Athayde ao se tornar crítico (1919) em *O Jornal*. Aderiu ao modernismo em 1922, sendo responsável por importantes estudos sobre os principais poetas do movimento.

Após publicar seu primeiro livro, o ensaio Afonso Arinos, em 1922, travou com Jackson de Figueiredo um famoso e fértil debate, do qual decorreu sua conversão ao catolicismo em 1928. Tornou-se um líder da renovação católica no Brasil. Em 1932, fundou o Instituto Católico de Estudos Superiores, e em 1937, a Universidade Santa Úrsula. Com a morte de Jackson de Figueiredo, substituiu-o na direção do Centro Dom Vital e da revista *A Ordem*.

Em 1941, participou da fundação da Pontifícia Universidade Católica do Rio de Janeiro (PUC), onde foi docente de literatura brasileira até a aposentadoria, em 1963.

Foi representante brasileiro no Concílio Vaticano II, que o marcaria profundamente, e um dos fundadores do Movimento Democrata Cristão no Brasil.

Publicou dezenas de livros sobre os temas mais variados. Morou na França e nos Estados Unidos no início da década de 1950, onde foi diretor do Departamento de Assuntos Culturais da União Panamericana, cargo em que foi sucedido por Érico Veríssimo em 1952. Durante esse período, ministrou cursos sobre civilização brasileira em universidades naqueles países.

Tornou-se símbolo de intelectual progressista na luta contra a censura e as transgressões à lei que o regime militar pós-1964 impôs ao povo brasileiro.

Denunciou pela imprensa a repressão que se abatia sobre a liberdade de pensamento em sua coluna semanal no *Jornal do Brasil* e na *Folha de S.Paulo*. Patrocinou em múltiplas ocasiões as cerimônias de formatura de estudantes de diversas especializações que rendiam tributo à sua luta constante contra os regimes de caráter autoritário.

CAPÍTULO 4

A Reforma do Ensino e a Formação do Novo Jurista (1930)

A reforma universitária de 1930 pôs fim à possibilidade, iniciada em 1902, da institucionalização de uma faculdade de Direito com bases sociológicas e históricas. Ela foi presidida por Francisco Campos, que veio a ser o jurista do Estado Novo, o redator do Código Penal de 1940, o organizador da formação do Tribunal de Segurança Nacional (TSN), a partir de 1937, e o redator do Ato Institucional n°. 1, do regime militar de 1964.

É importante destacar que aqui está sendo abordado um aspecto do governo Getúlio Vargas, sem retirar a complexidade daqueles tempos, com os avanços da legislação trabalhista,[149] a Consolidação das Leis do Trabalho (CLT), e as reformas dos Códigos de Processo Civil e Penal, da Lei do Júri e da Lei Orgânica do Ministério Público. O Código Penal ainda hoje em vigor (projeto inicial do professor paulista Alcântara Machado, após pedido de Francisco Campos, tendo abandonado o projeto de Evaristo de Morais e Mário Bulhões Pedreira) já havia tramitado na Câmara dos Deputados e acabara de ser remetido ao

---

[149] CHACON, Vamireh. Vida e Morte das Constituições. Rio de Janeiro: Forense, 1987, pp. 173-175.

Senado. Esse novo projeto tinha forte influxo do Código Rocco italiano, promulgado pelo regime fascista de Mussolini, entre outras influências legislativas, além de raiz positivista. Ele foi revisado por Costa e Silva e Nélson Hungria,[150] subtraindo-se capítulos sobre a classificação dos criminosos (Arts. 20 e ss) e a menoridade penal.

Nilo Batista acentua a indescartável influência francesa, assim como os compromissos socialistas da assessoria do ministro Lindolfo Collor (Joaquim Pimenta, Evaristo de Morais, Agripino Nazaré e Carlos Cavaco) e, mesmo, em nível técnico-jurídico, a influência da assessoria do ministro Alexandre Marcondes Filho (Arnaldo Sussekind, Oscar Saraiva, Segadas Vianna). Adverte, ainda, que o fenômeno de alguns historiadores limitarem as influências fascistas é ampliado, já que em "outras áreas dá-se algo similar: Mário de Andrade, Lúcio Costa, Alceu Amoroso Lima, Carlos Drummond de Andrade, Candido Portinari, Heitor Villa-Lobos e Anísio Teixeira foram colaboradores do ministro Gustavo Capanema".[151]

O primeiro governo de Getúlio é também o da manutenção das forças autoritárias, que geraram então o Estado Novo e seu Tribunal de Segurança, prisões etc.; e depois, uniram-se contra o próprio trabalhismo, no Golpe de 64. Assim, a mesma reforma que criou no Brasil as faculdades de Sociologia, Filosofia e História não pode ser separada de seu autor, Francisco Campos, o ministro da Educação responsável por sua idealização. Campos foi nomeado ministro da Justiça somente no Estado Novo, quando desenvolveu a Constituição de 1937, inspirado na da Polônia,

---

[150] Comissão Revisora: Nélson Hungria, Roberto Lyra, Vieira Braga e Narcélio de Queiroz e Costa e Silva.

[151] Cf. ZAFFARONI, Raúl Eugenio e BATISTA, Nilo. História da programação criminalizante no Brasil: o código de 1890 In Direito Penal Brasileiro, Vol. 1. Rio de Janeiro: REVAN, 2003, p. 461.

com contribuições do fascismo clerical de Dollfuss, na Áustria; e de Salazar, em Portugal. Esta Carta Magna foi, afinal, outorgada: reflexo da fonte maior, o fascismo italiano de Mussolini, em que Alfredo Rocco, ministro da Justiça, dizia aperfeiçoar as leis.

A exposição de motivos da reforma universitária de Francisco Campos delineia os contornos do jurista, que visava:

> (...) O curso de bacharelado foi organizado atendendo-se a que ele se destina a finalidade de ordem puramente profissional, isto é, o seu objetivo é a formação de práticos do Direito. Da sua seriação foram, portanto, excluídas todas as cadeiras que, por sua feição puramente doutrinária ou cultural, constituem antes disciplinas de aperfeiçoamento ou de alta cultura do que matérias básicas ou fundamentais a uma boa e sólida formação profissional (...)
>
> A Economia Política foi colocada no primeiro ano pela intuitiva consideração de que a ordem jurídica é em grande parte ou na sua porção maior e mais importante, expressão e revestimento da ordem econômica. As relações econômicas constituindo, como constituem, quase todo o conteúdo ou material do Direito, o fato econômico passa a ser necessário ao fato jurídico. O estudo da economia deve, pois, preceder do Direito, o da ordem, econômica ao da ordem jurídica, sendo, como são as categorias jurídicas em sistemas de relações sancionadas pelo Direito.[152]

---
[152] CAMPOS, Francisco. Exposição de motivos, apresentada ao Chefe do Governo Provisório, encaminhando o projeto de reforma do ensino superior *In* Ministério da Educação e Saúde Pública. Organização Universitária Brasileira. Decretos ns. 19.850, 19.851 e 19.852, de 11 de abril de 1931. Rio de Janeiro: Imprensa Nacional. *apud* FILHO, Alberto Venâncio. *Op. cit.*, p. 305.

Francisco Campos, abarcada a hipótese, visou à formação de uma máquina jurídica que serviria ao sistema capitalista como produtora das suas consequências jurídicas. O único estudo necessário para isso, além do de Direito, seria o de Economia, mas claro que como produção ou contabilidade, jamais em uma visão weberiana ou marxista.

A formação do jurista pode ser encarada como parte do projeto destacado de disciplinamento, direcionado ao proletariado, que precisaria, por princípio, disciplinar os operadores responsáveis pela propagação ideológica. Gizlene destaca:

> (...) uma enorme preocupação com a eficácia da ação judicial, o discurso jurídico no Brasil no início do século realiza um movimento que vai da apologia da Disciplina e do Trabalho às práticas repressivas que deveriam ser as mais "modernas e eficientes", discorrendo amplamente acerca das penas e da ação ressocializadora da ação judicial. Neste sentido, nos primeiros anos da República, com a penetração do capitalismo e a conseqüente formação do proletariado urbano, a instituição judiciária dispara um conjunto de práticas políticas e ideológicas que visavam a uma atuação decisivamente disciplinar, através da educação "para o trabalho".[153]

Os juristas, sua formação e o Judiciário estiveram no centro destes debates, desde as manifestações de desagrado de Rui Barbosa com o "falso liberalismo, falsa democracia, falsa economia", que se transfiguraram na ideia de que "o governo deve educar, cultivar e orientar o povo" e, portanto, tutelá-lo em seu nome. "Esse papel pedagógico não cabe, entretanto, às elites, no seu conteúdo sociológico."[154]

---

[153] NEDER, Gizlene. *Op. cit.*, p. 57.
[154] FAORO, Raymundo. *Op. cit.*, p. 752.

Assim, esta reforma universitária retirou de vez a possibilidade do ingresso da Sociologia e da História na faculdade de Direito, ao mesmo tempo em que excluiu os sociólogos e historiadores da possibilidade de participarem da estrutura do poder. Não se deve esquecer que os juristas têm exclusividade de inscrição na OAB, e pelas leis (desde o Decreto n°. 20.784, de 14 de dezembro de 1931, com vigência diferida para 31 de março de 1933; a Lei n°. 4.215, de 27 de abril de 1963; e a vigente Lei n°. 8.906, de 4 de julho de 1994) também é deles a exclusiva intervenção no Poder Judiciário e que, ainda, somente eles podem exercer o poder no Judiciário.

Uma das hipóteses, como se verá, é que a criação das faculdades de Sociologia e Filosofia, nos anos 1930, serviu para conter a transformação da faculdade de Direito, que vinha exercendo o papel de "formadora universal" e, assim, abortar a ideia de uma faculdade de Direito multidisciplinar. Os juristas, como "operadores do Direito", tornavam-se melhores para o sistema capitalista. E, em outra via, serviu para retirar, daqueles que estudam Sociologia e História, a possibilidade de exercer ou intervir no Poder Judiciário.

As diferenças entre Recife e São Paulo foram destacadas no embate entre as ideias liberais e as origens oligárquicas e conservadoras da cultura política e jurídica, mas não as suas raízes comuns, na Faculdade de Direito de Coimbra, cujo marco encontra-se na reforma pombalina.

Com esta reforma e a separação do ensino de cânones e de lei criou-se uma realidade diferente. Em cânones, o expoente era Antonio Ribeiro dos Santos; e na faculdade de leis, Pascoal de Mello, esta mais conservadora que aquela, adotando linha dogmática como a de Karl Schmidt, gerando o jansenismo e o ultramontanismo. No Brasil, no fim do século XIX, Augusto Teixeira de Freitas, em debate no Instituto dos Advogados do Brasil (IAB), não aceitou o divórcio para estrangeiros, enquanto Caetano Alberto, jesuíta, doutor em cânones, defendeu o ponto de vista mais aberto.

A reforma universitária de 1930 e sua possibilidade de ter exercido no Brasil o papel de uma "contrarreforma" pombalina, no entanto, não são abordadas por Faoro. É importante verificar que, por exemplo, o estudo do direito natural foi retirado da faculdade de Direito naquele momento. Algo citado por juristas, mas em uma visão, de sua parte, "evolucionista".

Gizlene Neder adverte que tal questão se coloca para nós na medida em que os historiadores do Direito, abraçando quase sempre a perspectiva positivista, não enfocam a problemática histórico-social. Assim, professam uma visão evolucionista, regida pela ideia de progresso do desenvolvimento das instituições legais. Estas, segundo eles, teriam percorrido, ao longo dos séculos, o trajeto da "barbárie à civilização".[155]

As diferenças entre as faculdades de São Paulo e do Recife já foram destacadas, e foi apontado como Tobias Barreto teria representado uma possibilidade de rompimento com as resistências à reforma pombalina e até uma possível superação das próprias ideologias burguesas ligadas ao conservadorismo escravista.

Seu retorno, ou permanência, é visível no século XX, como no currículo de 1972, analisado por Álvaro Melo Filho, que tem a visão pela qual "os cursos jurídicos, não sabendo usar da liberdade (...) optaram por uma autolimitação".[156] Esta autolimitação pelas exigências do mercado marca a formação de hoje. Aqui, pode-se citar a dominação ao nível do inconsciente, observada por Gisálio Cerqueira Filho.[157]

---

[155] NEDER, Gizlene. *Op. cit.*, p. 32.

[156] FILHO, Álvaro Melo. Currículos Jurídicos — Novas Diretrizes e Perspectivas In FILHO, Álvaro Melo. OAB Ensino Jurídico — Novas Diretrizes Curriculares. Brasília: Ed. Conselho Federal, 1996, p. 29.

[157] FILHO, Gisálio Cerqueira. O Príncipe Perfeito: Uma Fantasia Sobre o Poder. (conferência de abertura) In UECE. Da XII Semana de Iniciação Científica PIBIC/CNPq. Anais do encontro, Fortaleza, 2002, p. 2.

A reforma de 1930 fez uma opção pelo abandono das ideias de formação aberta. Os autores Horácio Wanderlei Rodrigues e Eliane Botelho Junqueira observam:

> (...) as matérias listadas demonstram a manutenção da tendência, implementada principalmente a partir da Reforma Francisco Campos, de transformar o Ensino do Direito em formador de técnicos do Direito (...) Pelo seu tecnicismo, foi mais um passo no sentido da despolitização da cultura jurídica. ... com a redução — para não falar em quase eliminação — das matérias de cunho humanista e de cultura geral (...).[158]

O imaginário, dominação do subconsciente, leva a crer que a faculdade deve servir a mão imaginária do mercado, como se percebe na observação de Eliane Botelho Junqueira:

> Por algum motivo, este papel histórico das faculdades de Direito ainda está presente no imaginário dos juristas. De muitos juristas. Mesmo dos juristas mais críticos. Uma faculdade que proporcione uma formação holística. Uma formação humanista. Uma faculdade de Direito que seja um espaço de formação política. Esquece-se, no entanto, que os tempos mudaram (...) um indivíduo que não vai se transformar em Raymundo Faoro. E que nem quer. Que quer apenas melhorar de vida. Que sonha com um concurso público (...).[159]

---

[158] Cf. RODRIGUES, Horácio Wanderlei e JUNQUEIRA, Eliane Botelho. Ensino do direito no Brasil — Diretrizes Curriculares e Avaliação das Condições de Ensino. Florianópolis: Fundação Boiteux, 2002, p. 25.
[159] JUNQUEIRA, Eliane Botelho. Faculdade de Direito ou Fábrica de Ilusões? Rio de Janeiro: IDES — Letra Capital, 1999, p. 114.

Em outra obra, também organizada por Eliane, Luciano Oliveira afirma:

> Na verdade, independente de como chamemos, estou também convencido, baseado na minha própria experiência enquanto professor da disciplina, de que não tem realmente muito sentido ministrar nos cursos jurídicos uma Sociologia do Direito cujo conteúdo seria uma especialização em Sociologia — isto é, a partir dos pressupostos teóricos e metodológicos desta. Isso já pela simples e óbvia razão de que das escolas de Direito vão sair juristas, e não sociólogos! Se fosse essa a intenção, a escolha teria sido outra no vestibular (...).[160]

Estes autores não abordam, ainda, o fato de o positivismo brasileiro ter se transfigurado no dogmatismo jurídico que serviria como estratégia de poder e como ponto fundamental na reforma universitária de 1930. É elucidativo um trecho da obra de Alberto Venâncio Filho, que não se dedica à história das ideias, mas a uma cronologia do que era ensinado nas faculdades de Direito:

> Apesar da grande repercussão obtida pela aula de San Thiago Dantas, as suas ideias não lograram êxito nem aplicação, mas no final da década, sob inspiração de Darcy Ribeiro, o Governo Federal tentou implantar na nova capital da República — Brasília — uma universidade que fosse a matriz de todo movimento de renovação social. O plano de organização do ensino jurídico do Professor San Thiago

---

[160] OLIVEIRA, Luciano. Que (e para quê) Sociologia? Reflexões a respeito de algumas ideias de Eliane Junqueira sobre o ensino da Sociologia do Direito (ou seria melhor Sociologia Jurídica?) no Brasil p. 102 In JUNQUEIRA, Eliane Botelho e OLIVEIRA, Luciano (Org.). Ou isto ou aquilo — Sociologia Jurídica nas Faculdades de Direito. Rio de Janeiro: Letra Capital, 2002.

Dantas guardava os ecos longínquos da antiga Universidade do Distrito Federal em 1935, embora dela divergindo em detalhes. O principal foi o reconhecimento de que, numa verdadeira estrutura universitária, não haveria lugar para que a faculdade de direito tentasse qualquer programa no campo das ciências sociais, substituindo, assim, a especialização de ciências sociais e administrativas pela nova especialização em direito do trabalho, que o mercado começava a exigir.[161]

Quando Adorno afirmou que a atenção dos sociólogos, no campo jurídico, estava voltada exclusivamente para o Direito do Trabalho, quase desvendou a ideologia a cuja abordagem este trabalho se dedica. Alberto Venâncio Filho estudou os 150 anos dos cursos jurídicos no Brasil, mas não enfocou o que este trabalho pretende, ao não colocar em pauta a relação do poder com a estratégia da formação de operadores de Direito e, logo, com o conhecimento deles exigido. A sua participação no Centro de Estudos e Pesquisas no Ensino do Direito (Ceped), que objetiva a formação de advogados para trabalhar em empresas, talvez lhe tenha impedido de perceber a estratégia de poder que aqui se pretende estudar. Sua obra "Das Arcadas ao Bacharelismo", no entanto, contém importantes informações a serem utilizadas.

---
[161] FILHO, Alberto Venâncio. *Op. cit.*, p. 316.

CAPÍTULO 5

As Revistas Universitárias

Nesta parte do processo de pesquisa, pretende-se aqui analisar o discurso ideológico acerca da construção do Direito, a fim de apreender as razões objetivas e subjetivas que levaram à mudança de seu estudo nas universidades brasileiras, a partir de 1930.

Pela análise de materiais impressos, produzidos pelo campo do Direito no âmbito acadêmico, principalmente dos periódicos das faculdades do Recife e de São Paulo, é possível ter uma amostra do modo de pensar do período, por acadêmicos, intelectuais, juristas e advogados. Eles tratam do Direito Civil, da Lei de Segurança Nacional, do Código Penal e do estudo do Direito naquelas faculdades, incluindo a reforma de seus cursos.

A revista da Faculdade de São Paulo foi catalogada de 1900 a 1964; a do Recife, de 1911 a 1964; e a Revista Forense, de 1937 a 1969, incluindo índices, autores de matérias e citações de rodapé, a fim de obter estatísticas referentes aos temas tratados.

A Sociologia representou 39% das matérias no Recife, de 1911 a 1930, nesse período superando o Direito, com 34%, em segundo lugar. Entre 1931 e 1940, o quadro é invertido, passando o direito a ser preponderante, com 67% e a Sociologia cai a um nível bem menor, de 5%, enquanto a Filosofia passa de 7% para 10%, tendo surgido, então, espaço para a Criminologia, que ocupou 5%. A Medicina Legal passou de 2% para 3%. A Economia saltou de 1% para 3%.

Os discursos, por permitirem abordagens menos presas, serão considerados à parte, mas diminuiu o espaço para eles nas publicações: 14% para 5%.

REVISTAS DAS FACULDADES DE SÃO PAULO E RECIFE
ÁREA DE ATUAÇÃO (Discursos) TEMÁTICA + BASE CONSTRUTIVA
FACULDADE DE SÃO PAULO[162]

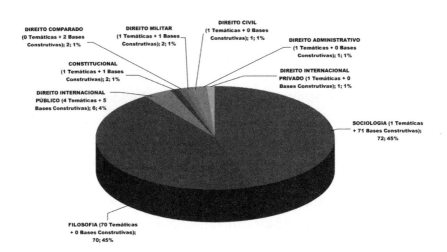

---

[162] Faculdade de São Paulo — Período compreendido: 1900-1906, 1910, 1914, 1929--1931, 1935-1940, 1948-1951, 1954, 1958-1964.

FACULDADE DO RECIFE[163]

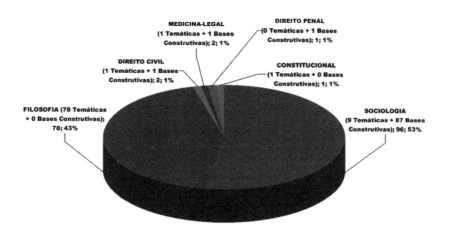

O que se verifica, portanto, é que antes de 1930 as matérias não jurídicas dividiam espaço com matérias gerais e não eram a maioria, o que se modificou, passando o Direito a ser preponderante.

SÃO PAULO	1900-1929	1931-1940	1948-1964	PERNAMBUCO	1911-1930	1931-1940	1946-1964
ÁREAS DO DIREITO	61	97	99	ÁREAS DO DIREITO	38	43	90
SEM DADOS	7	1	0	SEM DADOS	2	1	0
ÁREAS AFINS SOMADAS (Economia, Medicina Legal, Sociologia, Filosofia, Criminologia)	38	58	69	ÁREAS AFINS SOMADAS (Economia, Medicina Legal, Sociologia, Filosofia, Criminologia)	51	21	39

---

[163] Faculdade do Recife — Período compreendido: 1911, 1914-1919, 1922-1924, 1926, 1929-1931, 1935-1937, 1940, 1946-1948, 1951-1957, 1961, 1963-1964.

SÃO PAULO	1900-1929	1931-1940	1948-1964	PERNAMBUCO	1911-1930	1931-1940	1946-1964
ECONOMIA	1	3	4	ECONOMIA	1	2	2
MEDICINA LEGAL	2	2	1	MEDICINA LEGAL	2	2	0
FILOSOFIA	16	49	57	FILOSOFIA	43	15	27
SOCIOLOGIA	19	3	1	SOCIOLOGIA	3	0	9
CRIMINOLOGIA	0	1	6	CRIMINOLOGIA	0	2	1
DISCURSO	1	31	48	DISCURSOS	19	3	68
ÁREAS DO DIREITO	61	97	99	ÁREAS DO DIREITO	38	43	90
SEM DADOS	7	1	0	SEM DADOS	2	1	0

REVISTA DA FACULDADE DE DIREITO DE SÃO PAULO

AUTORES CITADOS UNICAMENTE EM TODOS OS TEXTOS

1900-1929

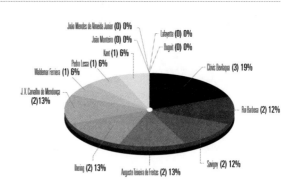

REVISTA DA FACULDADE DE DIREITO DE SÃO PAULO

AUTORES CITADOS UNICAMENTE EM TODOS OS TEXTOS

1931-1940

	1931-1940	%
Rui Barbosa	21	13%
Clóvis Bevilaqua	18	12%
Waldemar Ferreira	16	10%
Pedro Lessa	15	10%
João Mendes de Almeida Junior	14	9%
J. X. Carvalho de Mendonça	12	8%
Augusto Teixeira de Freitas	11	7%
Ihering	11	7%
Lafayette	10	6%
Duguit	10	6%
Savigny	9	6%
João Monteiro	6	4%
Kant	3	2%

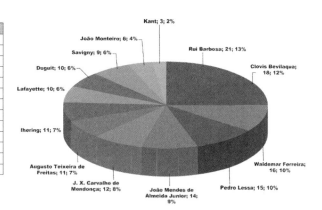

REVISTA DA FACULDADE DE DIREITO DE SÃO PAULO

AUTORES CITADOS UNICAMENTE EM TODOS OS TEXTOS

1948-1964

	1948-1964	%
Rui Barbosa	36	14%
Clóvis Bevilaqua	35	13%
Waldemar Ferreira	25	9%
Pedro Lessa	23	9%
João Mendes de Almeida Junior	23	9%
Savigny	21	8%
Augusto Teixeira de Freitas	19	7%
Kant	19	7%
Ihering	16	6%
João Monteiro	13	5%
Lafayette	13	5%
J. X. Carvalho de Mendonça	11	4%
Duguit	11	4%

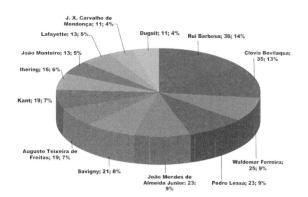

REVISTA DA FACULDADE
DE DIREITO DE SÃO PAULO

AUTORES CITADOS UNICAMENTE EM TODOS OS TEXTOS

1911-1930

	1911-1930	%
Clóvis Bevilaqua	25	17%
Rudolf von Ihering	17	12%
Tobias Barreto de Menezes	15	10%
Rui Barbosa	13	9%
Herbert Spencer	11	8%
José Isidoro Martins Júnior	9	6%
Auguste Comte	8	5%
Savigny	7	5%
Augusto Teixeira de Freitas	7	5%
Arrigo Dernburg	6	4%
Kant	6	4%
Marcel Planiol	5	3%
Leon Duguit	5	3%
Lafayette	4	3%
Joseph Unger	4	3%
Pontes de Miranda	3	2%
Josef Kohler	1	1%

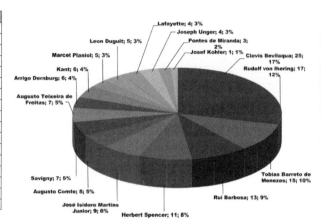

REVISTA DA FACULDADE
DE DIREITO DE SÃO PAULO

AUTORES CITADOS UNICAMENTE EM TODOS OS TEXTOS

1931-1940

	1931-1940	%
Marcel Planiol	9	10%
Rudolf von Ihering	8	9%
Arrigo Dernburg	8	9%
Clóvis Bevilaqua	7	8%
Savigny	7	8%
Leon Duguit	7	8%
Rui Barbosa	6	7%
Augusto Teixeira de Freitas	6	7%
Joseph Unger	6	7%
Josef Kohler	6	7%
Lafayette	4	4%
Kant	4	4%
Pontes de Miranda	4	4%
Auguste Comte	3	3%
Tobias Barreto de Menezes	2	2%
Herbert Spencer	2	2%
José Isidoro Martins Júnior	1	1%

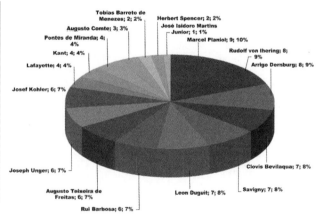

REVISTA DA FACULDADE DE DIREITO DE SÃO PAULO

AUTORES CITADOS UNICAMENTE EM TODOS OS TEXTOS

1946-1964

	1946-1964	%
Rudolf von Ihering	19	10%
Rui Barbosa	18	9%
Clóvis Bevilaqua	15	8%
Savigny	14	7%
Augusto Teixeira de Freitas	14	7%
Tobias Barreto de Menezes	13	7%
Herbert Spencer	11	6%
Lafayette	11	6%
Josef Kohler	11	6%
Arrigo Dernburg	10	5%
Auguste Comte	10	5%
Kant	10	5%
José Isidoro Martins Júnior	10	5%
Pontes de Miranda	9	5%
Joseph Unger	7	4%
Leon Duguit	6	3%
Marcel Planiol	5	3%

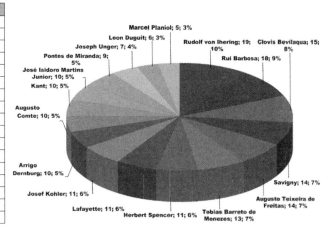

Já em São Paulo, o Direito sempre foi preponderante, representando entre 1900 e 1929 o percentual de 54% do total, sendo seguido por 17% de discursos e 17% de Sociologia. Filosofia com 8%, Economia com 2% e Medicina Legal com 1% completam o gráfico, que não se altera entre 1931 e 1940.

Interessante notar que a Criminologia, que fazia parte do repertório do Recife entre 1931 e 1940, não consta na Revista de São Paulo. E também que, nesse período, as matérias exclusivamente de Direito são em maior porcentagem que em São Paulo, 67% matérias no Recife, enquanto na capital paulista eram 54%. Aqui é necessário verificar os discursos, pois estes representam 17% desse período em São Paulo e 5% no Recife.

Se entre 1900 e 1930 o número de matérias de Sociologia era preponderante no Recife (39%), entre 1931 e 1940 já haviam caído para 5%, percentual menor do que o verificado em São Paulo, com 17% das matérias em Sociologia. Mesmo somando Sociologia, Filosofia e Criminologia (exclusivamente do Recife) que chegariam a 20%, o mesmo método faria com que São Paulo chegasse a 22%, o que o faria parecer menos dogmático que Recife, nesse período.

No período seguinte (1948-1964) ocorre algo diferente: a Criminologia desaparece das matérias do Recife e aparece em São Paulo com 3%. A soma de Sociologia, Filosofia e Criminologia passa a representar 25% das matérias de São Paulo e 20% das pernambucanas. Mais uma vez a questão fica centrada nos discursos jurídicos, que representam 34% das revistas do Recife e 21% das de São Paulo. Nesse período, pode-se afirmar, São Paulo retornara a uma linha mais dogmática que o Recife, pois dedicava 52% de suas matérias ao Direito, contra 44%.

Outro dado relevante é que a época mais dogmática das faculdades ocorreu no período de 1931 a 1940. As matérias exclusivamente de Direito representaram 67% dos títulos nas revistas do Recife, único período em que ultrapassou São Paulo nesse particular, indicador de dogmatismo (34% contra 54% em 1910-1929 e 44% contra 52% em 1946-1964).

As matérias escritas sobre Direito Civil são a maioria dentro do assunto específico, o que corrobora a identificação ideológica do período com o desenvolvimento de um Estado patrimonialista[164] e formado por estamentos, transplantado de Portugal para o Brasil.

Ao mesmo tempo, a Medicina Legal, que representava proporção significativa, foi desaparecendo diante da importância do

---

[164] FAORO, Raymundo. *Op. cit.*

viés médico. Entre o século XIX e o início do século XX, o sistema penal procurou suporte ou justificação nos saberes sociológico, psicológico, médico e psiquiátrico,[165] aplicando, então, as ideias de Darwin no sentido de um evolucionismo social. Buscava-se um "discurso capaz de garantir a hegemonia burguesa nas classes subalternas, tecendo o consenso".[166] Lembre-se, aqui, a influência internacional de Lombroso e a de Nina Rodrigues no Brasil, assim como a ideia do higienismo, que deu suporte a projetos como o de vacinação obrigatória e os de reformas urbanas, que colocaram fim nos cortiços.[167]

Os anos de 1902, 1905, 1910, 1914-1925, 1931 e 1937 da Revista da Faculdade de São Paulo foram selecionados como amostragem. Poucas matérias são dedicadas à faculdade. Existem dois relatórios: um do Movimento da Faculdade, em 1905; e outro, o Relatório da Faculdade de Direito de São Paulo, de 1910, onde constam os nomes das matérias complementares, pois as regulares são tratadas como números. No ano de 1910, as matérias complementares eram Direito Romano, Direito Internacional, Ciência das Finanças e Teoria e Prática do Processo, ministradas pelos professores João Braz de Oliveira Arruda, José Bonifácio de Oliveira Ribeiro, José Luiz de Almeida e Raphael Corrêa da Silva.

Pelos textos não dogmáticos selecionados, pode-se tentar verificar a impressão que os autores tinham da faculdade de Direito. Em 1902, Pedro Lessa escreveu "O idealismo transcendental ou

---

[165] FOUCAULT, Michel. A Ordem dos Discursos — Aula Inaugural no Collège de France, pronunciada em 2 de dezembro de 1970. São Paulo: Edições Loyola, 2004, pp. 18-19.
[166] NEDER, Gizlene. Op. cit., pp. 18-19.
[167] CHALHOUB, Sidney. Cidade Febril — Cortiços e Epidemias na Corte Imperial. São Paulo: Companhia das Letras, 1990; BENCHIMOL, Jaime L. Pereira Passos — Um Haussman Tropical: A revolução Urbana da Cidade do Rio de Janeiro no Início do Século XX. Rio de Janeiro: Secretaria Municipal de Cultura, Turismo e Esportes, 1990; e SEVCENKO, Nicolau. A Revolta da Vacina — Mentes Insanas em Corpos Rebeldes. São Paulo: Brasiliense, 1984.

criticismo" de Kant, e na introdução, se voltou para a escola, afirmando que "o conhecimento pressupõe uma faculdade de conhecer, e objetos que produzam em nós uma 'sensação'".[168] A faculdade de Direito era transpassada pelos debates sobre o Estado.

 A revista de 1931 transcreve os discursos na solenidade de colação de grau daquele ano. Como paraninfo, falou o professor Vicente Rao, depois do orador da turma, Carlos Alberto Alves de Carvalho Pinto. O professor, de Direito Civil, formara-se em 1911, em Filosofia pela Faculdade de Filosofia e Letras de São Paulo e em Direito pela Faculdade de Direito de São Paulo. Em 1926, participara da criação do Partido Democrático (PD). Em 1930, como partidário da Revolução, assumira como chefe de polícia de São Paulo. O fato de ter sido escolhido pela turma de formandos de 1931 demonstra que exercia influência sobre a turma e que representava, de certo modo, o senso comum do corpo discente. O orador da turma terminou seu discurso descrevendo o professor como "individualidade única que tivemos a felicidade de encontrar nos primeiros passos do curso jurídico". Acentua uma admiração profunda pelo fulgor das aulas, pela dedicação e amizade que soube infundir nos alunos, "essa figura destacada que erigimos como paradigma do nosso pensamento".

 O discurso do aluno levou o título de Geração sem rumo e fez uma crítica ao liberalismo político que, segundo ele, dando todas as liberdades imaginárias, entregaria o indivíduo a si mesmo, levando a civilização ao fracasso, por imprevisão e extremismos. Acresceu que o individualismo atingiria o espiritualismo, construindo um homem que veria o progresso só na economia. Fez um paralelo com o comunismo que, segundo o orador, citando Lenin, seria também contrário à liberal-democracia, passando a fazer

---

[168] LESSA, Pedro. Philosophia do Direito — O Idealismo Transcendental, ou Criticismo, de Kant. Revista da Faculdade de São Paulo, p. 218.

um paralelo ao fascismo que pregaria a "Ordem". Acrescentou, ainda, que o "único meio de garantir a liberdade é limital-a".[169]

O orador fez críticas ao estudo, quase restrito a matérias que interessariam às bancas dos futuros advogados, sem o devido apreço às disciplinas sociais e políticas, mas advertiu que a "liberdade ilimitada" da cátedra levaria o ensino às "mais desencontradas orientações doutrinárias dos mestres, contribuindo paulatinamente para nossa desorganização mental". A "orientação espiritual da mocidade", segundo ele, estaria condicionada exclusivamente a um critério individualista.

Segundo o orador, o ensino filiado às mais diversas diretrizes filosóficas "degladiam-se[170] no recesso do subconsciente, gerando conflictos surdos de principio inconciliáveis, que abalam as raízes de nossos pensamentos".

A reforma universitária, estabelecida pelos Decretos n°. 19.850, 19.851 e 19.852, de 11 de abril de 1931,[171] já estava em vigor e o orador, apesar da crítica à falta de apreço às disciplinas sociais e políticas, parecia estar em plena sintonia com a reforma, e contra a "liberdade ilimitada" dos mestres. Chegou a falar em uma diretriz unificada que permitisse a eficácia da missão social, para que o ensino não "perca inutilmente a boa vontade de seus mestres".

Terminado o discurso do orador da turma, a palavra foi passada para o professor Vicente Rao. Seu discurso de paraninfo recebeu o título de Democracia e acção social do Estado. Depois dos cumprimentos, falou da importância de "repor nossa pátria no caminho normal que a conduzirá à consecução de seu destino",

---

[169] Como o original.
[170] Como o original.
[171] Ministério da Educação e Saúde Pública. Organização Universitária Brasileira. Decretos n°. 19.850, 19.851 e 19.852, de 11 de abril de 1931. Rio de Janeiro: Imprensa Nacional. NEDER, Gizlene e FILHO, Gisálio Cerqueira. Os Filhos da Lei. IBCCrim — Instituto Brasileiro de Ciências Criminais. Revista Brasileira de Ciências Criminais, São Paulo, v. 16, n°. 45, fevereiro, 2001, p. 117.

criticando uma desorganização material que daria espaço a uma anarquia mental. E continua, dizendo que:

> (...) a ordem material e jurídica facilmente se impõe ou restabelece, quando uma diretriz moral inflexível guia os conductores das massas; mas, quando estes, dispersos, desorientados, sem rumo certo, só se conduzem pelo léo do vento, então, senhores, as perspectivas apparecem sombrias e desoladoras.

Disse, em seguida, que agosto de 1930 seria capaz de "transformar heroicamente as perspectivas sombrias e desoladoras de então no céu aberto e feliz do amanhã". A citação literal de certas passagens é importante para futuras análises.

> Nenhuma dúvida tolda o meu espírito sobre o quanto podeis e haveis de fazer. A bela oração, ainda agora proferida, é padrão e segurança de vossa vida futura. Por ela já revelais um conhecimento preciso sobre a origem do mal que nos aflige. Esse mal não é nosso, mas de todos os povos civilizados; e se, entre nós, agora assume proporções agudas, é porque nos achamos, neste instante, entre as ruínas de um regime destruído pela própria podridão e o dever premente de dar estrutura e forma a nova vida política do país, antes que o gérmen da anarquia, por proliferar livremente mais tempo ainda, venha a criar chagas afinal incuráveis em nosso organismo coletivo.

Vicente Rao falou sobre "a origem do mal que nos aflige", mas que mal seria esse? Não estaria falando o acadêmico da "liberdade ilimitada dos mestres", uma liberdade que, por propagar conhecimento, seria o "gérmen da anarquia, por proliferar livremente mais tempo ainda"?

A liberdade de debate em um mundo em que se propagava o socialismo, nas revistas universitárias inclusive, poderia, nesta visão, "levar a civilização ao fracasso, pela imprevisão e extremismos", o que atingiria o espiritualismo da juventude e retiraria o país do destino que lhe foi reservado. Verifica-se no discurso uma religiosidade que afasta a coletividade do mal, em especial limitando a liberdade. Há uma crítica ao que entendiam como liberalismo.

Vicente Rao passou, então, a fazer um histórico do seu conceito de democracia, segundo ele criada para deter os tiranos em favor do povo, enquanto que naqueles dias já não existiriam tiranos. O que Vicente via era uma perversão da democracia. A pura democracia deveria instituir e manter a ordem, missão dos juristas, e promover o desenvolvimento da sociedade, missão social. A ordem deveria ser a média da vontade do povo. Chama o liberalismo de "indiferencismo de Estado".

Em seguida, o professor desferiu críticas ao despotismo, ao corporativismo fascista e ao sindicalismo comunista, afirmando admitir ações sociais do governo, mas não de governo socialista, assim como o sindicalismo como representação, mas não sindicalismo de governo. Atacou também governos técnicos, afirmando que o país não era uma oficina.

Em conclusão, listou uma série de tópicos que constituiriam a "melhor democracia": um governo do povo e pelo povo, mediante eleições livres por voto proporcional; a educação das massas eleitorais mediante a pregação de programas e não de virtudes pessoais dos candidatos; atribuição do processo eleitoral ao Poder Judiciário; respeito à divisão dos poderes; adoção como fiel das tradições do federalismo; responsabilidade efetiva dos administradores; manutenção do Senado da República como a Câmara Federal por excelência, contrabalanceando a representatividade numérica; "a organização técnica da administração, para nos livrar do papelório e do funcionalismo emperrador e excessivo, adotando-se os modernos processos de racionalização do trabalho nos serviços públicos"; e serviços sociais, "sem importação de modelos feitos para outras coletividades, sem transformações exóticas".

Terminou o discurso dizendo aos alunos para partirem tranquilos, sob a bênção de Deus e a saudade dos mestres, afirmando que seriam pioneiros desta grande causa nacional.

O Partido Democrático, que o professor Rao ajudara a criar, rompeu com Vargas em 1932, formando, com o Partido Republicano Paulista (PRP), sua origem, a Frente Única Paulista, que participou, em julho do mesmo ano, da Revolta Constitucionalista, reivindicando uma nova constituição e a restituição da autonomia dos estados. O movimento foi derrotado em outubro, e Vicente Rao, exilado na França. Voltou para o Brasil em 1934, quando fundou o Partido Constitucionalista de São Paulo com Armando de Sales Oliveira, foi indicado para o Ministério da Justiça e Negócios Interiores do Governo Vargas (1934-1937) e participou da fundação da Universidade de São Paulo.

O professor elaborou a Lei de Segurança Nacional de 1935, estabelecendo sanções a jornais e emissoras de rádio, permitindo a cassação de oficiais das Forças Armadas, e foi o responsável pelo fechamento da ANL. Em 1936, criou a Comissão Nacional de Repressão ao Comunismo, requerendo a prisão, em fevereiro do mesmo ano, de Pedro Ernesto Batista, então prefeito do Distrito Federal, do coronel Filipe Moreira Lima, do jornalista Maurício Lacerda e do educador Anísio Teixeira, entre outros.

Em 1937, foi demitido da USP por ter se manifestado contra o novo regime. Retornou à vida pública em 1951, como ministro das Relações Exteriores, falecendo em 1954.

Apesar da crítica à "liberdade ilimitada dos mestres", não parece que o professor de Direito Civil se contivesse à matéria que ministrava, bastando o discurso de seu aluno e o próprio para verificar que suas aulas abarcavam, de certo modo, as disciplinas sociais e políticas.

As estatísticas da Revista Forense demonstram uma mudança paulatina de perfil nas matérias publicadas entre 1937 e 1969.

Em todos os anos, o Direito Civil manteve a liderança das publicações. Em 1937, 23 matérias foram publicadas sobre este assunto, e 18 com base na Sociologia, que manteve-se em segundo lugar em 1938, com 21 matérias, deixando esta posição em 1940, para o processo civil. A partir de 1941, a Sociologia perdeu importância, ficando com 14 matérias, enquanto 46 foram dedicadas ao Direito Civil e 21 ao Direito Penal. Nos anos de 1950 e 1962, houve picos de crescimento no número de matérias com participação da Sociologia, de 23 e de 15 matérias, respectivamente. A sua presença, nos demais anos, foi pequena.

A Medicina Legal, que em 1937 dividiu o terceiro lugar com o Direito Penal e o Processo Civil, em todos os anos posteriores participou apenas em 1940, com duas matérias, em 1941 com uma, em 1956 com duas e em 1958 com uma matéria. A Medicina Legal, que representava 9% nas revistas da Faculdade de São Paulo entre 1900 e 1937, passou a um percentual insignificante na Revista Forense de 1937 a 1969, tendendo a 0% das matérias publicadas e 2% da base teórica dos demais textos.

Transparece que a base médico-psiquiátrica entrou em crise como suporte principal de legitimidade na intervenção da classe dominante. O mesmo ocorreu com a Criminologia, que representou 1% das matérias pesquisadas.

É evidente que persistem, de forma aprofundada, permanências históricas da ideologia higienista e da visão médico legal que, no entanto, não se mantêm como principal base teórica a sustentar o aparato legal de intervenção. Esse sustentáculo passa a ser o tecnicismo jurídico, o *dura lex sed lex*, composto de interpretações literais dos dispositivos legais, e ancorado em livros de doutrina técnica de aplicação do Direito.

Os 17% de matérias sobre Sociologia e 8% sobre Filosofia, nas revistas da Faculdade de São Paulo entre 1900 e 1937, passam a representar um valor de 15% e 1%, respectivamente, na Revista Forense de 1937 a 1969. Em conjunto com os dados de diminuição da influência da Medicina Legal, de 9% entre 1900 e 1937 para 0% entre 1937 e 1969; e da Criminologia, com 1% das atenções, há uma redução geral da influência das matérias não estritamente jurídicas. A dogmática jurídico-penal se fará em detrimento das matérias "que poderiam abarcar interdisciplinarmente algumas questões suscitadas pela Sociologia, pela Antropologia e pela Psicologia e a Psicanálise".[172]

Na Revista Forense, em uma estatística do material no período pesquisado, as matérias de doutrina representam 57% das publicações que, somadas a 23% sobre jurisprudência, deixam apenas 20% aos demais assuntos.

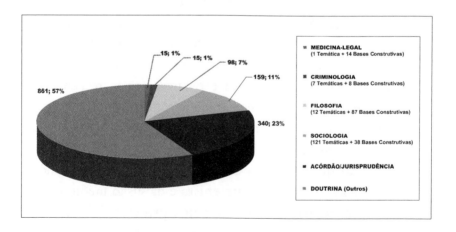

PERCENTUAL POR ÁREA DE ATUAÇÃO

---

[172] NEDER, Gizlene; Filho, Gisálio Cerqueira. *Op. cit.*, p. 117.

Os autores mais citados entre 1937 e 1969 são: Chiovenda em primeiro lugar, com 89 citações; Carnelutti, com 54 citações; Kant, com 48; e Francisco Campos, com 44.

TOTAL GERAL DE CITAÇÕES NA ÉPOCA

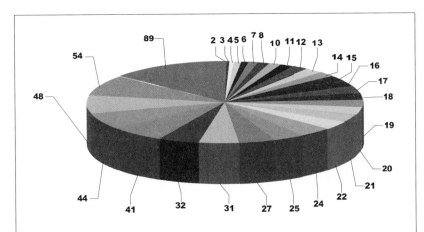

- Bulhões Pedreira, Crisólito de Gusmão, Hugo Conti, Massari Di Falco, Mattirolo, Noé Azevedo e Valdemar Falcão
- Alfredo Buzaid, Bilac Pinto, Frederico Sussekind, Helio Tornaghi, Laudo de Camargo e Savigny
- Aliomar Baleeiro, Garofalo e José Frederico Marques
- Evaristo de Morais, Galdino Siqueira, Savatier e Seabra Fagundes
- Anibal Freire, Bettiol, Enrico Ferri, Haroldo Valadão, Lafayette de Andrada e Narcélio de Queiroz
- Duguit e Planiol
- François Geny
- Eduardo Couture, Filadelfo Azevedo e Hauriou
- Costa Manso, Luís Gallotti, Mazeud e Montesquieu e Roberto Lira
- Calamandrei, Jellinek, João Mendes, Magarinos Torres, Roscoe Pound e Saleilles
- Mezger e Welzel
- Carrara, Demogue, Virgílio de Sá Pereira e Von Liszt
- Carlos Maximiliano, Georges Ripert, Goldschimidt e Locke
- Petrocelli
- Clóvis Bevilápua, Eugenio Florian, Josserand e Nélson Hungria
- Mayer
- Pontes de Miranda e Liebman
- Pedro Lessa, Garraud
- Lombroso
- Waldemar Ferreira
- Ihering
- Orozimbo Nonato
- Alcântara Machado e Rui Barbosa
- Binding
- Alfredo Rocco e Kelsen
- Manzini
- Francisco Campo
- Kant
- Carnelutti
- Chiovenda

O autor brasileiro mais citado entre 1937 e 1969 na Revista Forense é Francisco Campos, o ministro da Educação que instituiu a reforma universitária de 1930. Ele mesmo publicou em 1938 duas matérias com o mesmo título, Diretrizes Constitucionais do Novo Estado Brasileiro, em janeiro e fevereiro. Estas e outras matérias foram republicadas pelo Senado Federal sob o título O Estado Nacional.[173] Aquelas matérias apresentavam a seguinte composição:

- A revolução de 30 e o acontecimento de 10 de novembro;

- Crítica do regime anterior;

- O mito do sufrágio universal;

- Delegação do Poder Legislativo;

- Caráter democrático da Constituição;

- A máquina administrativa;

- Definição de liberdade;

- Liberalismo, marxismo, corporativismo;

- Educação;

- Imprensa;

- Conclusão.

---

[173] CAMPOS, Francisco. O Estado Nacional: Sua Estrutura e Seu Conteúdo Ideológico In O Estado Nacional: Sua Estrutura e Seu Conteúdo Ideológico.
Coleção Biblioteca Básica Brasileira, Senado Federal, Brasília, 2001.

San Tiago Dantas saudou Francisco Campos como, ao lado de Rui Barbosa, a força intelectual mais poderosa que teria acionado "entre nós, a cultura jurídica nos últimos 50 anos". Estas matérias e discursos publicados sobre democracia, Estado, direito e, em especial, educação, representam sua influência política e intelectual. É de se supor, portanto, pelo número de vezes que foi citado, que, destacando as matérias publicadas por ele no período, possamos ter uma medida do seu pensamento e também um depoimento direto do executor da reforma universitária.

No texto A política e nosso tempo, Francisco Campos defende que as pessoas foram educadas para um mundo anterior ao que ele considerava atual; para um mundo de ordem e hierarquia, de espírito platônico, perturbado apenas por problemas que considerava dóceis e educados "como estas árvores de jardim que obedecem, no crescimento, à direção do jardineiro".[174]

Campos considerava que vivíamos numa fase de transição, na qual a educação passada não resolvia, pois visava a soluções e não problemas, que seriam outros e imprevisíveis. Ao abrir o subcapítulo Educação para o que der e vier, afirma:

> (...) nunca se pôs em questão, de uma vez, tão grande numero de pontos de fé. Nunca falhou em tão grande escala a confiança humana na coerência do universo do pensamento e do universo da ação.[175]

Propôs, então, uma educação para problemas, não para soluções, e para todos os regimes de vida, para o "quadro de linhas

---
[174] CAMPOS, Francisco. Op. cit., p. 13.
[175] Ibidem, p. 14.

móveis e flutuantes"[176] em que, supunha, viveria o homem. Afirma Francisco Campos:

> Como educar para a democracia, se esta não é hoje senão uma cafarnaum de problemas, muitos dos quais propondo questões cuja solução provável implicará o abandono dos seus valores básicos ou fundamentais? Educação individualista ou educação para um mundo de massas de cooperação ou de configuração coletiva do trabalho, do pensamento e da ação?[177]

Esta seria a ideia vaga de educação, que preparasse para os problemas, que preparasse um patrimônio espiritual, que definia como "um sistema mais ou menos coerente de referências em que cada um tem a posição definida em relação aos demais".[178]

Os discursos que se alinham entre Francisco Campos e Vicente Rao pretendem, portanto, limitar uma educação liberal-democrática, que aumentava as incertezas.

O texto de janeiro de 1938, de Francisco Campos, então ministro da Justiça, intitulado Diretrizes Constitucionais do Estado Brasileiro, dedica-se, na realidade, aos fundamentos políticos de 1937. Defende que a Revolução de 1930 foi capturada pela política e, com a precipitação da reconstitucionalização de 1934, resultou em uma "infalível demagogia" sobre os "sacrifícios das famílias pobres e cristãs".

Francisco Campos afirma que "a democracia de partidos já não comportava a luta política própria da democrática e liberal, as novas formas de antagonismo político", alertando quanto

---

[176] *Ibidem*, p. 14.
[177] *Ibidem*, p. 14.
[178] *Ibidem*, p. 15.

a "os perigos que a democracia de partidos representa para a ordem e a paz pública".

Campos considerava o sufrágio universal um mito, em razão do sistema educacional do mundo: "mudaram os problemas e não se alterou o processo político", acrescendo que a delegação de poderes ao Legislativo "(...) implica capacidade técnica, e a legislação é hoje uma técnica que exige o concurso de vários conhecimentos e várias técnicas".

Há um capítulo específico sobre educação em que se ataca "um sistema educativo puramente intelectualista e de fundo eminentemente liberal", em que várias teorias e crenças são transmitidas, mas não há obrigação de se aceitar nenhuma, e cada qual pode escolher a sua técnica. Plena sintonia com os discursos de Vicente Rao e do orador da turma de 1931. A palavra "técnica" é repetida várias vezes no texto. Afirma que liberdade de pensamento não pode ser confundida com "uma academia de anarquistas reduzidos a uma vida puramente intelectual e discursiva".

Francisco Campos defende que a educação sirva aos interesses da nação, à "formação de um cidadão de acordo com os solidários interesses nacionais", assim como à expansão da economia. Uma educação que impedisse a "liberdade ilimitada" da cátedra e as lições "mais desencontradas das orientações doutrinárias dos mestres, contribuindo paulatinamente para nossa desorganização mental", nas palavras do orador da turma de formandos na Faculdade de Direito de São Paulo de 1931. Lembremos que condenava o ensino filiado às mais diversas diretrizes filosóficas, que "degladiam-se[179] no recesso do subconsciente, gerando conflictos surdos de principio inconciliáveis, que abalam as raízes de nossos pensamentos".

Francisco Campos desenvolveu um complexo raciocínio, defendendo que havia um diálogo entre Sócrates e os sofistas,

---
[179] Como o original.

já que ambos admitiam o valor da verdade, o que, então, estaria esvaziado. Visando demonstrar a importância desta atitude no espírito, explicava o que seria teologia política, que se constituiria da construção do mito, defendendo ser uma aplicação, por Sorel, da filosofia de Bergson, do pragmatismo anglo-saxão e do seu conceito de verdade. O primeiro, Sorel, contestaria Marx, afirmando que não seria pelo desenvolvimento natural do capitalismo, ou de suas condições internas, em um mundo que entendia como reduzido à luta de classes, que se chegaria ao socialismo. Sorel afirma que, apesar da correção de Marx, este seria apenas um aspecto, e não o único, sendo o mais relevante uma imagem dotada de carga emocional, destinada a servir de polarizador de ideias, ou melhor, de sentimentos e de luta e de violência, tão profundamente ancorados na natureza humana. Este seria o mito, que não teria valor de verdade, mas de ação, dependendo seu valor prático de seu valor teórico, pois o mito que se sabe não ser verdadeiro é uma mentira.

O mito seria impossível de refutar por conter dois valores contraditórios: o de verdade, para os que nele acreditam; e o de artifício puramente técnico, para os que sabem tratar-se apenas de "uma construção do espírito".[180] Percebe-se que Francisco cita Sorel para embasar seu raciocínio, mas não se filia aos fins do autor, que contribui para um antagonismo entre classes em uma guerra permanente, com o objetivo de "dissolver a unidade do Estado, construída pelos juristas, graças ao emprego de métodos artificiosos de racionalização, próprios à teologia, no multiverso político do sindicalismo".[181]

No capítulo Fichte e sua fórmula patética, defende que Mussolini teria desconsiderado Sorel ao discursar afirmando

---

[180] CAMPOS, Francisco. *Op. cit.*, p. 16.
[181] *Ibidem*, p. 17.

que construíam um mito, que não necessariamente seria realidade, mas estímulo, esperança e fé. O mito de nação já estaria no *ethos*, e *pathos*, nos discursos de Fichte à nação alemã, "a carga emocional do mito totêmico do moderno matriarcado político nacionalista".

Segundo Campos, a unidade da nação não se funda no regime jurídico, mas no sentimento de que a nação é o envoltório do eterno.

O Estado, autoadministrador dos negócios humanos, autor responsável, diante de Deus, e perante a sua consciência, por todos os seres menores, tem pleno direito de constranger estes últimos à sua própria salvação. O valor supremo não é o homem, mas a nação e o Estado, aos quais o homem deve sacrifício do corpo e da alma.

O autor acresce que o conteúdo espiritual dos novos regimes já estaria contido no romantismo alemão, e que o estado nacionalista, racista, totalitário, a submersão dos indivíduos no seio totêmico do povo e da raça, seria o Estado de Fichte e de Hegel, o *pathos* romântico do inconsciente coletivo, seio materno dos desejos e dos pensamentos humanos. O que seria novo, para Francisco Campos, seria a aliança do ceticismo com o romantismo:

> (...) o emprego pelos sofistas contemporâneos das constelações românticas como instrumento ou como técnica de controle político, tornando ativas, através de ressurreição de formas arcaicas do pensamento coletivo, as emoções de que elas continuam a ser os pólos de condensação e de expressão simbólica.

Francisco Campos intitulou outro capítulo, Primado do irracional, que seria a supremacia do inconsciente coletivo, em que o irracional seria um instrumento de integração política total, o mito. Segundo ele, esta filosofia anti-intelectualista forneceria aos céticos não uma fé ou uma doutrina política, mas uma técnica de golpe de Estado.

> A serviço dessa técnica espiritual coloca o maravilhoso arsenal, construído pela inteligência humana, de instrumentos de sugestão, de intensificação, de ampliação, de propagação e de contágio de emoções, e tereis o quadro dessa evocação fáustica dos elementos arcaicos da alma humana, de cuja substância nebulosa e indefinida se compõe a medula intelectual da teologia política do momento.[182]

Segundo ele, esta linha política não vê processos racionais de integração, pois a vida política e moral seria do domínio do irracional, e quanto mais ininteligível o processo político, melhor. Desta forma, a integração política total pelo irracional se transformaria em teológica, pertencendo corpo e alma do homem à nação.

Defende que já teria havido uma integração pela fé nas épocas da religião e que, em um regime que torna possível organizar e mobilizar as massas, só seria possível operar mediante forças irracionais, somente pelo mito da violência, "que é aquele em que se condensam as mais elementares e poderosas emoções da alma humana".[183]

O texto de Francisco Campos, com sua ideia de mito da violência que substitui a fé, somente é compreendido em suas permanências religiosas diante do texto de Carlo Ginzburg Medo, reverência, terror. Este vê que o processo de secularização em toda a Europa não atingiu a laicização, tornando claras influências religiosas por meio do termo *awe* e, impregnado nele, o

---

[182] CAMPOS, Francisco. *Op. cit.*, p. 20.
[183] *Ibidem*, p. 21.

medo do "estado de natureza" e a necessidade de impor sujeição, conforme a obra Leviatã, de Thomas Hobbes.[184]

Este aspecto será fundamental para entender a posição comum de Francisco Campos e de Vicente Rao em relação à educação.

As formas irracionais e de massa, segundo Francisco Campos, gerariam contraditoriamente a fascinação pela personalidade carismática e, assim, a única forma de governo de massas seria a ditadura,[185] com a aparição de César: a integração política mediante o ditado de uma vontade pessoal, em que a massa participasse somente por meio do plebiscito e do voto-aclamação. Não o voto democrático, que seria uma expressão relativista e cética de preferência, de simpatia, "mas a forma unívoca, que não admite alternativas, e que traduz a atitude da vontade mobilizada para a guerra".[186]

Francisco Campos e Vicente Rao apegam-se ao Leviatã na ideia de Estado e em seu reflexo na educação ao defenderem que o corpo e a alma do indivíduo são da nação. A imagem do grande monstro parece tomar forma, e por meio do medo, do terror, da submissão (awe!)[187] e do mito da violência repõe o que a fé concedia de estabilidade política e espiritual.

Existem várias afirmações que podem significar permanências de cunho religioso nos projetos de Estado e de educação. Vicente Rao fala sobre "a origem do mal que nos aflige", no caso a fé e o Estado; e sobre a propagação de ideias múltiplas e multidisciplinares "gerando conflitos surdos de princípio inconciliáveis, que abalam as raízes de nossos pensamentos".

---

[184] GINZBURG, Carlo. Fear, Reverence Terror: Reading Hobbes Today In European University Institute, Max Weber Lecture Series — MWP — 20/08/05, Badia Fiesolana, Italy. Texto original sob o título "Medo, Reverência, Terror — Reler Hobbes Hoje". Conferência realizada por iniciativa do Laboratório Cidade e Poder — UFF — Universidade Federal Fluminense, Niterói, RJ, 18/09/2006.

[185] CAMPOS, Francisco. *Op. cit.*, p. 23.

[186] *Ibidem*, p. 23.

[187] GINZBURG, Carlo. *Op. cit.*

É necessário relembrar a citação:

Nunca se pôs em questão, de uma vez, tão grande numero de pontos de fé. Nunca falhou em tão grande escala a confiança humana na coerência do universo do pensamento e do universo da ação.[188]

Os mestres, pode-se dizer, com sua "liberdade ilimitada", propagavam o "gérmen da anarquia", agitando conflitos que gerariam contágio de emoções,[189] o que Francisco queria evitar, sustentado em Sorel: o potencial antagonismo entre classes em uma guerra permanente, com objetivo de "dissolver a unidade do Estado, construída pelos juristas, graças ao emprego de métodos artificiosos de racionalização, próprios à teologia, no multiverso político do sindicalismo".[190]

Ou seja, era necessário evitar o contato dos alunos com um mundo em que se propagava o socialismo, inclusive nas revistas universitárias, o que, como se disse, poderia, na visão daqueles, "levar a civilização ao fracasso, pela imprevisão e extremismos", atingindo o espiritualismo da juventude e retirando o país do destino que lhe foi reservado. Discurso que irá, depois, se repetir nas atas analisadas do STM.

Assim, se o "único meio de garantir a liberdade é limital-a",[191] seria importante evitar esta agitação de emoções e subconscientes.

No capítulo Deslocamento do centro da decisão política, Francisco Campos volta a atacar a democracia, afirmando que as formas parlamentares seriam resíduos e que o centro

---

[188] CAMPOS, Francisco. *Op. cit.*, p. 14.
[189] *Ibidem*, p. 20.
[190] CAMPOS, Francisco. *Op. cit.*, p. 17.
[191] Como original.

de gravidade do corpo político não recairia onde reina a discussão, mas a vontade:

> A linguagem política do liberalismo só tem conteúdo de significação didática, ou onde reinam os professores, cuja função é conjugar o presente e o futuro nos tempos do pretérito. Para as decisões políticas uma sala de parlamento tem hoje a mesma importância que um museu.[192]

A sala de aula é uma extensão da política, e os professores são encarados como propagadores de um liberalismo que impede o futuro. Quanto à política, Francisco Campos afirma que ela é o que os professores costumam transmitir nos

> (...) recintos herméticos onde se fabricam modelos da realidade não à imagem desta, mas à imagem dos sonhos ou dos arquétipos platônicos que a imaginação propõe aos nossos desejos.[193]

Campos, ao enxergar a academia como "um sistema educativo puramente intelectualista e de fundo eminentemente liberal",[194] sustenta que a trama do pensamento está na crença, na fé ou no dogma, e que a própria liberdade seria um dogma, estimulado por aqueles que a julgam um bem. Afirma que teria se iniciado um capítulo dedicado à educação e cultura como atribuições privativas da União, a fim de traçar diretrizes a que devem obedecer a formação física, intelectual e moral da infância e da juventude.

A Constituição prescreve a obrigatoriedade da educação física, do ensino cívico e de trabalhos manuais, e atribui ao Estado, como

---

[192] CAMPOS, Francisco. *Op. cit.*, p. 34.
[193] CAMPOS, Francisco. *Op. cit.*, p. 35.
[194] *Ibidem*, p. 66.

seu primeiro dever em matéria educativa, o ensino prevocacional e profissional, destinado às classes menos favorecidas. Cabe a ele, também, promover a disciplina moral e o adestramento da juventude, de maneira a prepará-la ao cumprimento de suas obrigações com a economia e a defesa da nação.[195]

A análise das revistas demonstra uma efetiva diminuição na influência da Medicina Legal no Direito e também das matérias não dogmáticas (Sociologia, Filosofia, Criminologia), em conjunto com o fortalecimento de uma visão técnica do Direito.

Em relação à educação, os dois juristas escolhidos, Vicente Rao e Francisco Campos, ambos com grande influência no campo acadêmico, tendo exercido cargos políticos e de ministério, têm visão semelhante sobre educação e muitas coincidências sobre política de Estado.

A educação deveria estar fechada às influências tidas como liberais, abarcando este termo todas as linhas de pensamento que não se coadunassem com a forma de governo autoritário que defendiam. Os professores deveriam ser impedidos de propagar diversas linhas filosóficas e debates políticos que influenciariam na direção de um anarquismo e confundiriam subconscientes.

Mesmo as emoções poderiam ser contaminadas, possibilitando um clima de revolução, que afetaria a ordem do Estado, a que todos deviam corpo e alma.

O viés técnico, dogmático e processual possibilita um estudo estéril de emoções e mantém adormecidos os subconscientes.

É evidente que a educação implantada por Francisco Campos com a reforma tem ligações com Vicente Rao. A Universidade de São Paulo, criada em 1934 como uma faculdade de Filosofia, Ciências e Letras, foi a primeira no Brasil a surgir sob sua influência. Vicente foi um dos fundadores.

---

[195] *Ibidem*, p. 67.

A opção pelo viés técnico e a transferência das matérias não dogmáticas para outra faculdade diminuíram estas influências no campo do Direito, que iria se fechar em um ambiente estéril de emoções e de multidisciplinaridade.

A hipótese de que esta modificação na educação serviu para o afastamento das matérias não dogmáticas do campo do Direito e, em especial, dos estudiosos destas matérias do acesso ao poder, ganha sustentação nos dados pesquisados.

Pode-se argumentar que não haveria uma ação programada neste sentido. Mas isto não significa que os projetos não tenham servido ao propósito de separação das matérias não dogmáticas. Não é possível sustentar a visão de que o projeto de 1930 tinha este enfoque exclusivo, ou mesmo esquecer os avanços em várias áreas, como legislação trabalhista, voto das mulheres etc. De igual forma, é impossível negar o viés autoritário de vários agentes de 1930, em especial na área de Direito, e também dos ministros aqui destacados, e suas influências na condução do projeto educacional.

Da mesma forma, parece empírico que o Direito tornou-se preponderantemente técnico. Argumentar que sempre o foi desconsidera a influência das matérias não dogmáticas durante o período pesquisado. Estas matérias, que não tinham faculdades próprias, pairavam dentro da faculdade de Direito. A separação, ao menos, impediu que a influência destas matérias tornasse o Direito multidisciplinar, se não modificou o próprio Direito, impedindo no tempo sua transformação.

5.1. Os Autores Citados nas Revistas

Existem autores que são citados em ambas as faculdades, diferenciando o percentual por época histórica de influência, e outros que somente são citados de maneira expressiva em uma das faculdades.

Clóvis Bevilaqua e Rui Barbosa dividiram a influência. Clóvis foi o primeiro em ambas as faculdades entre 1911 e 1930 (PE: 17% — SP: 19%). No Recife, Rui Barbosa foi o quarto com 9%, antecedido por Ihering (12%) e Tobias Barreto (10%); em São Paulo foi o terceiro, posição dividida com Savigny, ambos com 12%. Mais que por Rui, São Paulo foi influenciada por Augusto Teixeira de Freitas, Ihering e J. X. Carvalho Mendonça, todos com 13%. Clóvis Bevilaqua, Rui Barbosa, Rudolf Von Ihering, Augusto Teixeira de Freitas, Savigny, poderiam ser listados como os autores que mais influenciaram ambas as instituições.

Clóvis Bevilaqua, em razão de ter sido autor do Código Civil; e Augusto Teixeira de Freitas, por ter realizado projeto anterior, ingressam neste conjunto. A cível é, de todas as áreas do Direito, a que tem maior atenção de ambas as faculdades, representando 19% no Recife (seguida de Direito Empresarial com 10% e processual, 5%), e 17% em São Paulo (seguida de Direito Empresarial e Direito Administrativo, ambos com 5%). Rui Barbosa é visto ideologicamente como um mito formador do desenho da República, estando em posições destacadas. Em São Paulo foi o segundo mais citado entre 1900 e 1929 (12%) e o primeiro nos anos seguintes (1931-1940: 13% — 1948-1964: 14%). No entanto, no Recife apareceu como já visto, em quarto lugar, entre 1911 e 1930, tendo permanecido em destaque nos anos de 1931 a 1940 (7%), mas menos influente que Marcel Planiol (10%), Rudolf Von Ihering, Arrigo *Dernburg* (9%), Clóvis Bevilaqua, Saviny, Léon Duguit (8%). Rui alcançou o posto de segundo mais influente na lista entre 1946 e 1964, com 9%, após Ihering (10%).

Os dois nomes mais influentes em São Paulo permaneceram inalterados, nos períodos e nas fontes pesquisadas: Rui Barbosa e Clóvis Bevilaqua. Isto não ocorreu no Recife. Lá, Clóvis Bevilaqua somente encabeçou a lista entre 1911 e 1930 (17%). Apesar disso, é evidente sua grande influência em todas as épocas: foi superado apenas por Marcel Planiol (10%), Ihering (9%) e Arrigo (9%) entre 1931 e 1940 e por Ihering (10%) e Rui (9%), de 1946 a 1964.

**REVISTA FACULDADE
DE DIREITO DO RECIFE**

	1911-1930	%		1931-1940	%		1946-1964	%
Clóvis Bevilaqua	25	17%	Marcel Planiol	9	10%	Rudolf von Ihering	19	10%
Rudolf von Ihering	17	12%	Rudolf von Ihering	8	9%	Rui Barbosa	18	9%
Tobias Barreto de Menezes	15	10%	Arrigo Dernburg	8	9%	Clóvis Bevilaqua	15	8%
Rui Barbosa	13	9%	Clóvis Bevilaqua	7	8%	Savigny	14	7%
Herbert Spencer	11	8%	Savigny	7	8%	Augusto Teixeira de Freitas	14	7%
José Isidoro Martins Júnior	9	6%	Léon Duguit	7	8%	Tobias Barreto de Menezes	13	7%
Auguste Comte	8	5%	Rui Barbosa	6	7%	Herbert Spencer	11	6%
Savigny	7	5%	Augusto Teixeira de Freitas	6	7%	Lafayette	11	6%
Augusto Teixeira de Freitas	7	5%	Joseph Unger	6	7%	Josef Kohler	11	6%
Arrigo Dernburg	6	4%	Josef Kohler	6	7%	Arrigo Dernburg	10	5%
Kant	6	4%	Lafayette	4	4%	Auguste Comte	10	5%
Marcel Planiol	5	3%	Kant	4	4%	Kant	10	5%
Léon Duguit	5	3%	Pontes de Miranda	4	4%	José Isidoro Martins Júnior	10	5%
Lafayette	4	3%	Auguste Comte	3	3%	Pontes de Miranda	9	5%
Joseph Unger	4	3%	Tobias Barreto de Menezes	2	2%	Joseph Unger	7	4%
Pontes de Miranda	3	2%	Herbert Spencer	2	2%	Léon Duguit	6	3%
Josef Kohler	1	1%	José Isidoro Martins Júnior	1	1%	Marcel Planiol	5	3%

1911-1930

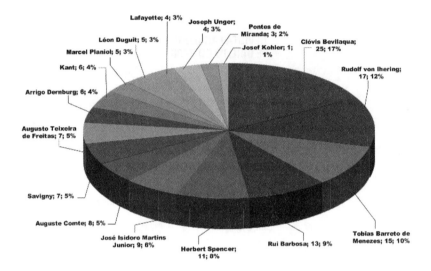

1931-1940

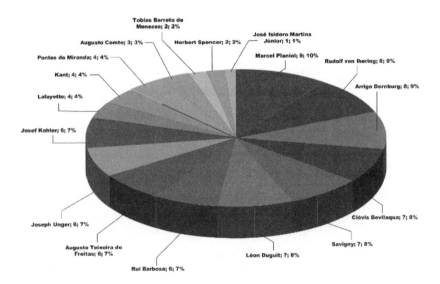

PODER & SABER

1946-1964

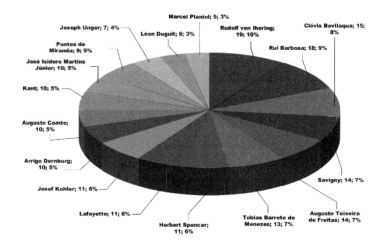

REVISTA FACULDADE DE DIREITO DE SÃO PAULO

	1900-1929	%		1931-1940	%		1948-1964	%
Clóvis Bevilaqua	3	19%	Rui Barbosa	21	13%	Rui Barbosa	36	14%
Rui Barbosa	2	12%	Clóvis Bevilaqua	18	12%	Clóvis Bevilaqua	35	13%
Savigny	2	12%	Waldemar Ferreira	16	10%	Waldemar Ferreira	25	9%
Augusto Teixeira de Freitas	2	13%	Pedro Lessa	15	10%	Pedro Lessa	23	9%
Ihering	2	13%	João Mendes de Almeida Junior	14	9%	João Mendes de Almeida Junior	23	9%
J. X. Carvalho de Mendonça	2	13%	J. X. Carvalho de Mendonça	12	8%	Savigny	21	8%
Waldemar Ferreira	1	6%	Augusto Teixeira de Freitas	11	7%	Augusto Teixeira de Freitas	19	7%
Pedro Lessa	1	6%	Ihering	11	7%	Kant	19	7%
Kant	1	6%	Lafayette	10	6%	Ihering	16	6%
João Mendes de Almeida Junior	0	0%	Léon Duguit	10	6%	João Monteiro	13	5%
João Monteiro	0	0%	Savigny	9	6%	Lafayette	13	5%
Lafayette	0	0%	João Monteiro	6	4%	J. X. Carvalho de Mendonça	11	4%
Léon Duguit	0	0%	Kant	3	2%	Léon Duguit	11	4%

1900-1929

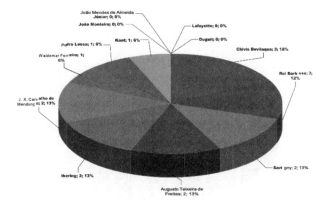

1931-1940

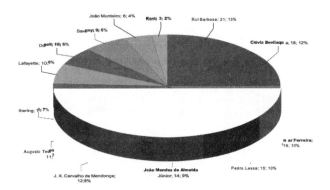

1948-1964

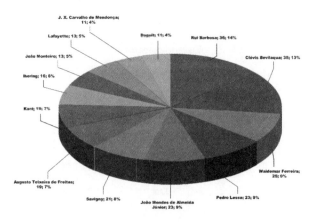

Por meio destas estatísticas, pode-se verificar os autores de grande influência no Recife e que nunca tiveram influência marcante em São Paulo: Tobias Barreto, Spencer, José Isidoro Martins Júnior, Auguste Comte, Arrigo Dernburg e Marcel Planiol, Joseph Unger, Pontes de Miranda e Joseph Kohler. E também os que, influentes em São Paulo, nunca foram citados em Pernambuco: J. X. Carvalho de Mendonça, Waldemar Ferreira, Pedro Lessa, João Mendes de Almeida Junior e João Monteiro.

Léon Duguit e Lafayette foram citados somente no Recife de 1911 a 1930, ambos com 3% das remissões, mas depois foram citados em ambas as instituições, o que demonstra uma circularidade na influência do Direito francês. Duguit, entre 1931 e 1940, 8% em Pernambuco e 6% em São Paulo; de 1946 a 1964, 3% em Pernambuco e 4% em São Paulo. Lafayette, de 1931 a 1940, 4% em Pernambuco e 6% em São Paulo; entre 1946 e 1964, 6% em Pernambuco e 5% em São Paulo.

Estes autores podem ser divididos, para a análise das revistas do Recife, em três blocos: o primeiro com Tobias, Spencer e Comte, o segundo formado por Arrigo Dernburg, Marcel Planiol e José Isidoro Martins Júnior e um terceiro, só com Pontes de Miranda.

A introdução da Filosofia do Direito nos cursos, em 1870, fase em que se buscavam referências teórico-ideológicas do direito germânico sob a égide do iluminismo kantiano, abriu caminho, como visto no Capítulo 1, para a visão do direito como ciência — uma corrente político-ideológica culturalista e evolucionista (de corte spenceriano) que confrontou o escolasticismo herdado de Coimbra, mas também foi capaz de contradizer o dogmatismo excludente e autoritário do positivismo comtiano e seus desdobramentos políticos ideológicos, em especial o lombrosianismo, como em Menores e loucos, de Tobias Barreto, importante libelo contra esta visão determinista.

Tobias, Spencer e Comte não foram muito citados em São Paulo, mas sim no Recife, onde o primeiro apareceu com 10% entre 1911 e 1930, caiu para 2% de 1931 a 1940 e atingiu 7% no período 1946-1964.

O fato de Marcel Ferdinand Planiol[196] ter sido o mais citado no Recife entre 1931 e 1940 é relevante. Ele foi professor na Faculdade de Direito de Paris de 1887 a 1920, quando publicou "Traité Élémentaire de Droit Civil" (1900) e, de forma geral, é pouco citado na doutrina nacional. Quem reforça as citações deste francês é o mestre baiano Orlando Gomes, que teve grande influência no Direito Civil, em especial nos contratos, mas também no direito do trabalho. Gomes posicionou-se pela forma regionalista, rompendo com um direito impregnado de jurisdicês (sic) e formalidades que não dá espaço para o que é regional. Orlando Gomes disso lançou mão, bem como de metáforas que dão algum tipo de musicalidade como em: "(...) uma onda de pessimismo espraia-se sobre as areias da juridicidade".[197]

Orlando Gomes foi preso pelo Estado Novo por haver falado da extinta União Soviética em suas aulas. Pouco afeito à política, admirador do marxismo, experimentou na ilha de Fernando de Noronha a prisão por suas ideias, tornando-se defensor do estado democrático. Foi Diretor da Faculdade de Direito em 1961, eleito para a Academia de Letras da Bahia em 1968 e, em 1983, juntamente com demais juristas baianos, fundador da Academia de Letras Jurídicas da Bahia. Citava, nas suas obras, os franceses Planiol, Durand, os alemães Dernburg, Larenz, von Tuhr, Enneccerus, Kipp e Wolf, entre outros estrangeiros. Fez parte da elaboração do anteprojeto ao Código de Obrigações de 1965 que, por questões político-militares, não teve êxito, apesar da perfeição que atingiu.

---

[196] Marcel Planiol nasceu em Nantes, em 23 de setembro de 1853, e morreu em Paris, em 31 de agosto de 1931.

[197] GOMES, Orlando. Raízes Históricas e Sociológicas do Código Civil Brasileiro. São Paulo: Martins Fontes, 2006, p. 101.

No Recife, a citação do francês abriu as portas do bloqueio português, como permanência histórica, e dos conceitos iluministas. Abriu-as de forma direta, além do que Clóvis Bevilaqua poderia fazer. Vale antecipar que a UDF, dissolvida, investiu em uma missão francesa que incluiu Émile Brehier (Filosofia), Eugène Albertini, Henri Hauser e Henri Troncon (História), Gaston Léduc (Linguística), Pierre Deffontaines (Geografia) e Robert Garic (Literatura), entre outros.

Um forte motivo de resistência aos franceses, segundo apontaram os professores Gizlene Neder e Gisálio Cerqueira Filho[198] estava na admissão, no código francês, do casamento como contrato, e não como sacramento. Aquela porta aberta por Recife faz contato direto com esta questão por meio do "Traité Élémentaire de Droit Civil" (1900). A rejeição aos franceses se deu pelos portugueses, ou pelo mundo luso-brasileiro, pela expansão napoleônica, pelo conflito entre as ideias liberais francesas e o mundo português e ainda, pela admissão francesa do casamento como contrato.

José Isidoro Martins Júnior,[199] homem de tendências renovadoras, discípulo de Tobias Barreto durante os anos acadêmicos, aproximou-se de Clóvis Bevilaqua e com ele redigiu as Vigílias literárias (1879), a Ideia Nova, O Escalpelo (ambos de 1881) e O Estenógrafo (1882). Deixou muitos poemas esparsos nos jornais de Pernambuco e do Rio de Janeiro. Este professor de História do Direito, nunca citado na amostragem de revistas jurídicas de São Paulo, representou, nas citações do Recife, 6% entre 1911 e 1930, 1% entre 1931 e 1940 e 5% no período 1946-1964. Martins Júnior, no Recife, trabalhou na advocacia e no ensino particular, como professor de Francês e de História Natural na Escola Propagadora da Boa Vista. Concorreu para cátedra da Faculdade

---

[198] NEDER, Gizlene; e, CERQUEIRA FILHO, Gisálio. As Idéias Jurídicas e Autoridade na Família. Rio de Janeiro: REVAN, 2007, p. 35.

[199] Nasceu no Recife, em 24 de novembro de 1860, e morreu no Rio de Janeiro, em 22 de agosto de 1904.

do Recife por três vezes sucessivas. Em 1888, foi classificado, mas o ministro do Império nomeou Adelino de Luna Freire, que se classificara em terceiro lugar. As três teses apresentadas por ele foram reunidas, depois, no volume Fragmentos jurídico-filosóficos. Deputado federal por Pernambuco nas legislaturas de 1894-1897 e 1897-1900, foi também jornalista e poeta.

Quando transferido para a Capital Federal e com a reforma dos estatutos da Faculdade do Recife, suprimida a cadeira de História do Direito, passou a ser professor da Faculdade Livre de Direito do Rio de Janeiro. Foi eleito para a ABL em 15 de maio de 1902, na sucessão de Francisco de Castro, e tomou posse por carta. O acadêmico Sílvio Romero estava designado para recebê-lo.

Poeta, em 1881 publicou Visões de hoje, em que, no prefácio, explicou a sua concepção de poesia, que:

> (...) deve ir procurar as suas fontes de inspiração na Ciência; isto é, na generalização filosófica estabelecida por Auguste Comte sobre aqueles seus troncos principais de todo o conhecimento humano.

Em prol de sua concepção, em 1883 escreveu A poesia científica.

Entre suas obras estão: *Vigílias literárias*, versos, em colaboração com Clóvis Bevilaqua (1879); *O escalpelo*, estudo crítico de política, letras e costumes, em colaboração com Clóvis Bevilaqua (1881); *A poesia científica* (1883); *Retalhos*, poesias (1884); *Estilhaços*, poesia (1885); *Fragmentos jurídico-filosóficos*, Direito (1891); *Tela policroma*, poesias (1893); *História do Direito nacional*, Direito (1895); e *Compêndio da história geral do Direito* (1898).

Com a crise do Romantismo, a ponto de Sílvio Romero, em 1878, afirmar que "o Romantismo é um cadáver e pouco respeitado; não há futuro que o salve" (Romero, 1878, P XI), surgiu esta poesia científica.

A poética científica, iniciada no fim da década de 1960 como proposta estética duradoura e significativa, obteve grande repercussão por intermédio da Escola do Recife e com o influxo do positivismo na literatura brasileira.

As primeiras obras foram de Sílvio Romero: A poesia dos harpejos poéticos, publicada em 1870; e Cantos do fim do século, de 1878. A poesia científica, de Martins Júnior, porém, foi considerada "o primeiro manifesto de uma poesia 'de vanguarda' — de concepção essencialmente cosmopolita — a ser praticado em solo brasileiro", pois "indo além da influência de Victor Hugo e Baudelaire.[200] Martins Júnior incorpora traços da poesia socialista-revolucionária e Lefevre, Berthezene, Stupuy, Mme Arckemann e Sully Prudhomme, junto com os preceitos filosófico-científicos de Auguste Comte, Haeckel e Darwin".

A poética científica foi assim denominada por se relacionar com a ciência e pela perspectiva de se fazer uma poesia com as concepções positivistas. Martins Júnior defendia que a natureza da operação poética é similar à do processo científico e que ambas pretendiam conhecer o homem e o mundo, com o objetivo de modificá-los, sendo que a contemplação, a observação e a análise da natureza pelo homem faziam nascer tanto a beleza — arte — quanto a verdade — ciência. Afirmou, apoiando-se em Spencer, que o conhecimento sobre a natureza não aniquilaria as faculdades poéticas: quanto mais o homem estudasse a natureza, maior seria sua admiração por ela; e que seria ilusório pensar que poesia e ciência se opunham, pois "a ciência excita o sentimento poético em lugar de o extinguir".[201] Martins transcreveu Spencer: "não só a ciência serve de base

---

[200] MONTENEGRO, Delmo. Martins Júnior, Augusto dos Anjos, Joaquim Cardozo: Presença da Poesia Científica na Literatura em Pernambuco, 2004.
[201] JUNIOR, Izidoro Martins. A Poesia Scientifica. Recife: Typs. Industrial e da Folha do Norte, 1883, p. 65.

à escultura, à musica (sic) e à poesia, como também a ciência é por si mesma poesia".[202]

Martins Júnior[203] cita autores estrangeiros ligados à poesia científica, as influências vindas de Bélgica e França, por intermédio de Sully-Prudhomme, André Lefevre, Luiza Arckemann, Stupui e Alfred Berthezene; da Espanha, por Bartrina; de Portugal, por Teixeira Bastos, Luiz de Magalhães e Alexandre da Conceição; e do México, por Manoel Acuña, todos praticamente desconhecidos no Brasil. Esta atitude rompia com a obediência e a submissão de uma intelectualidade brasileira, sempre a citar autores "consagrados", repetindo ideias afiançadas por "cânones" professados por "eminências", com cuidado para os discípulos não sombrearem os mestres, verdadeiros donos do poder/saber.[204]

A poesia, para Martins Júnior, deve ser ligada à filosofia e à ciência, refletindo "o status mental predominante" de cada período histórico, pois os autores pensaram e sentiram de acordo com o "meio intelectual e afetivo" em que viveram.

Martins Júnior considerava-se um sectário do positivismo francês, fundindo Spencer, Darwin e Haeckel. Suas palavras, no entanto, indicam independência:

> (...) as minhas simpatias pelo positivismo heterodoxo não dão um caráter limitado e exclusivo às idéias que tenho sobre poesia científica. Não. Com a Filosofia Positiva ou com qualquer outro sistema filosófico moderno as conclusões restam as mesmas.[205]

---

[202] JUNIOR, Izidoro Martins. *Op. cit.*, p. 65.
[203] *Ibidem*.
[204] NEDER, Gizlene. *Op. cit.*, p. 205.
[205] JUNIOR, Izidoro Martins. *Op. cit.*, p. 36.

A poesia científica é uma mistura, com sentimentos, das ideias filosóficas e científicas do positivismo, por meio de uma forma metrificada e sonora. Martins Júnior defendia que a arte deveria atingir tanto as faculdades afetivas quanto as intelectuais, tanto o coração quanto o "encéfalo", objetivando "a idealização dos fatos científicos e dos sentimentos filosóficos".[206]

A poética científica também estava conectada ao contexto social, às questões da escravidão, da pobreza e da prostituição, a exemplo do poema A Escravidão, de Sílvio Romero, autor que também cursou a Faculdade de Direito do Recife, entre 1868 e 1873, tendo publicado seu primeiro livro de poesia, Cantos do fim do século, em 1878. Foi professor de Filosofia no Colégio Pedro II, no Rio de Janeiro, entre 1881 e 1910. Amigo de Euclides da Cunha, foi um dos primeiros pensadores a se interessar por Antônio Conselheiro. Entre 1900 e 1902, foi deputado federal pelo Partido Republicano, trabalhando como relator-geral na comissão encarregada de rever o Código Civil.

> É a voz dos desgraçados, dos perdidos Para o festim dos livres, que se escuta; É o choro dos cativos, alternando
> Das cadeias com o som, que a vida enluta.
>
> É a voz dos corações rotos aos ventos
> Que vai falando... As mágoas não se calam. É o choro dos opressos, de onda em onda,
> Retumbando nos templos, que se abalam.
>
> Cresça mais essa vaga escarcelosa; Desse mar é que o dia vem raiando,
> E desse turbilhão brotam os monstros, Que os tronos e a miséria vão tragando

---

[206] *Ibidem*, p. 35.

Tobias Barreto também tratou do assunto, no poema igualmente intitulado *A escravidão*, em que encontramos as ideias de que a escravidão é um crime e, se Deus permite a ocorrência de tal atrocidade, cabe aos homens a tarefa de extingui-la:

Se Deus é quem deixa o mundo
Sob o peso que o oprime,
Se ele consente esse crime,
Que se chama a escravidão,
Para arrancá-los do abismo,
Existe um patriotismo
Maior que a religião.
Se não lhe importa o escravo
Que a seus pés queixas deponha,
Cobrindo assim de vergonha
A face dos anjos seus.
Em seu delírio inefável,
Praticando a caridade,
Nesta hora a mocidade
Corrige o erro de Deus!...

Temos em Tobias Barreto, de rarefeita influência em São Paulo, outro poeta científico envolto em polêmicas antirreligiosas e ateístas do fim do século XIX. Em *Ignorabimus*, de forma heterodoxa, questiona a ideia de Cristo.

Quanta ilusão!... O céu mostra-se esquivo E surdo ao
brado do universo inteiro...
De dúvidas cruéis prisioneiro,
Tomba por terra o pensamento altivo.

Dizem que o Cristo, o filho do Deus vivo,
A quem chamam também Deus verdadeiro,
Veio o mundo remir do cativeiro,
E eu vejo o mundo ainda tão cativo!

Se os reis são sempre os reis, se o povo ignavo
Não deixou de provar o duro freio
Da tirania, e da miséria o travo,

Se é sempre o mesmo engodo e falso enleio,
Se o homem chora e continua escravo,
De que foi que Jesus salvar-nos veio?...

Tobias Barreto, 1880

A ideia da poética científica de dessacralizar a poesia, pela presença de elementos até então considerados antipoéticos e repulsivos, disparou a crítica e a resistência conservadora a ela.
Vale transcrever trecho de *A poesia científica* para verificar a profundidade deste personagem:

> Em toda a longa desenvolução afetiva ou emocional da Humanidade, a partir do estádio iniciante do fetichismo, a Poesia tem representado um papel eminentemente útil, construtor, filosófico.

> Foi preciso que a anarquia mental e moral, resultante do esfacelamento do regímen católico-feudal que jungia os povos do Ocidente, viesse, até o princípio deste século, anormalizar os espíritos para que se pudesse negar essa verdade e ver simplesmente nas produções do gênio poético um artifício

palavroso, destinado a sensibilizar o ouvido e a sequestrar o homem das lutas intelectuais e práticas do seu tempo.

Ali, a poesia, como a ciência, foi e não o podia ter deixado de ser, politeísta.

Durante toda a comprida dominação do monoteísmo católico, que substituiu as intuições greco-romanas, sempre o mesmo fato, a manifestação da mesma lei: a poesia a vulgarizar as idéias filosóficas reinantes.

Se Tomás de Aquino escrevia a Summa, encerrando inteiro em seu livro, e estereotipando nos traços de sua pena, o espírito da idade mediévica, Dante Alighieri forjava as brônzeas estrofes da Divina Comédia, imortalizando as criações fantasmagóricas do inferno, do purgatório e do céu, e poetizando a teologia.

E assim por diante. Sob a Metafísica, através da Renascença, como dos pródromos da reação romântica que veio em seguida, a poesia refletiu sempre o status mental predominante.

E a diretriz que ela, com a positivação dos conhecimentos humanos, vai tomando agora, não é mais do que a acentuação dessa tendência.

Pontes de Miranda se formou em Direito e Ciências Sociais pela Faculdade de Direito do Recife no mesmo ano em que escreveu "Ensaio de psicologia jurídica", 1911. Ele foi autor de livros no campo da Matemática, Sociologia, Psicologia, Política, Poesia, Filosofia e, sobretudo Direito, foi duas vezes premiado na década de 1920 pela ABL para ela eleito em 1979, na cadeira de Hermes

Lima. Miranda ocupa um lugar de destaque entre os autores citados nas revistas jurídicas do Recife: 2% entre 1911 e 1930, 4% de 1931 a 1940 e 5% no período que vai de 1946 a 1964. Sua circularidade é grande, foi professor *honoris causa* da Universidade de São Paulo, na Universidade do Brasil, nas Universidades do Recife e de Alagoas, na Pontifícia Universidade Católica do Rio Grande do Sul e na Universidade Federal de Santa Maria (RS).

Quanto aos autores nunca citados no Recife, mas em São Paulo sim, poderíamos dividi-los em dois grupos: J. X. Carvalho de Mendonça e Waldemar Ferreira formariam um deles, e o outro reuniria Pedro Lessa e João Mendes de Almeida Junior.

J. X. Carvalho de Mendonça e Waldemar Ferreira se dedicaram ao Direito Comercial, daí grande parte de seus trechos citados. Esta especialidade dentro do Direito despertava interesse em ambas as instituições estudadas, mas São Paulo criou seus próprios doutrinadores. O percentual de citações destinado a Carvalho de Mendonça, na amostra estudada: 13% no período 1911-1930, 8% de 1931 a 1940 e 4% entre 1946 e 1964. Waldemar Ferreira: 6% no período 1911-1930, 10% de 1931 a 1940 e 9% entre 1946 e 1964. Não se pode afirmar que houve fechamento à circularidade de ideias, mas os professores Tobias Barreto, José Isidoro Martins Júnior e Pontes de Miranda não estão entre os mais influentes nos cortes temporais. Isto deixa claro que São Paulo se portava de forma mais hermética, criou seus próprios doutrinadores, ao contrário do que ocorria no Recife.

Pedro Lessa foi o primeiro afrodescendente[207] a ser ministro do STF, nomeado em outubro de 1907. Mineiro, mudou-se para São Paulo em 1876, formando-se em 1883 pela Faculdade de Direito do Largo de São Francisco.

---

[207] O segundo foi Hermenegildo Rodrigues de Barros, várias décadas antes do atual ministro Joaquim Barbosa.

A sua turma gerou alguns personagens. David Campista, outro mineiro, foi deputado constituinte em Minas Gerais, secretário de governo e ministro da Fazenda durante o governo Afonso Pena, de novembro de 1906 a junho de 1909. Bueno de Paiva, outro mineiro, foi vereador, prefeito, deputado federal, senador e vice-presidente do Brasil no governo de Epitácio Pessoa. Júlio de Mesquita, paulista de Campinas, adquiriu em 1890 *O Estado de S. Paulo*, à época chamado de *A Província de São Paulo*. A exemplo da imprensa americana, fez um jornal apartidário. Apoiou as duas candidaturas de Rui Barbosa e, já em 1902, rompeu com o republicanismo paulista. Foi um dos fundadores da Liga Nacionalista, criada por Olavo Bilac e Frederico Steidel, organização que visava ao fim das distorções da República Velha e da Sociedade de Cultura Artística, entidade filantrópica para o desenvolvimento das artes em São Paulo.

Pedro Lessa foi nomeado docente na Faculdade de Direito de São Paulo em 1887. Por meio de concurso, tirou o primeiro lugar duas vezes, mas não foi nomeado na primeira vez. Foi chefe de polícia do Estado de São Paulo em 1891, e no mesmo ano, eleito deputado à Assembleia Constituinte de São Paulo.

Na sua passagem pelo STF, foi responsável pela ampliação do instituto do *habeas corpus* a casos não previstos na Constituição brasileira de 1891.[208]

Foi ativo integrante e um dos fundadores, com Miguel Calmon, Olavo Bilac e Wenceslau Braz, da Liga da Defesa Nacional que, sob a presidência do jurista Rui Barbosa, a partir de 7 de setembro de 1916, marcou sua atuação na campanha vitoriosa pela implantação do serviço militar obrigatório no Brasil.

---

[208] HORBACH, Carlos Bastide. Série Memória Jurisprudencial — Memória Jurisprudencial: Ministro Pedro Lessa. Brasília: Supremo Tribunal Federal, 2007.

Miguel Reale[209] marca certa independência em relação ao comtismo no campo da Filosofia do Direito, mesmo sem ruptura. Professor catedrático da Faculdade de Direito da Universidade de São Paulo, dedicou, no capítulo O conceito de direito segundo as doutrinas empíricas, na obra "Filosofia em São Paulo" (1962)[210] um subcapítulo intitulado A Posição de Pedro Lessa, em que o classifica como empirista, afimando ser

> (...) o certo é que Pedro Lessa se propunha, em contraposição, aos "positivistas", demonstrar o caráter científico da Jurisprudência, reagindo, ao mesmo tempo, contra as concepções metafísicas de Krause[211]

---

[209] Em 1969, foi nomeado pelo presidente Artur da Costa e Silva para a "Comissão de Alto Nível", incumbida de rever a Constituição de 1967. Resultou desse trabalho parte do texto da Emenda Constitucional n°. 1, de 17 de outubro de 1969, que consolidou o regime militar no Brasil. Conhecido como formulador da teoria tridimensional do direito, na qual os elementos da tríade (fato, valor e norma jurídica) compõem o conceito de direito. Em linhas muito simples, todo fato (acontecimento, ação) possui um valor (aspecto axiológico) e para tal uma determinada norma jurídica. Autor, entre outros, de Filosofia do Direito e de Lições Preliminares do Direito, obras clássicas do pensamento filosófico-jurídico brasileiro. Foi um dos ideólogos da Ação Integralista Brasileira (AIB).

[210] REALE, Miguel. 1910-2006 - Filosofia do Direito. 19ª ed., São Paulo: Saraiva, 2000.

[211] Karl Christian Friedrich Krause (Eisenberg, 4 de maio de 1781 — Munique, 27 de setembro de 1832) foi um filósofo alemão que rejeitou a teoria absolutista do Estado e ressaltou a importância das associações, que considerava de finalidade universal: a família e a nação. O ideal da humanidade não seria que um Estado dominasse os demais, mas que se constituísse uma federação das associações universais, sem prejuízo para suas peculiaridades. Por meio do processo federativo, chegar-se-ia gradualmente ao ideal de uma humanidade unida, cujos membros poderiam participar da razão suprema e do bem. Krause desenvolveu esse conceito de "união da humanidade" (Menschheitsbund) a partir das ideias da maçonaria. Entre suas obras, podem-se destacar: *Fundamento do direito natural* (1803), *Esboço dos sistemas da filosofia* (1804) e *Sistema da doutrina moral* (1810).

e de Ahrens,[212] que haviam fundado o saber jurídico apenas em pressupostos racionalistas.

Lessa entendia, ainda, que a intervenção do Estado deveria aspirar à melhor distribuição das riquezas, entendendo o socialismo sob um aspecto moral, resultante da educação e da mudança de mentalidade e nunca de imposição pela força.

Pedro Lessa não deixa margem para qualquer dúvida ao escrever:

> Muitas das aspirações do Socialismo propriamente dito hão de ser fatalmente concretizadas em leis. Não há um só homem, de coração bem formado, que se não sinta confrangido ao contemplar o doloroso quadro oferecido pelas sociedades atuais com a sua moral mercantil e egoística. O Socialismo há de triunfar parcialmente. O seu triunfo é infalível, necessário.
>
> A grande dificuldade do problema está em de tal arte conciliar os princípios da igualdade e da justiça com o da utilidade, que, mitigados os males econômicos do proletariado, se não suprimam os estímulos egoísticos da produção, o que seria suprimir o progresso da espécie humana, pois não há

---

[212] O krausismo foi um sistema filosófico, concebido pelo alemão Karl Christian Friedrich Krause (1781-1832) e postulava que o "mundo não é equivalente a Deus, mas que está em Deus, distinto de Deus, ou que Deus está acima do mundo, como Ser Supremo" (p. 15). Difundiu-se na Europa por meio de seu discípulo Enrique Ahrens (1808-1874) e G. Tiberghien (1819-1901). No Brasil encontrou acolhida principalmente na Faculdade de Direito da Universidade de São Paulo, sendo seus principais cultores João Theodoro Xavier de Matos (1820-1878) e Galvão Bueno. Com seu compêndio, Bueno pretendeu abranger a totalidade do saber filosófico e criticava expressamente a filosofia de Comte, afirmando que este propunha a substituição de Deus pela humanidade e convidava o homem a adorar a si próprio. Fato é que muitos dos seguidores do krausismo converteram-se mais tarde em positivistas. (PAIM, Antonio. O krausismo brasileiro. 2. ed. Londrina : CEFIL, 1999. 31 p.).

desenvolvimento intelectual e moral sem certas condições de bem-estar material.

Essa vai ser a grande, a colossal tarefa do século XX.[213]

Vamireh Chacon, que vê em Pedro Lessa influências do socialismo krausista e do socialismo de cátedra, destaca:

(...) dentro de limitações de classe, temperamento e formação intelectual (...) não caiu na pieguice dos apaixonados pelas panacéias sentimentais, implícitas em vários aspectos da chamada Doutrina Social da Igreja.

João Mendes de Almeida Junior, que não esteve entre os mais citados entre 1900 e 1929, passou a representar 9% tanto entre 1931 e 1940 quanto entre 1948 e 1964. Nasceu em 30 de março de 1856, na capital da província de São Paulo, onde se graduou em ciências jurídicas e sociais na Faculdade de Direito em 1877, e como doutor, em 10 de março de 1880. Foi eleito vereador e, no biênio 1881-1882, presidente da Câmara Municipal.

Em decreto de 31 de agosto de 1889 foi nomeado lente substituto, e em 21 de março de 1891, lente catedrático da Faculdade de Direito, da qual foi diretor de 1910 a 1916 e onde lecionou Direito Eclesiástico, Criminal e Civil. Em 11 de dezembro de 1916, foi nomeado ministro do STF, tomando posse em 5 de janeiro de 1917 e permanecendo até 1922.

O fato de ter sido professor de Direito Eclesiástico demonstra a existência da matéria na faculdade de São Paulo ainda na década de 1920. Todo o seu currículo, inclusive no STF, destaca

---

[213] CHACON, Vamireh. História das Idéias Socialistas no Brasil. 2ª ed., rev. e aum. Fortaleza: Ed. Civilização Brasileira/UFC, 1981.

que foi um "professor bondoso e estimado", o que leva a crer que gostava de assim ser chamado.

Era filho de João Mendes de Almeida,[214] que iniciou seus estudos na Faculdade de Direito de Olinda e logo em seguida transferiu-se para São Paulo, onde concluiu o curso em 1853. Também jurista, político, jornalista e líder abolicionista brasileiro. Teve atuação marcante, conforme relatam os registros históricos, e esteve à frente do movimento abolicionista. Líder do Partido Conservador, de 1859 a 1878, foi o principal redator da Lei do Ventre Livre.

Foi deputado geral pelo Estado do Maranhão em duas legislaturas e por São Paulo em três. Fundou e dirigiu os jornais *A Lei*, *A Opinião Conservadora*, *A Ordem*, *A Autoridade*, *A Sentinela* e *A Sentinela Monarquista*, todos em São Paulo.

Formado em Olinda, João Mendes de Almeida era irmão de Cândido Mendes de Almeida, ambos filhos do capitão de milícias Fernando Mendes de Almeida. Cândido Mendes foi comendador da Pontifícia Ordem de São Gregório Magno, criada em 1o de setembro de 1831, pelo papa Gregório XVI. A ordem é conferida tanto a homens quanto a mulheres em reconhecimento a serviços prestados à Igreja, feitos notáveis, apoio à Santa Sé e ao bom exemplo dado à sociedade. Entre várias obras, foi autor de "Direito Civil Eclesiástico Brasileiro" (reunião de toda legislação canônica ao longo da história do Brasil com introdução de mais de 400 páginas com a história das relações entre o Estado e a Igreja no Brasil). Em 1874, defendeu, como advogado, no Supremo Tribunal de Justiça (STJ) o bispo Dom Vital de Oliveira, no conflito conhecido por Questão Religiosa. Tratou da Questão no Conselho de Estado e no Senado do Império, quando pronunciou importante discurso em que trata da Política do governo

---

[214] Caxias, 22 de maio de 1831 — São Paulo, 16 de outubro de 1898.

em relação à Igreja. O discurso tem mais de cem páginas nos anais do Senado.

Cândido Mendes teve dois filhos: Dom Luciano Pedro Mendes de Almeida,[215] um religioso jesuíta, bispo católico brasileiro, o quarto arcebispo de Mariana; e Cândido Antônio José Francisco Mendes de Almeida,[216] atualmente reitor da Universidade Cândido Mendes, que sucedeu ao pai no título de conde de Mendes de Almeida, criado pelo Vaticano para seu avô, Cândido Mendes de Almeida (filho). É professor, educador, advogado, sociólogo, cientista político e ensaísta brasileiro. Bacharel em Direito e Filosofia pela Universidade Católica do Rio de Janeiro e doutor em Direito pela Universidade Federal do Rio de Janeiro. Foi eleito para a ABL em 24 de agosto de 1989 para a cadeira 35.

A drástica diminuição da importância da Sociologia na faculdade do Recife, de 39% entre 1911 e 1930, para 5% de 1931 a 1940, mesmo se somadas a ela os percentuais de matérias afins (Filosofia, com 10% e Criminologia, com 5%) indica que a partir de 1930 aumentou no Recife a influência dogmática. Em São Paulo, esta relação se apresenta mais estática, já que as áreas de Direito sempre foram preponderantes. Dado de destaque, no entanto, é o fato de Criminologia somente entre 1948 e 1964 aparecer com porcentagem de 3%. Já nesse período, a Criminologia desaparece do gráfico, isto porque as matérias relativas ao tema representam menos de 1%. A Medicina Legal, levemente crescente no Recife (1911-1930 — 2% e 1931-1940 — 3%), desaparece do gráfico entre 1946 e 1964. Em São Paulo, a Medicina Legal, que representava 8% entre 1900 e 1929, caiu para 1% entre 1931 e 1964.

Estes dados indicam que a partir de 1930 Recife foi se dogmatizando, enquanto São Paulo, sempre mais dogmática,

---

[215] Rio de Janeiro, 5 de outubro de 1930 — São Paulo, 27 de agosto de 2006.
[216] Rio de Janeiro, 3 de junho de 1928.

manteve espaço estático para as matérias abertas, mas abriu-se para a Criminologia.

Com base nos autores citados nas revistas de ambas as faculdades, foi possível entender uma raiz comum do direito nacional, de cunho eminentemente cível e constitucional, com Bevilaqua e Rui Barbosa. Os dois representam a circularidade vinda do Nordeste do país, mas enquanto Bevilaqua formou-se em 1882 no Recife, o baiano Rui Barbosa graduou-se como bacharel pela Faculdade de Direito de São Paulo, em 1870.

Bevilaqua representou uma ruptura de pensamento já em 1883, um ano depois de sua graduação, publicando A filosofia positivista no Brasil, declarando-se um "monista evolucionista", parte da corrente estritamente científica do positivismo, contra a tendência mística e religiosa, então forte no Brasil. Pretendiam a transformação do positivismo em evolucionismo no norte do país, mais sob a inspiração de Spencer e em Haeckel do que sob a de Comte.

Por isso, por esta abertura, há a presença indireta de Tobias Barreto, Spencer e Auguste Comte, ausentes de forma expressiva em São Paulo.

Rui Barbosa, cuja participação na formação do Brasil é inegável na abolição e no civilismo, vai se fixar no Direito Constitucional em buca da lei perfeita, em especial a Lei Maior, com um viés tomista constitucional,[217] uma razão universal expressa na lei. Ao mesmo tempo, a resistência de Rui ao projeto de código civil se dava em razão de seu catolicismo ilustrado,[218] como a maioria dos intelectuais liberais brasileiros, resistia à influência da lei francesa quanto ao casamento.

Recife, nesse ponto, foi mais aberta aos franceses, pode-se afirmar em razão das posições de destaque de Dernburg e Marcel Planiol.

---

[217] NEDER, Gizlene. *Op. cit.*, p. 61.
[218] *Ibidem*, p. 36.

Por fim, a comparação entre as duas faculdades pode ser feita entre Tobias Barreto, Pontes de Miranda e José Isidoro Martins Júnior de um lado; e de outro, J. X. Carvalho de Mendonça, Waldemar Ferreira, Pedro Lessa e João Mendes de Almeida Junior.

Enquanto os personagens do Recife protagonizaram cenas intelectuais que foram, de forma multidisciplinar, além do Direito e ultrapassaram o positivismo para a poesia e a arte, os de São Paulo se ativeram ao Direito, mesmo quando se tratou de Pedro Lessa, considerado de importância fundamental e admitido na ABL em razão de seu pensamento sobre Direito.

A alteração de rumos da faculdade do Recife a partir de 1930, em direção a uma presença cada vez mais forte do dogmatismo, fica demonstrada. A influência da camisa de força, isto é, do enquadramento realizado pela reforma universitária de 1930, teve grande influência nisso. As portas abertas ao multidisciplinarismo foram sendo fechadas. A influência francesa foi se diluindo (Marcel Planiol cai de 10% entre 1931 e 1940 para 3% entre 1946 e 1964), e com ela vieram as possibilidades de rompimento ao sacro, ao dogmático, ao científico poético e ao humano.

A força acadêmica dogmática de São Paulo passa a ser preponderante no direito nacional.

CAPÍTULO 6

1945-1964

A pressão pela democratização tomou corpo com o fim da Segunda Guerra, e o governo criou uma emenda à Constituição de 1937, determinando que as eleições fossem definidas em 90 dias. Prestes foi posto em liberdade e Vargas assumiu uma posição mais à esquerda, com um decreto antitruste. O candidato oficial de Vargas, o ministro da Guerra, general Eurico Gaspar Dutra, foi eleito pelo Partido Social Democrático (PSD), com 55% dos votos.

A plena democracia não duraria mais de um ano. Com o fortalecimento do Partido Comunista na legalidade e a eleição pela legenda de 17 deputados e um senador pelo Distrito Federal, Luís Carlos Prestes, o governo Dutra resolveu usar a repressão.

No mesmo ano, foi incluído no novo texto constitucional de 1946 um dispositivo que permitia impedir que partidos "antidemocráticos" participassem abertamente da democracia. Assim que o dispositivo entrou em vigor, por decisão judicial, o PCB foi declarado fora da lei, a Confederação dos Trabalhadores do Brasil é declarada ilegal e o governo interveio em 143 sindicatos para "eliminar os elementos extremistas".

Algumas fortes permanências autoritárias e conservadoras não desapareceriam sob o Estado democrático, principalmente porque, a partir de 1945, a diretriz da política externa norte-americana passou a ser o combate incessante ao "comunismo internacional". A perseguição às classes perigosas, o higienismo, o positivismo, também prosseguiu como permanências históricas: apesar dos avanços democráticos de 1930,[219] não desapareceram.

Entrechocaram-se o neoliberalismo, segundo o qual o Brasil deveria "seguir os princípios ortodoxos estabelecidos pelos teóricos e praticantes da política de banco central dos países industrializados";[220] a União Democrática Nacional (UDN), claramente mais favorável à política norte-americana; e o nacionalismo, que apontava para um desenvolvimento próprio e autônomo, ao qual se agruparam os comunistas, proibidos de utilizar sua sigla partidária, e os getulistas. Os cassadores da Ditadura Vargas uniram-se, portanto, aos cassados de 1935-1937.

Anísio Teixeira assumiu nesse cenário, em 1947, a convite do governador Octávio Mangabeira, a Secretaria de Educação do Estado da Bahia, retornando do "exílio político" que fizera com

---

[219] BATISTA, Nilo. *Op. cit.*, p. 75: "Decretos no 19.445, de 1º. de dezembro de 1930 e nº. 21.946, de 12 de outubro de 1932. Tais decretos abrangiam também os crimes de resistência, desacato, lesões corporais leves ou culposas; e o segundo deles também o curandeirismo e a feitiçaria (art. 157 CP 1890, que contemplava o espiritismo). O segundo decreto constitui, portanto, o marco inicial da descriminalização dos cultos afrobrasileiros, que se implementará no código de 1940, num tardio deslocamento do eixo religioso para o sanitário (art. 284 CP 1940). Não obstante, Filinto Müller ampliaria, em 1941, o registro policial dos centros espíritas (cf. MAGGIE, Yvonne, *Op. cit.*, p. 46). A vigilância policial sobre os locais dos cultos subsistiria mais algumas décadas. O primeiro ato que dispensou o registro policial desses locais foi do governador da Bahia, Roberto Santos (dec. nº. 25.095, de 15 de janeiro de 1976; cf. NASCIMENTO, Abdias do, O Genocídio do Negro Brasileiro, Paz e Terra: Rio de Janeiro, 1978, p. 104). Caberia mencionar também o Dec.-lei nº. 22.494, de 24 de fevereiro de 1933, que reduziu à metade os prazos de prescrição para menores de 21 anos, fonte de uma regra que se incorporaria definitivamente ao direito penal brasileiro".

[220] *Op. cit.*, p. 118.

que se dedicasse a atividades comerciais de 1937 até então. Os relatórios anuais do secretário demonstram que, entre 1946 e 1949, o número de unidades escolares passou de 2.155 para 5.009; o de professores, de 2.479 para 6.200; e o de matrículas na escola elementar, de 120 mil para 250 mil. Assim, o número de alunos por mil habitantes subiu de 33 para 63.[221]

Entre os projetos de Anísio está o Centro Educacional Carneiro Ribeiro, constituído de áreas arborizadas no bairro popular da Liberdade, inaugurado em 1950.

Anos depois, o projeto de Lúcio Costa para Brasília contava com a construção de uma universidade, a cuja realização opunha-se[222] Israel Pinheiro,[223] amigo de Juscelino Kubitschek e nomeado por ele presidente da Companhia Urbanizadora da Nova Capital — Novacap (Cf. Nota 219).

Cyro dos Anjos, em uma das visitas às obras de Brasília, sentou-se no avião ao lado de Oscar Niemeyer. Os dois conversavam sobre a universidade de Brasília quando Juscelino perguntou:

"— De que estão conversando os poetas?" Cyro respondeu:

"— Parece que estou vendo Brasília engolida pelo vazio e pelo atraso que a circundam. Brasília, sem universidade, não se imporá como capital."

---

[221] LIMA, Hermes. *Op. cit.*, p. 144.
[222] SALMERON, Roberto. *Op. cit.*, p. 30.
[223] Em 1945, tornou-se deputado constituinte por Minas Gerais, elaborando a Constituição de 1946, mantendo-se na Câmara, reelegendo-se em 1950 e 1954. Apoiou Juscelino Kubitschek ao governo de Minas Gerais em 1950, e para presidente em 1955. Tornou-se o presidente da Novacap, a empresa pública que construiu Brasília, tendo sido, após a inauguração oficial em 1960, seu primeiro prefeito, durante os últimos meses do governo JK. Em 1965, após o Golpe de 64, candidatou-se ao governo de Minas Gerais, logrando êxito. A sua vitória, junto com a de Negrão de Lima na Guanabara, fez com que o governo militar editasse o AI-2, acabando com o multipartidarismo. Apesar de ser oposição ao governo, que durante o seu mandato editou o AI-5, manteve razoáveis relações com o governo, completando o mandato em 1971, falecendo dois anos depois, tendo sido enterrado na sua terra natal.

E acresceu:

"— Presidente, se o governo, por escassez de recursos, deixar de criar agora a universidade, o clero não demorará a criá-la e... com o dinheiro do governo."

O relato é que o presidente riu às gargalhadas e marcou para o dia seguinte uma discussão, da qual participou Victor Nunes Leal, chefe de seu gabinete. Foram incumbidos de elaborar um decreto de criação da universidade e convenceram o presidente a criar uma comissão. Anísio Teixeira, que dirigia à época o Instituto Nacional de Estudos Pedagógicos (Inep), para o qual fora nomeado em 1952, e o Centro Brasileiro de Pesquisas Educacionais (CBPE), que jamais deixou de fortalecer, passou a integrar esta comissão, em acordo com o ministro da Educação, Clóvis Salgado. Anísio foi convidado pelo presidente a fazer o plano educacional de Brasília e chamou Darcy Ribeiro, que trabalhava no CBPE.

Em 1957, coube ao Inep elaborar o plano do sistema escolar público de Brasília, o anteprojeto de lei orgânica de educação do Distrito Federal e a estrutura administrativa que demandava.

A Universidade foi criada, e seu primeiro reitor foi Darcy Ribeiro. As influências de Anísio Teixeira são relatadas pelo próprio Ribeiro:

> Acresce que, se devêssemos falar de pai fundador, uma outra vaga precisaria ser aberta para Anísio Teixeira, que foi quem mais contribuiu para que a Universidade de Brasília se concretizasse. É certo que em todo o período de gestação, e mesmo nos anos de implantação — e até depois, numa comissão de inquérito do Congresso Nacional —, Anísio e eu nos mantivemos em polêmica acesa sobre o modo de organizar a universidade. Ele defendendo a tese de que a UnB deveria ser estruturada

para operar apenas como grande centro de pós-graduação, destinado a preparar o magistério superior do país. Eu contra-argumentando que, mesmo para funcionar como um instituto de pós-graduação, era indispensável que ministrasse também o ensino básico. Tanto mais porque a cidade de Brasília não abriria mão de contar, ela também, com cursos universitários para sua juventude.[224]

A ideia de Darcy era multidisciplinar, tendo proposto na Sociedade Brasileira para o Progresso da Ciência (SBPC), que contava com biologia, medicina, matemática, física e química, a inclusão das ciências sociais: ali se montou o grupo de colaboradores do projeto da Universidade.

Anísio Teixeira iniciava uma nova tentativa de mudar a situação do ensino no país, para a qual as ideias podem ser tiradas do texto Reforma universitária na década de 60.[225] Ele começa com a crítica à tradição de um ensino superior de tempo e dedicação parcial de professores e alunos, em curtos períodos diários (que deveria evoluir para um curso de conferências, aulas que supostamente seriam notáveis) e abriga uma análise da situação em que a educação se encontrava no país.

Enquanto mantido o consenso social em torno da escola superior isolada e aristocrática, destinada à cultura superior das profissões liberais, estas, afirma Anísio, eram poucas e desempenhavam seu papel com zelo e resultados. As influências sobre estas escolas eram da cultura intelectual herdada

---

[224] RIBEIRO, Darcy. UNB: Invenção e Descaminho. Rio de Janeiro: Avenir Editora, 1978, p. 14.
[225] TEIXEIRA, Anísio. Educação e Universidade. Ministério da Educação e Cultura, Instituto Nacional de Estudos Pedagógicos, 1988, Editora UFRJ, p. 161, texto originalmente publicado no jornal *Folha de S.Paulo* em 8, 13, 17, 20 e 23 de junho de 1968 e repetido em Educação no Brasil, São Paulo: Ed. Nacional, 1969, pp. 229-246.

das tradições humanísticas de aristocracia do espírito e da inteligência. Estas não haviam, porém, gerado desenvolvimento de pesquisa e, em casos isolados, criaram condições para o autodidatismo.

Anísio entendeu que esta situação começou a mudar na década de 1920, com a reunião das escolas de Medicina, Engenharia e Direito em uma universidade no Rio de Janeiro, surgindo depois de 1930 a Faculdade de Filosofia, Ciência e Letras para ampliar a área de estudos, mas visando transmitir cultura geral e propedêutica a um grupo seleto: a universidade de profissionais liberais.

O autodidatismo viria a ser substituído com a introdução da Faculdade de Filosofia, Ciência e Letras, e as primeiras escolas no Rio de Janeiro (Universidade do Distrito Federal) e em São Paulo (Universidade de São Paulo) — seriam criadas em 1934. O desejo, sobretudo em São Paulo, era

> (...) de se fazerem escolas centrais da universidade, ministrando os cursos básicos propedêuticos aos cursos das Escolas propriamente profissionais de Medicina, Direito e, depois, especialização literária, científica e filosófica.[226]

Anísio destaca o que ocorreu:

> Não logrou a nova faculdade cumprir a sua ambiciosa missão. A tradição — em rigor, anti-universitária, se concebermos a universidade como estudos integrados dados em cooperação por várias escolas, entre as quais a de Filosofia seria a escola central (modelo germânico) — opôs-se à pretendida pela Faculdade de Filosofia, Ciência e Letras. Essa tradição era

---

[226] *Op. cit.*, p. 163.

da escola isolada e independente, de tipo profissional, que nos vinha do Império...[227]

O que ocorreu foi a transformação da nova escola de Filosofia em uma nova escola profissional para professores do secundário, com existência isolada. Assim, mesmo depois da criação da Faculdade de Filosofia, Ciência e Letras e da reformulação da universidade, "persistiu a tradição da escola superior independente e autossuficiente e da universidade como universidade do tipo confederação de escolas". Anísio cita as ideias de Humboldt[228] sobre a universidade originária, que iria influenciar no princípio do século XIX o pensamento de uma faculdade moderna "com a faculdade de Filosofia como central".

Anísio fez um retrospecto histórico, que vai da resistência à ideia de universidade, negada pela Coroa portuguesa aos jesuítas ainda no século XVI, e das tentativas de trazer uma para a colônia, até a chuva de projetos ocorrida no Império por iniciativa de José Bonifácio.

> Afinal, em 1920 é criada a Universidade do Rio de Janeiro, como uma confederação de escolas. E, somente em 1934 e 1935, o Distrito Federal e o Estado de São Paulo lançam as bases de uma universidade de maior integração. A do Distrito Federal é extinta pouco depois e a de São Paulo vinga, mas voltando ao modelo tradicional de federação de escolas. Só em 1961, vota-se o plano da Universidade de Brasília que, indiscutivelmente, representa uma estrutura integrada.[229]

---

[227] *Op. cit.*, p. 163.
[228] Friedrich Heinrich Alexander, o barão de Humboldt, nasceu em Berlim em 14/09/1769 e morreu na mesma cidade em 06/05/1859. Mais conhecido como Alexander von Humboldt, foi geógrafo, naturalista, explorador e o irmão mais jovem do ministro e linguista prussiano Wilhelm von Humboldt.
[229] *Op. cit.*, p. 165.

O que viria a preponderar, no entanto, seria a escola superior independente e autossuficiente, governada pela sua oligarquia de professores e de tempo parcial. Afirma-se que a real mudança no século XIX foi a introdução da ciência experimental na universidade. Mas, segundo Anísio, o exemplo competente no Brasil foi a faculdade de medicina e, depois, a de biologia. No entanto, toda a abertura da educação isolou-se nas ideias quanto ao primário e à participação da criança em uma educação espontânea, livre e participante.

> Essa onda de liberdade e inteligência não se estendeu além da escola Primária, só alcançando a Secundária nos países que a alargaram a todos os alunos, e ainda assim, em menor escala.[230]

O exemplo das liberdades seriam as universidades americanas. Os fatores novos, à época, seriam o gigantismo das universidades, com o aumento inesperado das matrículas e a extrema complexidade dos estudos divididos em três níveis distintos: o preparo propedêutico, o de formação (profissional e especializado) e o de pesquisa e estudos avançados.

Anísio destaca o que seriam as quatro grandes funções da universidade: (1) a de formação profissional; (2) a do alargamento da mente humana, na iniciação do estudante na vida intelectual, o prolongamento de sua visão, o ampliar-se de sua imaginação; (3) o desenvolver o saber humano e, a mais importante de todas; (4) a transmissora da cultura comum.

Nisso a faculdade brasileira teria mais falhado por ser "relativamente desinteressada pelo Brasil, não logrou constituir-se a transmissora de uma cultura comum nacional". Afirma Anísio:

---

[230] *Op. cit.*, p. 167.

"A universidade brasileira tem que ser a grande formuladora e transmissora da cultura brasileira".

Anísio identifica como sintoma de indisfarçável importância a inquietação estudantil e o mal-estar na cúpula universitária e entende que a solução para este problema complexo deveria ser gradual. Os diplomas emitidos eram simples indicações de uma presunção de saber. Anísio via a necessidade de futuros exames, feitos pelas organizações profissionais ou pelo próprio Estado.

Diante do fracasso, vislumbrou a possibilidade da criação de uma escola pós-graduada para formar uma cúpula nova e transformar esta no centro da universidade e dos cursos profissionais; tal qual era a ideia anterior da Faculdade de Filosofia ser o centro, a escola pós-graduada exerceria este papel. Anísio não adota o discurso de deter a expansão do ensino superior:

> Não sendo possível, nem de modo algum recomendável, deter a expansão que vem tendo o ensino superior, na sua modalidade latino-americana de ensino superior de massa, só a criação do ensino pós-graduado poderá vir a ser o instrumento para a possível correção dos males desse ensino e a restauração dos verdadeiros padrões de ensino superior.[231]

A reestruturação seria importante para "a constituição do verdadeiro quadro para o progresso e a segurança nacional", já que nunca tivemos a experiência de um grande ensino superior. Ocorre que "não há nenhum poder de lei que possa subitamente transformar todos esses professores em pesquisadores e dizer-se que toda a universidade vai fazer pesquisa", pois "ninguém hoje pode pesquisar sem um domínio sério e aprofundado do que já sabe".

---

[231] *Op. cit.*, p. 175.

O ambiente político persistia conturbado. Já presidente, João Goulart, cuja posse não é necessário repisar, aconteceu após a renúncia de Jânio Quadros. Voltando de viagem à China, Goulart foi acusado de comunista, e a posse, cercada de resistências das forças conservadoras, é apoiada pela Campanha pela Legalidade, conduzida por Leonel Brizola. O próprio regime político foi alterado para parlamentarismo. Já no governo, tentou implementar as "reformas de base", desagradando os interesses internacionais, que já estavam preocupados com as restrições à remessa de lucros a suas matrizes, desde que a Câmara votou lei nesse sentido, em 1961.

Em março de 1962, o presidente encaminhou ao Congresso um projeto de lei de reforma agrária, que emendava o art. 141 da Constituição de 1946, criando novos conflitos com as forças agrárias e também com a esquerda, que o acusava de demagógico.

A "revolta dos sargentos" eclodiu em 12 de setembro de 1963 em Brasília, em protesto contra a manutenção, pelo Supremo, de uma decisão do Tribunal Eleitoral declarando-os inelegíveis. Várias centenas de fuzileiros e soldados da Aeronáutica e da Marinha, tentando assumir o controle do governo, conseguiram prender o ministro Vitor Nunes Leal, do STF.

No dia 4 de outubro, Jango enviou ao Congresso uma mensagem solicitando estado de sítio por 30 dias, mas sem força para a aprovação, retirou-a uma semana depois.

Darcy Ribeiro deixou a reitoria da Universidade para chefiar a Casa Civil e foi substituído por Anísio Teixeira. Aconselhado por Darcy e Raul Ryff, do serviço de imprensa do gabinete presidencial, Jango resolveu ir em busca de apoio popular para as reformas, com uma série de comícios no início de 1964, simultaneamente ao início das reformas de base por decreto.

No dia 13 de março de 1964, no Rio de Janeiro, em frente ao Ministério da Guerra, na presença de 150 mil pessoas, protegido por soldados de capacete branco do Exército, Jango, após fervoroso discurso de Brizola, no palanque com a esposa, Maria Tereza, Miguel Arraes, Darcy Ribeiro e Assis Brasil (chefe da Casa Militar), assinou dois decretos: um, nacionalizando todas as refinarias de petróleo, restabelecendo o monopólio da Petrobrás no refino, de acordo com a lei; e outro, referente à reforma agrária.

Os projetos foram interrompidos pelo Golpe de 64, em 1o de abril. Nove dias após o golpe, o Comando Supremo da Revolução baixou o Ato Institucional n°. 1, redigido por Francisco Campos. A doutrina de segurança nacional se instalou no país, assim como um regime burocrático-autoritário, sob forte influência norte-americana.

A Guerra Fria, para a doutrina de segurança nacional, era uma guerra absoluta e total, mas uma nova modalidade de guerra, na qual seria necessário detectar todos os membros da subversão, utilizando técnicas variadas e "a presença permanente em toda parte: nos locais de trabalho, de transporte, de recreio; prisões rápidas e informações".[232] A tortura é a regra do jogo. "Inimigo bom é o inimigo morto. Adversário definido é inimigo disfarçado."

Os militares, portanto, receberam em suas fortes raízes integralistas a doutrina de segurança nacional. O maior fantasma histórico das Forças Armadas brasileiras era o levante de Prestes em 1935.

Apenas nove dias depois do golpe militar, as tropas do exército de Minas Gerais ocuparam o *campus* da Universidade de Brasília. Estudantes e professores foram presos. O conselho de direção, formado por Anísio Teixeira, Darcy Ribeiro, Hermes Lima, Oswaldo Trigueiro (procurador-geral da República); frei Matheus Rocha (provincial da Ordem dos Dominicanos no Brasil) e os suplentes Alcides da Rocha Miranda e João Moojen de Oliveira, foi destituído. Seguiram-se inúmeras expulsões.

---

[232] COMBLIN, Padre Joseph. A Ideologia da Segurança Nacional — O Poder Militar na América Latina. Trad. de A. Veiga Fialho, Civilização Brasileira: Rio de Janeiro, 1978, p. 71.

As ideias de John Dewey sobre a "educação progressiva" foram duramente perseguidas na mesma época nos Estados Unidos, quando a preocupação dominante, no período da Guerra Fria, era criar e manter uma elite intelectual científica e tecnológica, para fins militares.

Fernando de Azevedo foi catedrático de Sociologia na Faculdade de Filosofia, Ciências e Letras da Universidade de São Paulo (a partir de 1933), seu diretor por seis anos consecutivos (1941-1947) e chefe de seu Departamento de Sociologia e Antropologia (1947-1953). Integrou o Conselho Universitário da USP desde a fundação, em 1934. Exerceu o magistério por 41 anos, até sua aposentadoria, em 1961, quando, em reconhecimento aos serviços prestados, foi-lhe concedido o título de professor emérito pela Congregação da Faculdade de Filosofia. Nessa fase de sua vida profissional, ainda teve a oportunidade de atuar na defesa dos professores Mario Schenberg, J. Cruz Costa, Florestan Fernandes e Fernando Henrique Cardoso, da Faculdade de Filosofia, durante o Inquérito Policial Militar (IPM) constituído após 1964.

Estas cassações foram feitas com base no Ato Institucional nº. 5, baixado em 13 de dezembro de 1968, e que fechava temporariamente o Congresso Nacional, autorizava o presidente da República a cassar mandatos e suspender direitos políticos, suspendia indefinidamente o *habeas corpus* e adotava uma série de outras medidas repressivas. Luíz Antônio da Gama e Silva, jurista brasileiro, professor catedrático da Faculdade de Direito da Universidade de São Paulo e reitor da Universidade de São Paulo por um curto período, foi o redator e locutor do ato. Ele ocupou o Ministério da Justiça de 15 de março de 1967 até 30 de outubro de 1969, durante a Presidência de Costa e Silva e da Junta Governativa Provisória, e foi substituído por Alfredo Buzaid no governo de Emílio Garrastazu Médici.

Gama e Silva, no entanto, antes foi ministro da Educação e Cultura, entre 6 de abril e 15 de abril de 1964 e de seu meio de relações saiu o nome do reitor que substituiu Anísio Teixeira como reitor da Universidade de Brasília em 1964, Zeferino Vaz, que foi ativo no golpe. Formou-se em medicina na Universidade de São Paulo em 1932, com especializações em parasitologia, doenças parasitárias, biologia, genética e zoologia. Tornou-se professor de zoologia e parasitologia na Escola de Medicina Veterinária da Universidade de São Paulo, da qual foi aluno em 1936 e em 1947. Zeferino foi diretor-fundador da Faculdade de Medicina de Ribeirão Preto de 1951 a 1964, e durante esse período foi secretário estadual de saúde pública, em 1963.

O Conselho Diretor da Universidade de Brasília passou a ser composto por Luís Viana Filho, deputado federal e novo chefe do Gabinete Civil da Presidência da República; Plínio Cantanhede, prefeito do Distrito Federal; Antonio Couceiro, presidente do Conselho Nacional de Pesquisa; e por Oswaldo Trigueiro, procurador-geral da República, único remanescente do conselho anterior.

Logo saiu a primeira lista dos professores demitidos "por conveniência da administração" da Faculdade de Arquitetura e Urbanismo, do Instituto de Ciências Humanas.

> No uso das atribuições que a Lei me confere, comunico a V. Sa. Que decidi dispensar, por conveniência da administração, os seguintes professores:
>
> Francisco Heron de Alencar José Zanini Caldas
> José Albertino Rosário Rodrigues Edgard de Albuquerque
> Graeff Eustáquio Toledo Filho
> Ruy Mauro de Araújo Marini Lincoln Ribeiro
> Jairo Simões Perseu Abramo[233]

---
[233] SALMERON, Roberto. *Op. cit.*, p. 171.

Uma sequência de atos foi desestabilizando ainda mais a universidade. O reitor contratou Ernani Maria Fiori, pensador católico, para organizar o Departamento de Filosofia e logo depois foi obrigado a demiti-lo em razão deste ter sido demitido da Universidade do Rio Grande do Sul e tido seus direitos políticos cassados, pelos atos institucionais. Houve a devolução para o Ministério da Educação de Edna Soter de Oliveira, que ocupava a secretaria-geral da universidade; e o afastamento do sociólogo Roberto Décio Las Casas, também devolvido ao Ministério, por ter sido acusado de atividades subversivas no Pará. E, diante dos protestos, o reitor disparava: "O problema da Universidade de Brasília é um problema que caracterizo com senso, de indisciplina generalizada".[234]

Em 30 de setembro de 1965, os coordenadores se demitiram: Roberto A. Salmeron, Antonio R. Cordeiro, Cláudio Santoro, A. L. Machado Neto, Elon Lages Lima, Otto Gottlieb, Ayron D. Rodrigues, R. Pompeu de Souza, João da Gama F. Lima, Alcides da Rocha Miranda, Italo Campofiorito, Jayme Tiomno, Mario de Souza Lima.[235]

Em 1965, durante greve de professores e estudantes, o reitor Laerte Ramos de Carvalho pediu que as tropas do Exército ocupassem o *campus*.

Uma nova leva de professores foi desligada em outubro de 1965: os associados Roberto Pompeu de Souza Brasil, Jorge da Silva Paula Guimarães e José Reinaldo Magalhães; o professor-assistente Rodolpho Azzi; os assistentes Flávio Aristides Freitas Tavares, Carlos Augusto Callou e Luis Fernando Victor; e os auxiliares de ensino Alberto Gambirásio, José Geraldo Grossi e José Sepúlveda Pertence.[236]

---

[234] *Ibidem*, p. 208.
[235] Cf. *Ibidem*, p. 209.
[236] SALMERON, Roberto. *Op. cit.*, p. 231.

O *Correio Braziliense* publicou em sua primeira página a notícia da demissão coletiva com o título: "180 professores deixam UnB"; a *Folha de S.Paulo* publicou, no mesmo dia: "UnB 156 MESTRES DEMITEM-SE"; e, no dia seguinte: "Crise na UnB: demissionários 199 professores".

Foram os seguintes os 223 docentes que se demitiram:

Faculdade de Arquitetura e Urbanismo: Oscar Niemeyer — coordenador da Faculdade; Glauco de Oliveira Campello — coordenador do curso de composição; Italo Campofiorito — coordenador do curso de graduação; João da Gama Filgueiras Lima — coordenador do curso de pós-graduação e do Ceplan; Abel Acioly Carnaúba, Alfonso Leiva Galvis, Armando Andrade Pinto, Armando de Holanda Cavalcanti, Carlos Machado Bittencourt, Darcy de Souza Pinheiro, Evandro Pinto Silva, Fernando Lopes Burmeister, Geraldo José Santana, Geraldo de Sá Nogueira Batista, Hilton Gerson Costa, Jayme Zettel e José de Anchieta Leal. E, ainda, José de Souza Reis, Lúcio Maria Pontual Machado, Luís Henrique Gomes Pessina, Márcia Aguiar Nogueira Batista, Maria Clementina Silva Duarte, Mayumi Watanabe de Souza Lima, Oscar Borges Kniepp, Philomena Chagas Ferreira, Sérgio Pereira de Souza Lima, Shyan Janveja, Virgílio Ernesto Souza Gomes e William Ramos Abdalah.

Instituto Central de Artes: Alcides da Rocha Miranda, coordenador do instituto; Alfredo Ceschiatti, Amélia Toledo, Ana Mae Tavares Barbosa, Athos Bulcão, Carlos R. de Azevedo Moura, Catarina Knychala, Claus Peter Bergner. Dinah Brognoli, Elvin Donald Mackay Dubugras, Esther Iracema Joffily, Fernando Machado Leal, Francisco de Assis Rezende, Glênio Bianchetti, Heinz Forthmann, Hugo Mund Júnior,

João Evangelista de Andrade Filho, José Rios de Moura, Lena Coelho Santos, Leo Barcellos Dexheimer, Luís Eduardo de Mendonça, Luiz Humberto Martins Pereira, Maria José Costa de Souza, Marília Rodrigues, Masiej Antoni Babinski e Paulo Ferreira Martins.

Departamento de Música: Cláudio Santoro — coordenador do departamento; Angel Jaso, Fernando Santos, Gelsa Ribeiro da Costa, Joaquim Tomaz Jayme, Levy Damiano Cozzella, Maria Amélia Cozzella, Maria Amélia del Picchia, Moacyr del Picchia, Nise Obino, Régis Duprat, Rogério Duprat, Suzy Piedade, Chagas Botelho e Sylvio Augusto Crespo Filho.

Instituto Central de Ciências Humanas: Ademar de Medeiros Nelo, Akira Kono, Aleixo Luís Garcia, Allyson D. Mitraud, Ana Maria Mustello, Atsukio Haga, Boris Gheventer, Carlos Costa, Cecy Loureiro, Clotilde F. Andrade, Dicamor Moraes, Eduardo Ribeiro de Oliveira, Élbio Neris Gonzales, Ênio L. Freitas Melo, Geraldo Laércio Rios, Gilda Maria Corrêa de Azevedo, Hélio Rocha, João Bosco Monteiro Nóbrega, José D. Pinto, José Guilherme P. Cortez, José M. Ramirez, José Maurício Pinto da Silva, Lúcia R. Câmara, Luís V. Cernichiaro, Manoel Frederico Teixeira Salles, Manuel Delgado Filho, Marcelo Mendes Ferreira, Marluce Aparecida Barbosa Lima, Maurício E. C. Cadaval, Mauro Leite M. Pinto, Narcélio Mendes Ferreira, Paulo R. Leile, Roberto Saturnino Braga, Sebastião Rios Corrêa, Sérgio Huch Coelho, Sérgio Luís Silveira de Lemos, Severo de Albuquerque Sales, Vania Afonso de Almeida Sales, Wilmar E. Faria e Zaidé Maria Machado Neto.

Instituto Central de Letras: Mário Pereira de Souza Lima — coordenador do instituto; Alda Baltar, Antônio Fernando

Paranhos MacDowell, Aryon Dall'lgna Rodrigues, Astrid Cabral Félix de Souza, Dinah Maria Montenegro Isensec, Eunice Souza Lima Pontes, Jair Gonçalves Gramacho, João Alexandre Barbosa, Júlia Conceição Fonseca Santos, Lúcia Maria Silva, Maria Antônia S. de Porto Alegre Muniz, Maria Auxiliadora de Oliveira, Maria de Jesus Evangelista, Maria Luísa Roque, Maria Nazareh Lins Soares, Marta Madalena de Oliveira Coelho, Nádia Maria C. Andrade, Nelson Rossi, Oswaldino Ribeiro Marques, Paulino Vandresen, Wally Pinsdorf e Willie H. Gamrnon.
Curso de Biblioteconomia: Etelvina Lima, Gilda Maria Withaker, Myriarn Gurjão de Mello e Zilda da Costa Mamede.

Curso de Jornalismo, Cinema e Extensão Cultural: Afonso Arinos de Mello Franco Filho, Afonso Celso de Ouro Preto, Décio Pignatari, Hosche Ponte, Jean-Claude Bernardet, Lucila Bernardet, Nelson Pereira dos Santos e Paulo Emílio Salles Gomes.

Instituto de Biociências:
Setor de Botânica: Dimitri Sucre Benjamin.
Setor de Fisiologia e Citologia: Ana Margarida de Rezende Langenegger, Cleber José Rodrigues Alho, Hugo Edison Barbosa de Rezende, José Luís de Barros Araújo, Luís Paulo Ribeiro, Miriam Becker, Nélson Monteiro Vaz, Paulo Ilde e Pedro Jurberg.

Departamento de Genética: Arno Rudi Schwantes, Fernando Luís Kratz, Helga Winge, Maria Luísa Reguly, Maria Luísa Schwnntes, Rosilux Paques de Barros e Walter André Zanete.

Departamento de Psicologia: Carolina Martuscelli Bori — coordenadora do departamento; Alcides Gadotti, Isaías Pessotti, Luís Otávio Seixas de Queiroz, Maria Helena

Guedes, Maria Tereza de Araújo Menezes, Mário Arturo, Alberto Guidi, Mariza Antônia Gurgel Azzi, Marize Bezerra Jurberg e os professores visitantes Robert Norman Berryman, Jean Nazzaro e Russel Nazzaro.

Instituto Central de Física: Jayme Tiomno — coordenador do instituto; Roberto Aureliano Salmeron — coordenador geral dos Institutos Centrais de Ciências e Tecnologia; Carlos Alberto Ferreira Lima, Carlos Alberto Garcia Canal, Dione Craveiro Pereira da Silva, Elisa Frota Pessoa, Fernando de Souza Barros, José Maria Filardo Bassalo, Luís Tauhata, Marco Antônio Raupp, Miguel Taube Netto, Ramiro de Porto Alegre Muniz, Suzana de Souza Barros, Walter Cordeiro Skroch e o professor visitante Michel Paty.

Instituto Central de Geociências: Marcello José Ribeiro, Jairo Ferreira Pinto e Onildo João Marini.

Instituto Central de Matemática: Elon Lages Lima — coordenador do instituto; Antonio Carlos do Patrocínio, Antônio Conde, Célio W. M. Alvarenga, Cesar Leopoldo Camacho Manco, Edson Durão Judice, José Ubyrajara Alves, Mauro Bianchini, Paulo R. Esteves, Plínio Quirino Simões e Sílvio Machado.

Instituto Central de Química: Otto Richard Gottlieb — conrdenador do instituto; Afrânio A. Craveiro, Alaíde Braga de Oliveira, Ary Coelho da Silva, Eldenor de Almeida Pimentel, Geavane Geraldo de Oliveira, Gouvan C. de Magalhães, Hugo Clemente de Araújo Pimentel, Jamil Corrêa Mourão, Jorge de Oliveira Meditsch, Luís Fernando de Carvalho, Maria Auxiliadora Coelho Kaplan, Mauro Taveira Magalhães,

Nídia Cavalcanti França, Raimundo Braz Filho, Raimundo Guilherme Campos Corrêa, Roberto A. de Lima e os professores visitantes Jaswant Rai Mahajan e William B. Eyton.

Não especificaram seus institutos: Bento José Bugarin e Rossini Perez. Epílogo:
A Universidade de Brasília tinha 345 docentes. Dezesseis foram expulsos e 223 demitiram-se. Saíram, portanto, 79%.

Os estudantes, compreendendo a situação moral em que os professores se encontravam, manifestaram-lhes solidariedade com diversos atos e declarações, embora conscientes de que as demissões causariam dificuldades no prosseguimento dos estudos. Houve harmonia de pontos de vista e união da maioria dos professores e dos estudantes em defesa da autonomia de uma universidade.[237]

Diversas circunstâncias obscuras cercam a morte de Anísio Teixeira. Dois meses antes, ele escreveu:

(...) por mais que busquemos aceitar a morte, ela nos chega sempre como algo de imprevisto e terrível, talvez devido seu carater definitivo: a vida é permanente transição, interrompida por estes sobressaltos bruscos de morte. (numa carta a Fernando de Azevedo)

Por intercessão do amigo Hermes Lima, Anísio candidatou-se a uma vaga na ABL. Iniciou, portanto, a série de visitas protocolares aos assim chamados imortais. Depois da última visita, ao lexicógrafo Aurélio Buarque de Holanda Ferreira, Anísio desapareceu. Preocupada, sua família investigou seu paradeiro, e foi informada por militares de que ele se encontrava detido. Uma longa procura por informações teve início, repetindo um

---

[237] SALMERON, Roberto. *Op. cit.*, pp. 233-237.

drama vivido por centenas de famílias brasileiras durante a ditadura militar. Mas, ao contrário de desencontradas informações e pistas falsas, seu corpo é que foi encontrado.

Anísio estava no fosso do elevador do prédio do imortal Aurélio, na Praia de Botafogo, no Rio. Dois dias haviam se passado de seu desaparecimento. Não havia sinais de queda, nem hematomas que a comprovassem. A versão oficial foi de "acidente".

Calava-se, para um Brasil mergulhado em sombras, uma voz em defesa da educação — portador da "subversiva" ideia de um país melhor. Era o dia 14 de março de 1971.

CAPÍTULO 7

Os Julgamentos no Superior Tribunal Militar

O material empírico do STM pode ser dividido de três formas. (1) Primeiramente, as atas de julgamentos, em que constam as sessões realizadas durante os anos, os números dos processos com nome dos relatores, dos advogados e réus. Nestas atas estão discursos comemorativos, de aposentadorias e posses de ministros, de datas militares e outras questões que os ministros entendiam relevantes para registro. Não constam nas atas os debates dos processos. (2) As gravações de julgamentos em fitas de rolo, divididas em sequências públicas e secretas e (3) os processos.

O trabalho acessou 105 atas de 1976 e 83 de 1977. Quanto às sessões de julgamento entre 1975 (quando o STM se instalou em Brasília) e 1979 (ano da anistia), existem 940 fitas gravadas.

As gravações podem ser assim representadas, em termos estatísticos:

Média ano 1975	Nº	%
Total de julgamentos no ano	249	100%
Total de julgamentos com sessão secreta	51 + 37 = 88	**35%**
Total de julgamentos com sessão aberta	96 + 65 = 161	65%

Média ano 1976	Nº	%
Total de julgamentos no ano	99 + 71 = 170	100%
Total de julgamentos com sessão secreta	45 + 29 = 74	**44%**
Total de julgamentos com sessão aberta	54 + 42 = 96	56%

Média ano 1977	Nº	%
Total de julgamentos no ano	60 + 66 = 126	100%
Total de julgamentos com sessão secreta	23 + 35 = 58	**47%**
Total de julgamentos com sessão aberta	31 + 37 = 68	53%

Média ano 1978	Nº	%
Total de julgamentos no ano	62 + 79 = 141	100%
Total de julgamentos com sessão secreta	31 + 32 = 63	**45%**
Total de julgamentos com sessão aberta	47 + 31 = 78	55%

Média ano 1979	Nº	%
Total de julgamentos no ano	138 + 116 = 254	100%
Total de julgamentos com sessão secreta	22 + 8 = 30	**12%**
Total de julgamentos com sessão aberta	116 + 108 = 224	88%

Deste total, a pesquisa, que foi novamente interrompida e encontra dificuldades na colheita de informações, recolheu 54 sessões de 1976, estando 23 fichadas e 22 sessões de 1977, com a totalidade fichada, contando, portanto, com 76 sessões das 940 já recolhidas.

Sete julgamentos foram selecionados por amostragem, para uma análise comparativa com os discursos impressos nas atas. Isto porque os julgamentos, que servirão para inúmeras pesquisas e cujo acesso persiste sendo negado para esta tese, merecem a abordagem por amostra. Isto porque são, de certa forma, repetitivos e dogmáticos. Assim, optou-se por destacar aqueles que de certa maneira fugiram à normalidade e possibilitaram o encontro dos deslizes ou pistas.

Raymundo Faoro, na obra "Existe um pensamento político do Brasil?" analisa, sob a perspectiva da história das ideias, como dito antes, o fechamento da sociedade portuguesa às ideias liberais na reforma pombalina, visando inserir as ideias burguesas "de cima para baixo". Aqui já foi afirmado que se pode buscar a raiz do racionalismo e da importância do Direito Romano em nosso país naquela reforma. "A história territorial do Brasil começa em Portugal",[238] afirma Faoro. Os professores Gizlene Neder e Gisálio Cerqueira, no texto Os filhos da lei,[239] concordam que o pensamento português é matriz do pensamento jurídico brasileiro, mais do que simples "fonte inspiradora". Faoro escreveu:

> Até as reformas pombalinas, a concepção dominante no nosso país foi a da escolástica, aristotélica e tomista. Os problemas econômicos foram naturalmente concebidos no quadro dos princípios éticos do tomismo na linha do pensamento medieval.[240]

A passagem à modernidade, assim como um projeto de modernidade da cristandade ocidental de Portugal, na virada do século XVIII para o XIX, representou uma escolha das monarquias

---

[238] FAORO, Raymundo. *Op. cit.*, p. 146.
[239] NEDER, Gizlene; e FILHO, Gisálio Cerqueira. *Op. cit.*, p. 117.
[240] FAORO, Raymundo. *Op. cit.*, p. 80.

absolutistas que se abriram ao desenvolvimento de tecnologias de produção e à circulação de mercadorias através da náutica e da agricultura, ou ao engenho de açúcar, mas combinando a modernidade com uma visão tomista de rígida hierarquia social calcada na diferença social e jurídica: na "qualidade" da pessoa.

O efeito político desta opção tomista foi um processo de sacralização da política e uma forma particular de encaminhar a laicização do poder por meio de um projeto moderno-conservador pombalino.[241]

O projeto republicano, tanto no Brasil (1889) quanto em Portugal (1910) por meio do pombalismo, possibilitou um conjunto de modernizações, separando a Igreja do Estado, mas esta "cisão" não evitou a continuidade de permanências psicológicas e ideológicas que garantem a prática autoritária do controle social

> (...) com ênfase numa dogmática jurídico-penal em detrimento de procedimentos disciplinares aplicados pela Criminologia, que poderiam abarcar interdisciplinarmente algumas questões suscitadas pela Sociologia, pela Antropologia e pela Psicologia e a Psicanálise.[242]

A visão do mundo tomista, com influências políticas e ideológicas da Igreja Romana, sustentando uma posição hierarquizada da sociedade, produziu permanência cultural especialmente no mundo jurídico, em um conjunto de fantasias totalitárias de um controle social absoluto.[243]

O processo de secularização em toda a Europa não atingiu a laicização, como demonstra Carlo Ginzburg, tornando claras

---

[241] NEDER, Gizlene e FILHO, Gisálio Cerqueira. *Op. cit.*, p. 39, ver também, FAORO, Raymundo. *Op. cit.* e NEDER, Gizlene. *Op. cit.*

[242] NEDER, Gizlene; e FILHO, Gisálio Cerqueira. *Op. cit.*, p. 117.

[243] *Ibidem*, p. 116.

as influências religiosas por meio do termo *awe* e, impregnado nele, o medo do "estado de natureza" e a necessidade de impor sujeição, como na obra Leviatã, de Thomas Hobbes.[244]

Esta influência pode ser percebida nos discursos transcritos nas atas do STM, e não é sutil: nota-se desde logo que, apesar da ideia de secularização, o tribunal manteve-se extremamente religioso. O nome mais citado em todas as atas foi o de Deus.

Não faltam exemplos. Na sessão solene de 19 de março de 1975, em que tomava posse como presidente o ministro Nelson Barbosa Sampaio, o discurso deu corpo ao exercício da magistratura como missão divina.

É ressaltada a "beleza multiforme do Direito, a esplender no seu primado eterno, de par com a radiosidade eterna da Justiça", e a magistratura é comparada com o sacerdócio:

> (...) de certa forma, nós, os magistrados, assemelhamo-nos aos monges, pela austeridade da investidura, pela grandeza do sacerdócio, pelo poder de julgar os semelhantes, com a diferença de que eles absolvem sempre, porque o fazem em nome das leis divinas — perfeitas como o Criador, e nós julgamos em nome das leis humanas — imperfeitas como os homens.

Uma placa com os dizeres "Deus e teu Direito" foi colocada à entrada do plenário e inaugurada na 71ª. Sessão, em 19 de setembro de 1975. O presidente afirmou que a placa simbólica "representa, doravante, nossa divisa, reconhecida pelos contemporâneos, a ser consagrada pela posteridade".

As palavras do ministro quanto ao significado dos dizeres da placa são as seguintes: "Deus e teu Direito — a fé suprema e a

---

[244] GINZBURG, Carlo. *Op. cit.*

suprema devoção num só culto, professado com a serenidade, a unção, a energia dos apóstolos". E prossegue:

> Já afirmei e ora repito: o Direito não é só um apanágio do caráter, porque é sobretudo uma vocação de luta. E nós aqui, outra coisa não temos feito senão lutar, determinadamente, pelo seu primado (...) Antes dele, acima dele, só Deus, a dar o sentido do divino à Verdade, à Justiça, à equidade. Só ele, o Direito, pode levar à atribulada consciência do mundo, próximas ou distantes esperanças, pois que é a um só tempo, o látego dos tiranos, o broquel dos fracos, a Santa Conceição dos Oprimidos.

Acresce ainda que "disse alguém que a humanidade caminha, Deus a conduz. Aduzimos: e o Direito protege-a". Em uma clara menção ao Direito como uma obra divina secularizada, mas não laicizada.

A afirmação prossegue na referência de uma luta eterna.

> Ao assentarmos este marco de fé e promessa, a assinalar uma fase na História da Justiça Militar do Brasil, assumimos, perante o futuro, solene compromisso, inquebrantável como lágrimas. Apenas com altivez, equilíbrio entre espada e balança. O que há é altanaria de homens, consciência de juízes, coração de brasileiros, na sempiterna, inarredável disposição de defender as prerrogativas e atributos que, de eternidade a eternidade, exaltam, elevam, exortam, dignificam a pessoa humana. Disposição de resguardar, com vigor de resistência e o poder de convicção, o patrimônio cívico e moral que é nosso e foi dos nossos, para que ele não pereça pelo abandono, nem soçobre pelo desalento, no abismo cavado pelos inimigos do gênero humano.

(...) Se a alta política é a arte humana de trabalhar pelos outros, a nobre defesa dos direitos alheios é a arte divina de se sacrificar pelos outros... Façamo-la tão venerável como os altares, tão clara como a Verdade, tão santa como a Fé, tão esplendente como a Esperança, tão pura como a Caridade, mais bela que o Cântico dos Cânticos... Deus guia o mundo. O direito protege os homens... Veneramos Juízes, sob os olhos abençoadores do Altíssimo, veneramos o Direito — caminho único da redenção democrática de todos os povos. Áspero, sagrado, luminoso caminho.

Um exemplo seriam os dez mandamentos do bom juiz, segundo Milton Menezes da Costa Filho, procurador-geral do Ministério Público Militar, constante na sessão solene realizada no dia 07/10/1977.

Para o Ministério Público, verdadeiro é o Juiz que:

1º. Respeita o homem que está sendo julgado, com aquele respeito que a si mesmo dedica, pois, grande é quem reconhece a sua pequenez, que o iguala, na fraqueza ponderável, a todos perante Deus.

2º. Jamais olvida que, embora a pena não ultrapasse a pessoa do condenado, seus reflexos, como luzes que ofuscam, atingem gerações e se transformam em vergastadas, se injustamente aplicada.

3º. Considera como o mais importante cada processo que lhe vem às mãos, pois julgar, na sua complexidade, é transplantar para a matéria temporal toda a grandeza da eternidade do espírito.

4º. Duvida da verdade que, de imediato, se aflora ao primeiro contato dos autos, pois, para assegurar esta verdade, há que se debruçar, no campo da prova, com a pertinácia e a paciência da natureza que, malgrado o espírito predatório do homem, renova, sempre, o vicejar de todo o belo que a ele proporciona.

5º. Tem, como supremo mandante de seus atos, a própria consciência, que deverá ser sol que não se põe, luz que não se apaga, voz que não emudece, calor que não se esfria, cor que não se transmuda.

6º. Jamais esquece que a Justiça é o objeto do direito, e este o instrumento fecundo de que se vale a sociedade, como razão primordial ao bem comum.

7º. Tem as vestes talares como mordaça que sufoca a vaidade que avilta, a pusilanimidade que aniquila, a paixão que destrói, o comodismo que desfibra e o ódio que desfigura.

8º. Orgulha-se da missão que o Estado lhe confiou, não com aquele orgulho que açoita como chicote do desprezo os seus semelhantes, mas com um sentimento nobre de humildade dos que, seguros da grandeza de sua missão, estendem esta segurança, como manto protetor, aos inseguros pelo infortúnio da delinquência.

9º. Prossegue, sem temor, se a consciência lhe dita como certo o caminho, mas regride, com altivez, sem vacilar, se o erro responde, conscientemente, presente, pois sábio é o Juiz que julga a si mesmo, em cada julgamento que faz de seus semelhantes.

10º. Se o Judiciário, para todos, é considerado o refúgio último dos homens, o considerará sempre o penúltimo, pois, assim, terá como último aquele em que perante o Criador, não será o julgador, mas o julgado.

O ministro Alcides Vieira Carneiro, na última sessão de 1975, mais uma vez falou de uma luta atemporal, na qual caberia ao tribunal "resistir ao açoite furioso dos temporais, dos vendavais de todas as paixões para fazer resplandecer a Justiça...".

Por vezes, os ministros parecem, em seus discursos, ser maleáveis com a lei, o que não se reflete nos julgamentos. O ministro Nelson Barbosa Sampaio se disse convencido de que não seria possível julgar apenas com a letra fria da lei, afirmando ainda que seria "difícil defender, muito mais difícil julgar, que é um privilégio dos Deuses...".

O ministro Jacy Guimarães Pinheiro fala da "árdua missão de julgar" referindo-se a ela com as palavras "sabe lá Deus com que tristeza, o ônus, por demais pesado, de fazê-lo..." e lembra "o consagrado Rui Barbosa, no Cine Odeon, nos meus tempos de estudante, no Rio de Janeiro" e cita o poema A Casa da Rua Abílio, de Alberto de Oliveira.

A casa que foi minha, hoje é a casa de Deus.
Tem no topo uma Cruz. Ali vivi com os meus,
Ali nasceu meu filho, ali na orfandade
Fiquei de um grande amor. Às vezes a cidade

Deixo e vou vê-la, em meio aos altos muros seus.
Sai de lá uma prece, elevando-se aos céus.
São as freiras rezando. Entre os ferros da grade,
A espreitar-lhe o interior, olha a minha saudade.

Um sussurro também, em sons dispersos,
Ouvia não há muito a casa. Eram meus versos.
De alguns, talvez, ainda, os ecos falarão.

E em seu surto a buscar eternamente o belo,
Misturado à voz das monjas do Carmelo,
Subirão até Deus nas asas da oração.

Acresce o ministro: "toda vez que aqui se fizer uma exaltação à justiça, sua presença estará conosco porque as suas orações..." e termina dizendo: "todos os dias ouço e se me umedecem os olhos ouvindo a música de Luiz Felipe, pela recordação que me traz dos bons tempos em que eu era moço".

Na sessão solene, realizada em 17/03/1977, consta referência à lei, à segurança e a Deus, afirmando-se impossível

> (...) progresso ou desenvolvimento sem haver ordem ou segurança, bem como não pode haver ordem ou segurança sem haver legislação específica para mantê-la firmemente e justiça adequada para julgar as infrações da legislação proveniente dos poderes competentes.

No mesmo discurso, após citar a necessidade de rigor na legislação, o autor retorna ao lema "Deus e teu Direito", colocado em uma pequena placa no alto da porta de entrada deste recinto sagrado do Plenário deste Templo de Justiça. A proposta, registre-se, foi do ministro Alcides Vieira Carneiro, em 1975, e representaria:

> (...) firme linha de ação fundamental de há muito aplicada nesta Corte, que somente se curva diante dos direitos devidamente comprovados dos cidadãos que a ela recorrem em sua defesa. De modo algum alguém honesto pode dizer que

este é um Tribunal de exceção, como alardeiam os adeptos da subversão entre os seus compatriotas e, para nossa tristeza, até no estrangeiro, como eu mesmo tive ocasião de pessoalmente verificar na Holanda, França e Itália, 1970 e 1973. Pelo contrário, somos muitas vezes criticados por nossos amigos e colegas, atribuindo-nos excesso de benevolência em nossos julgados, esquecendo-se eles que prometemos julgar com a Lei e a Prova.[245]

Acaba pedindo a proteção do nosso bom Deus,

cuja imagem colocada atrás e acima da cadeira do Presidente do Tribunal simboliza Seu reconhecimento como nosso supremo Juiz e espera poder ser, de algum modo, útil a esta Corte e aos que nela trabalham ou estão subordinados. Guarde o Senhor o nosso tribunal e inspire suas decisões nos corretos caminhos da justiça e do direito para que continue a gozar da segura confiança dos que com ele lidam.

A palavra mais citada nas atas do STM analisadas é "Deus". As influências religiosas, portanto, ao menos nos ministros daquela corte, são evidentes nos níveis emocional, ideológico e psicológico. Ao mesmo tempo, as influências tomistas hierarquizantes somam-se ao ódio ao comunismo, em razão de o levante de 1935 ter representado, para os militares, uma quebra definitiva na hierarquia e ter passado a ser símbolo de uma ideia insuportável para eles.

As referências aos comunistas, com cunho religioso, podem ser vistas também na 100ª Sessão, em 26 de novembro de 1975, tendo o ministro presidente observado que, todos os anos, eram lembrados "nossos mortos na covarde intentona bolchevista de

---

[245] Ata da sessão solene do STM, realizada em 17/03/1977.

1935", afirmando que a juventude não viveu aquele drama, "não sabe que alguns deles perderam a vida dormindo, atacados que foram à surdina, sem sequer terem tido oportunidade de esboçar qualquer movimento de defesa".

Afirma o presidente que:

> vemos subversivos da mesma espécie dos de 1935, utilizando diversas siglas, todas representando o mesmo comuno--bolchevismo que avassala o mundo, tentando rearticular-se para, usando os mesmos traiçoeiros artifícios, lançarem-se em busca da tomada do Poder e, então, destruir o que de mais sagrado representa para os brasileiros — a sua liberdade.[246]

Além da referência ao sagrado, retorna aos direitos dos presos políticos que, segundo ele,

> (...) quando pilhados e presos, reclamam melhor tratamento, implorando os princípios dos direitos humanos, por eles em tempo algum memorados, e que podem invocar porque a democracia, benevolente como é, lhes permite esse luxo, jamais tolerado em país da área comunista.

Referindo-se aos atos institucionais, afirma que "essa legislação só poderá ser abolida quando extintas estiverem as causas determinantes de sua existência". A referência leva à ideia de extinção e eliminação dos comunistas.

O discurso vai subindo de tom:

> (...) é preciso refrescar memórias: não esquecer os idos de 1964, quando campeava a completa desordem, sob as vistas

---
[246] Ata da 100ª. Sessão do STM, em 26 de novembro de 1975.

complacentes do governo de então. Destruídas a hierarquia e a disciplina, resvalava a nação para o caos, com uma greve por dia e a voraz inflação atingindo as raias dos 100 por cento.

Depois da narração de um quadro fantástico de caos, chega a afirmação: "a intervenção divina nos salvou, mas, por isso mesmo, é que devemos lembrar que 'o preço da liberdade é a eterna vigilância'".

O ministro Ruy de Lima Pessoa, na sessão de posse do ministro Gualter Godinho, realizada em 17/06/1977, falou, em nome da corte, sobre a vida do novo integrante, "nascido na Bragança Paulista — terra dos valorosos e intrépidos bandeirantes — onde no colégio São Luís fez seu curso de Humanidades, para afinal formar-se em Ciências Jurídicas e Sociais, pela venerável Faculdade de Direito da Universidade de São Paulo", antes de tornar-se membro da Academia Paulista de Direito.

Após citar Deus, "na sua infinita ternura" em direcionar sua vida e protegê-la dos "devaneios mais verticais" para fazê-lo chegar àquele tribunal, o orador atribuiu as seguintes palavras ao novo ministro:

> Uma profissão dura, espinhosa, da delicada tarefa de atrever-se a julgar os seus semelhantes, engloba também uma total vivência de outros ofícios de posições diversificadas (...) onde congrega um pouco de psicólogo, na trabalhosa perseguição de uma verdade difícil e fugidia; do médico que apalpa as feridas da alma, em busca desesperada do diagnóstico certo, tentando compreender as falhas do incompleto ser humano; do censor que pune, numa tentativa válida de proteger a sociedade, não somente se limitando à fria aplicação do texto da lei, mas, sim, julgando através de um sério estudo de elaboração, introspecção e compreensão de intérprete e sociólogo.

A hierarquia está presente nos sonhos mais verticais e na fantasia agraciada por Deus, na visão dos ministros. Na referência à dura, à espinhosa missão de julgar os semelhantes, a permanência da visão tomista sacerdotal e da ritualização dos processos, a manter na secularização as ideologias e formas religiosas.

Visões e permanências diferentes vão se sobrepondo, misturadas às influências religiosas. A visão médica está presente, parte da ideologia do higienismo, que se propunha, como se colocou anteriormente, a conduzir o país "à civilização" e, utilizando o suporte médico e "científico", deu à classe dominante "legitimação apriorística das decisões quanto 'às políticas públicas a serem aplicadas no meio urbano' (...) e suporte ideológico para a ação saneadora".[247]

A cultura multidisciplinar ainda se faz presente no nível do discurso, mas como se verá, já não mais nos julgamentos concretos.

Uma das hipóteses levantadas por Gizlene Neder é que o pragmatismo e o autoritarismo teriam encontrado um terreno propício e "adequado" na sociedade brasileira, por esta ser dotada de características peculiares que a tornariam mais "apropriada" à "realidade". A autora afirma: "uma relação histórica e teórico-ideológica entre a formação do pensamento jurídico formulado pela 'Academia de São Paulo' e a tendência ao encaminhamento de proposições autoritárias".[248]

O jurista mais citado nas sessões solenes é Rui Barbosa, sempre em um discurso de que o Brasil vivia em uma democracia, em ideais liberais, com os poderes independentes entre si, defendendo a "revolução" de 1964, como discurso, mas somado ao pragmatismo e à realidade brasileira.

Há uma defesa constante do liberalismo nos discursos registrados, assim como da democracia, contrária a tribunais de

---

[247] GINZBURG, Carlo. *Op. cit.*, p. 35.
[248] NEDER, Gizlene. *Op. cit.*, p. 106.

exceção. Mas esse liberalismo encontra-se profundamente deturpado pelos filtros ideológicos.

A forma de deturpar o liberalismo e a democracia é adaptá-la à "realidade brasileira", longe das utopias que afetam a hierarquia e a ordem, e por meio da lei. Em 7 de dezembro de 1977, Dia da Justiça, o ministro general do Exército, Rodrigo Octávio, inicia a 96ª. Sessão dizendo "ser a nossa vocação, a da Liberdade Democrática — governo da maioria com a colaboração e o respeito da minoria", e insistindo ainda que "a Revolução veio para repor a nação na ordem jurídica consentânea com suas aspirações e realidades e promover o desenvolvimento nacional".

O general fala da

(...) integridade do Império pela unificação do Poder, integridade da Nação pela fragmentação de Poder e já em nossos dias — a integridade do Estado pela evolução da Federação centrífuga de Jefferson para a Federação centrípeta de Webster (O. Viana).

Referindo-se a 1950 e à arrancada para o pleno desenvolvimento, afirma que foi "necessário, entretanto em 1964, retificar, em momento crítico para a sobrevivência democrática, os rumos nacionais", já que o "pacto político-social", firmado em 1946 estaria sendo "abjurado, por força de ideologias estranhas, pelos próprios governantes". A adaptação à realidade brasileira é abordada pelo general em relação ao que chamou de espírito democrático tradicional:

Evidenciou, então, o grupo nacional a sua repulsa generalizada a essas ideologias, fortemente vinculado como estava a um espírito democrático tradicional. Estamos, desde então, procurando, mercê dos inocentes esforços, reconstruir esta

Grande Nação.

O consenso da Democracia, enraizado profunda e historicamente na Comunidade Nacional, manterá assim indelével como resultado da interação cada vez mais esclarecida entre o cidadão, como agente de formação e organização do Estado, com as suas leis que, se garantem a segurança na Nação, mantêm a liberdade individual e a própria dinâmica da sociedade que nele se abriga e progride.[249]

O ministro e general do Exército, Rodrigo Octávio Jordão Ramos, na Sessão de 19 de março de 1975, referiu-se a "um longo processo de manutenção revolucionária" e a "vitórias e derrotas — 22, 24, 26, 30, 32, 35, 37, 45, 54, 55 e 61...", referindo-se às

> Forças Armadas, Clero, Povo, neste destacando-se a figura ímpar da mulher brasileira — anjo tutelar de todas as gerações como mãe, esposa, noiva, irmã e filha — amalgamaram-se em um bloco espiritual indeformável...

Tece críticas a alguns que apregoam e, em suas palavras,

> procuram com ressonância, divulgar, perseguindo os seus propósitos insidiosos de radicalismo desirmanado ou de subversão liberticida, visando a dificultar a consolidação de um Direito surgente, de conotação liberal e democrático, sobre os escombros da ordem jurídica desmoronada e promover, em bases realísticas, a harmonia possível do grupo social brasileiro, sobretudo pela reintegração da juventude ora matura e então desorientada — vem cumprindo digna,

---

[249] Ata da 96ª. Sessão do STM, em 7 de dezembro de 1977.

judiciosa e humanamente, dentro das Provas dos autos, os seus delicados encargos de juízes, obedientes à legislação penal e institucional vigentes, reprimindo ainda, quando especificamente manifesta naqueles Autos, a violência inútil, pela ilegitimidade da ação repressora nas fases de inquirição e criminal.

Os discursos registrados na ata defendem a democracia e o liberalismo, adaptados à "realidade brasileira" a fim de, na realidade, manter a sociedade hierarquizada, desigual, em um liberalismo ibero-brasileiro.

Na hierarquia está a visão de harmonia que parte das ideias de Gilberto Freyre sobre um povo harmônico, ou mesmo de uma colonização portuguesa menos violenta do que as demais. A ideia de um país de consenso.

O ministro Rodrigo Octávio, na comemoração do sesquicentenário da criação dos cursos jurídicos no Brasil (49ª. Sessão em 10 de agosto de 1977), referiu-se a um país de consenso, à "intervenção militar, então operada no campo da política — no consenso que lhe emprestava o grande Rui". O Presidente Castelo Branco teria se apoiado no "consenso revolucionário" e "na lei e nas normas jurídicas prevenindo eventual disfunção militar", deixando como legado "uma Constituição de feição integralmente democrática incorporadas nela as conquistas básicas da Revolução". O AI-2, de outubro de 1965, teria demonstrado a inviabilidade de sua coexistência com a Constituição de 1946, embora modificada com a legislação institucional. Cita, ainda, Tobias Barreto, afirmando "o verdadeiro solar do liberalismo que é a democracia".

A democracia, no entanto, estaria condicionada pelas leis "ou como afirmara Kelsen, 'uma democracia sem autolimitação, representada pelo princípio da legalidade, destrói-se a si mesma'".

Há um conflito entre o discurso humanista que defende uma democracia, e esta imediatamente excepcionada em relação aos comunistas, entendidos como agentes de ideias alienígenas que incitam à luta de classes e à desintegração.

O orador afirmou ainda, na sessão solene de posse do ministro Gualter Godinho, realizada em 17/06/1977, que a

> (...) paz social não se consegue, senão, com a perfeita distribuição da justiça, com o abnegado respeito ao direito, com o fiel cumprimento da lei e com a guarda segura dos nossos valores morais imutáveis.

De humanismo, percebe-se uma relação tomista com o Direito, ligada às ideias religiosas de "consciência tranqüila", humildade, simplicidade:

> Para que isso ocorra, cabe ao magistrado, com as suas decisões equilibradas, a primazia de transmiti-la e conservá-la, acima de tudo e como exemplo, através da paz íntima que ele cultiva com a consciência tranqüila e a compartilha com a palavra construtiva, a opinião desapaixonada, a humildade que dignifica o perdão incondicional das ofensas, o auxílio espontâneo ao próximo, a simplicidade nos hábitos, o culto da tolerância e tudo, afinal, que leva à participação no progresso de todos.[250]

O ministro termina o discurso da seguinte maneira: "seja bem-vindo e que Deus o inspire porque somente dele são o direito, a justiça, o poder e a gloria".

---
[250] Ata da sessão do STM, realizada em 17/06/1977.

O procurador-geral do Ministério Público, Milton Menezes da Costa Filho, na mesma oportunidade, falou em Direito, comparando o cargo que o novo ministro irá exercer com uma

> sagrada missão que o Estado lhe confia, e o tribunal como "Cidadela do Direito", onde a Justiça é cultuada, onde as mãos impuras da paixão e do interesse jamais deslustram a sagrada missão que o Estado lhe confia.

A ideia de pureza se faz presente. As ideias de perfeição e de submissão, assim como de educação por meio do exemplo da perfeição, são de fundo absolutamente religioso e tomista.

O ministro é descrito pelo procurador, numa permanência da visão do jurista multidisciplinar, como "historiador, magistrado, advogado e procurador, membro da Academia Paulista de Direito e do Instituto Histórico e Geográfico de São Paulo".

O ministro Rodrigo Octávio, na comemoração do sesquicentenário da criação dos cursos jurídicos no Brasil (49ª. Sessão, em 10 de agosto de 1977), falou também em nome da corte sobre o conflito entre o humanismo, o multidisciplinarismo e um tecnicismo, coberto por um humanismo tomista, de acordo com a "realidade" presente. A seguir, a citação inicial do discurso:

> Não somente na continuidade dos fatos e dos acontecimentos que consiste a história de um povo; mais ainda, e sobretudo, no desenvolvimento de suas instituições e de suas leis. Ginoulhiac

O discurso afirma que as faculdades de Olinda (Recife) e São Paulo serviram de irradiação filosófica e literária e coloca que estas teriam, na sua visão, promovido "a aceitação plena do 'direito'" como:

> (...) conjunto das condições existenciais e evolucionais da Sociedade, continuamente asseguradas pelo poder público, no dizer de Von Ihering, ou como fator dinâmico em virtude do qual se realiza o acordo das vontades, produzindo a equação dos interesses, na concepção de Teófilo Braga.

O ministro afirma que o arbítrio não teria encontrado guarida na evolução política brasileira, sendo o procedimento legal a tônica nas relações recíprocas entre o Estado e o indivíduo, "prevenindo o despotismo e assegurando a uniformidade da ação política e social, sobre toda a sociedade brasileira — elites dirigentes e massas dirigidas".

Relaciona os juristas entendidos como eméritos, e que tiveram formação jurídica e filosófica, projetando-se na História Política do Brasil

> (...) pelo esforço continuado e heróico dispendido no culto de nossa vocação democrática, afirmação do espírito liberal, formulação das bases éticas e sociais, em que se assentaria o Estado de Direito — Estado Constitucional — que com raros eclipses institucionais — haveria de constituir sempre uma forma de governo que não tem comportado alternativa na consciência política nacional, durante 155 anos de vida independente.

São citados Teixeira de Freitas, seria "o maior jurista do Império"; Rui Barbosa, "paladino da liberdade, do direito e da Justiça"; e outros: Rodrigues Alves, Campos Sales, Prudente de Morais, Afonso Pena, Artur Bernardes, Pedro Lessa, Washington

Luís, Afrânio de Melo Franco, Júlio Mesquita, Delfim Moreira, Castro Alves, Venceslau Brás, Teófilo Otoni, Alfredo Valadão, Galdino Siqueira, José Maria da Silva Paranhos, Tobias Barreto, Nabuco de Araújo, Joaquim Nabuco, Carvalho de Mendonça, Cardoso de Castro, Graça Aranha, Nilo Peçanha, Estácio Coimbra, Eduardo Espíndola, Seabra Fagundes.

Afirma o homem acima do Estado na história brasileira, devendo, em sua visão, a filosofia política ancorar-se no conceito de Max Weber de que:

> A vida humana é deliberadamente vivida para manter a razão acima de tudo, para a racionalização da vida e da cultura total, como a lei suprema do progresso das civilizações, progresso que se traduz na eliminação da violência, do quantum do despotismo e no aumento da liberdade e do respeito à dignidade do homem.

Há constantes referências ao fato de a história brasileira não ter rupturas e sobre a construção de um grande Brasil. Disse o ministro Rodrigo Octávio, na Sessão solene de 19 de março de 1975, que:

> desde os idos de 30, visando a reconstrução de um Grande Brasil, soberano, democrático, fraterno, integrado, onde a liberdade civil, a segurança e o desenvolvimento econômico, político e social — constituíssem a expressão máxima do Estado organizado.

Referiu-se ainda que:

> (...) armada de instrumentos capazes de impedir como em 37 e 64, que a Democracia se tornasse auto-suicida (sic)

e em cujo texto se possa conciliar a irreversibilidade das conquistas revolucionárias...

Refere-se ao Brasil como "oásis de paz, tolerância e progresso em que vivemos" como "Grande Pátria" de "formação cristã, espírito liberal, vocação democrática e justiça soberana".

O ministro Nelson Barbosa Sampaio, nas palavras de saudação na Sessão solene de 19 de março de 1975, em que tomava posse como presidente, mostrou o tipo de liberalismo que pregava, dando corpo à ideia do exercício da magistratura como missão divina, tendo como outra missão a de prezar pela democracia.

Ao tribunal, chamado de tribunal permanente, caberia erradicar a subversão e exterminar o terrorismo evitando, assim, tribunais de exceção e, ainda, protegendo a juventude. Este trabalho, no entanto, estaria certamente

> (...) envolvendo parcelas desavisadas de nossa juventude trabalhada pelo Mao-anarquismo e o leninismo políticos, inconformados e até mesmo apóstatas renegados, transmutando-se da doce pregação evangélica da fé cristã, do aperfeiçoamento pela renúncia à teoria totalitária da transformação pela violência dialética da fé marxista.

O ministro Alcides Vieira, presidente da corte, manifestou-se na 37ª Sessão, de 19 de maio de 1975, sobre a absoluta independência da corte que, segundo suas palavras, não é um tribunal de exceção, mas de justiça: "nós julgamos de acordo com as leis do país e as provas dos autos e não temos que dar satisfação a ninguém". Abordou (reagindo a informações que autoridades militares do Estado do Rio encaminharam, a respeito do tratamento dispensado aos presos políticos na Ilha Grande) um vínculo do tribunal "que não se extingue com a sentença, antes se afirma durante o período de seu cumprimento", afirmando que a lei militar criaria a obrigação de velar por condições compatíveis com a dignidade humana para aqueles que devem cumprir pena. Os presos faziam uma rigorosa greve de fome na Ilha Grande em protesto contra as condições em que viviam e, segundo o ministro, a justiça militar se empenhava em verificá-las para corrigi-las.

Afirma que a lei não vive de intenções, nem mesmo das boas intenções. O exercício claro de justiça se apoiaria em dois princípios maiores: todo cidadão é inocente enquanto não se provar que burlou a lei, e todos, sem exceção, são iguais perante a lei, mas ressalva que, "quanto ao terrorismo e à violência política, todos os países os condenam enfaticamente e de ambos se defendem por todos os meios. Quanto a isto não existem duas opiniões".

Ou seja, apesar das palavras de que a "justiça que humilha preso humilha-se a si mesma, em sua isenção e sua majestade", faz uma diferenciação aos presos políticos.

Na 100ª. Sessão, em 26 de novembro de 1975, a corte era lembrada das vítimas de 1935 e daqueles que em 1968 teriam cumprido seu dever tomando o plenário a seguinte pergunta:

> por que não se manifestam os defensores dos subversivos assassinos em favor dessas vítimas, abandonadas à própria sorte e até famintas? Onde estão esses advogados dos direitos humanos unilaterais? Só cuidam dos presos criminosos e nada sentem nem fazem, por suas vitimas?

A fantasia de guerra mostra-se na ideia de que na URSS há agentes psicopolíticos e a criminosa prática da cirurgia cerebral, inclusive em crianças. Refere-se a Leonid Plutch, cientista de Kiev, que teria sido preso em janeiro de 1970. O encarceramento se deu porque "Sakharov acusou psiquiatras 'criminosos' ao manterem-no no inferno da prisão-asilo de Nietropetrovsk, onde lhe aplicavam o tratamento de haloperidol".

A seguir, Rodrigo Octávio Jordão Ramos fez um pronunciamento sobre a "Intentona Comunista", afirmando:

(...) o comunismo não é fraternidade — é a invasão do ódio entre as classes. Não é a reconciliação dos homens — é a sua exterminação mútua. Não arvora a bandeira do evangelho — bane a Deus das almas e das reivindicações populares. Não dá tréguas à ordem. Não conhece a liberdade cristã. Dissolveria a sociedade.

A democracia seria adotada, marcando o retorno do Estado de Direito, legitimada "por instrumentos constitucionais adequados", visando desenvolvimento econômico, justiça social e integração efetiva das áreas federais e regionais. Fundamentais também seriam as prerrogativas da magistratura...

a mais sólida garantia de um governo da lei em uma Democracia organizada, a consonância das instituições democráticas com as imposições, hoje tão indispensáveis, da segurança, em face de incidência perigosa da contestação ideológica cada vez mais intensa e ativa, por força do comunismo pluralista.

Devia-se, segundo seu discurso, evitar que o "conflito intrassistêmico se transformasse numa contestação antissistêmica".
O debate entre o catolicismo ilustrado e o ultramontanismo, tendo como protagonistas Michel de Montaigne e Blaise Pascal,[251] foi inserido no conflito entre o rigorismo e o laxismo.[252]

---

[251] CERQUEIRA FILHO, Gisálio e NEDER, Gizlene. A Teoria Política no Brasil e o Brasil na Teoria Política. ABCP: PUC-RIO, p. 18. Ver também CERQUEIRA FILHO, Gisálio e NEDER, Gizlene. Idéias Jurídicas e Pensamento Político no Brasil entre Dois Catolicismos: Ultramontanismo versus Catolicismo Ilustrado In Anais do II Encontro Anual do Instituto Brasileiro de História do Direito, Niterói, RJ, 9/12 de agosto de 2006.
[252] CERQUEIRA FILHO, Gisálio, e NEDER, Gizlene. *Op. cit.*, p. 18.

Na 22ª. Sessão de 1976, Montaigne foi citado:

Foi o Exército — grande escola de civismo e proficiência — que fez o que somos; que nos moldou e fortaleceu o caráter; que nos cultivou a mente; que nos fez soldados, chefes e Juízes; que nos incutiu a ciência da bondade (sem a qual, como dizia Montaigne, qualquer outra ciência é prejudicial). Foi o Exército, em suma, que nos mostrou que o essencial na vida, mormente na vida militar, é ser e não parecer que é — embora, como lembrava Carlyle, mais fácil, em regra, é reconhecerem-se as aparências do mérito do que o mérito verdadeiro.

(...) Nesse Batalhão, vivemos horas tormentosas na Revolução de 1930 e na Intentona Comunista de 1935. E quando houve juntado na ESG, sob o comando do insigne Juarez Távora, chefe de marcante influência nas nossas vidas, cuja autoridade compunha-se como a de Turenne, de equipada mescla de indulgência e da humanidade.

Nos dois processos pode ser verificado o conflito entre o tecnicismo e "um julgamento por bom senso".

Os réus do primeiro processo selecionado (Petição — 309 — PR da 01ª Sessão — 11.02.76) foram acusados de organizadores do "famigerado" grupo dos onze, criado pelo ex-deputado Leonel Brizola. O ministro Nelson Sampaio foi relator de um pedido de extensão de Adão Lopes, acusado pelos artigos 20, 30, 24 40 e 41 da Lei de Segurança Nacional e condenado a três anos de reclusão pelo Artigo 36 do Decreto 314/67. A defesa escrita foi realizada por Djalma Garbelotto, não constando sustentação oral.

No acórdão anterior, que absolveu os demais acusados pela formação do grupo dos onze, consta que nunca houve caso de condenação por esta acusação. O acórdão de número 1.236 está escrito da seguinte forma: "Grupo dos 11: a simples coleta de assinatura para a constituição do grupo dos 11, notifica-se no Artigo 36. Se há prova de atividade de tais grupos, por outro lado, não se demonstra o dolo em dispensar a formação desses grupos".

Adão Lopes fugiu do processo, ficando revel, e a falta de seu comparecimento causou juridicamente a impossibilidade de recurso. O réu, à época, precisava recolher-se à prisão para recorrer, o que somente mudou com a lei intitulada Lei Fleury (Lei. 5.971/73).

Apesar de serem fatos anteriores ao Golpe de 64, com parecer do Ministério Público favorável à extensão da decisão de absolvição aos corréus na mesma situação de fato, e tendo o tribunal absolvido os demais acusados, os Sampaio Fernandes, os ministros Faber Cintra, Onório e Valdemar Torres da Costa foram votos vencidos, contra o relator que estendeu o pedido de absolvição, gerando intensa discussão.

Após o voto do relator, o ministro Antonio da Costa pediu a palavra e colocou uma série de dificuldades para a concessão da extensão. Iniciou dizendo que o caso seria simples se houvesse simples desclassificação, se uma das leis novas de segurança tivesse definição mais branda do crime, mas isto não ocorria e, ponto crucial de sua fundamentação, o réu havia fugido, tornando-se revel, o que o impediu e ao Ministério Público de recorrer. Afirmou que poderia pedir a condenação em relação aos artigos em que fora absolvido, tendo se tornado, em sua visão, uma questão de análise de prova, não possível na simples atenção à absolvição dos demais.

A palavra retornou ao relator, ministro Nelson Sampaio, que afirmou: "eu não sou muito favorável às extensões", passando a defender a concessão da medida, pois o fato imputado a esse homem, considerado sem cultura, um analfabeto, era anterior "à Revolução de 64, no tempo do governo de Sr. João Goulart, em que esses presidentes de sindicato e cooperativas tinham toda cobertura".

O ministro compara este caso com outro, em que foi absolvido pelo tribunal um homem que seria "comunista confesso" e que teria tentado o ressurgimento do dissolvido partido comunista brasileiro. O relator conclui reafirmando que "eu não sou muito amigo de extensão não", mas que "botar esse cidadão, agricultor do interior de Santa Catarina, três anos na cadeia, evidentemente eu acho que ele tem direito à extensão, dada pelo tribunal, deste acórdão".

Assumiu a palavra o ministro José Alcides, defendendo a extensão, pois o caso parecia "muito simples, pela reciprocidade mesmo equatorial. Eu não sou nem amigo nem inimigo de extensão, eu sou indiferente; e a Lei é muito clara": caberia a extensão por não se tratar de análise de situações pessoais dos réus.

Questionado ao final, o ministro José Alcides respondeu: "estou comentando com a Lei, é um constrangimento ilegal, é abuso de poder, exigir que esse homem se recolha à prisão para pedir aquilo que a Lei me dá, claramente".

O ministro Antonio da Costa novamente tomou a palavra para defender a negativa da medida, quando foi interrompido pelo relator, que afirmou que Antonio da Costa falava contra a doutrina. Foi assim o diálogo:

Ministro Relator Nelson Sampaio: Então pelo que está dizendo está contra a doutrina?

Ministro Antonio da Costa: [falas simultâneas] não, estou contra tudo, mas estou a meu favor, então paciência; a doutrina aqui no momento é a minha doutrina... experiência de quem terminou as férias e vem animado (ruído)... o meu entendimento é esse. Para não facilitar, para não abrir o precedente para todo indivíduo condenado em crime de subversão, fica comodamente em uma revelia e espera que um outro apele; e o tribunal ao examinar a situação daquele que apelou — porque não pode nem tomar conhecimento da outra — ele então resolva o problema daquele que apelou, e faz tudo quanto a Lei lhe autoriza em função do exame da prova.[253]

Após mais um breve debate, o ministro relator Nelson Sampaio leu uma decisão do Supremo que concedeu um *habeas corpus* para alguém que não tinha recorrido contra uma decisão do STM. Provavelmente por crime militar comum, já que o *habeas corpus* encontrava-se suspenso para crimes políticos. Mesmo assim, o ministro Antonio da Costa não se convenceu, colocando novamente o empecilho de que o Ministério Público (que havia opinado favoravelmente à defesa nos autos) poderia apelar, pois não havia trânsito em julgado, no que o relator retrucou, sobre o caso que falava do Supremo:

> Ah, meu Deus, tinha passado em julgado, Ministro! Passou em julgado em relação a esse, não tomou conhecimento o Supremo! Passou, esse tribunal (murmúrio) que não recorreu da decisão do tribunal!

A votação foi rápida e estendido o pedido de absolvição.

O terceiro processo selecionado merece análise conjunta com este primeiro. É o recurso criminal 4.993 do Estado do Rio de Janeiro, de que foi relator o ministro Alcides de Carneiro e foi levado a julgamento na 3ª. Sessão — 13.02.1976. Recorria Alcir Dutra Barbosa, condenado a pena de um ano e seis meses de reclusão, como incurso nos artigos 11 e 12 do Decreto-lei 1.802, de 1953, por sentença do CPJ da 1ª Auditoria de Marinha da 1ª CJM, no dia 10 de abril de 1969.

---

[253] Gravação de Petição — 309 — PR da 01ª Sessão — 11/02/76.

Assim como no primeiro caso, neste também o réu ficou revel. Sua advogada recorreu, alegando estar prescrita a execução da pena, o que o auditor indeferiu. O recurso, portanto, era sobre a prescrição, não sobre a condenação.

Dada a palavra ao relator, ministro Alcides de Carneiro, este fez um longo relato do processo, lembrando o general Peri Beviláqua, que chamava de "a barca das quatro" a forma de acusação do Ministério Público, que somava vários artigos da antiga Lei 1.802 para forçar a competência da Justiça Militar, antes do AI-2.

Afirmou ainda que, antes dos atos institucionais, os dispositivos que estavam em vigor foram aplicados em "hora de crise emocional, na hora da revolução" tendo o STM filtrado os julgamentos, principalmente em face dos julgados que vinham da auditoria de Juiz de Fora, "em que eram muito exageradas as penas, o tribunal foi reconsiderando, reduzindo pena de 17 e 20 anos".

Pediu a palavra o ministro Valdemar Torres da Costa, defendendo que o processo de réu revel, enquanto não se recolhesse à prisão, deveria ficar suspenso, fazendo a seguinte afirmação:

> (...) O Ministro Peri Beviláqua, o que se chamava? A barca das quatro, bom, mas aí, aquela coisa, não me pus a desprender desse tecnicismo, não sei, para mim, é o tal problema, de estar exposto na Lei, uma vez denunciado o indivíduo, uma vez julgado, enquanto o Ministério Público não foi intimado para a absolvição desse crime, esse crime é passível de reexame da segunda instância.

O ministro Valdemar Torres da Costa argumentou, ainda, que não poderia subtrair do Ministério Público o direito que "está na Lei" de apelar, porque a lei teria submetido "o recurso da apelação a uma formalidade, que se chama uma intimação".

O debate se acirrou ao ponto em que o relator Alcides de Carneiro fez a seguinte afirmação, defendendo a concessão do pedido da defesa:

> (...) o que seria um absurdo, a Lei não permite, nem poderia permitir se vê uma iniqüidade, de forma que meu voto é, pode ser, não é um voto liberal, não pode se dizer nem um voto humanitário, não, é um voto de bom senso, não quero dizer aqueles que votarem contra entenderem do modo contrário, que não estão votando também com o bom senso, mas eu, é o meu critério pessoal, eu defiro que considero extinta a punibilidade pela prescrição da condenação.

O ministro Valdemar Torres da Costa respondeu: "Data vênia ao relator é uma questão de não ultrapassar a lei...". Novamente, por maioria de votos, foi concedido o pedido da defesa.

O segundo processo, apelação 40.801, do Estado do Rio de Janeiro, foi levado a julgamento na 2ª. Sessão de 12.02.1976, sendo relator o ministro Amarílio Salgado e revisor o ministro Rodrigo Octávio. Consta como advogado Técio Lins e Silva.

A Procuradoria Militar da 1ª. Autoria da Aeronáutica apelava contra o Conselho, que absolvera Outono Fernandes Guimarães dos crimes previstos nos artigos 25; 27; 47; 46 do Decreto-lei 898, por ter, segundo a organização, integrado o quadro da Aliança Libertadora Nacional (ALN) em São Paulo a partir de 1969, como parte da rede de apoio da organização. Descrito como "elemento gritante da organização", na lista dos bens com ele apreendidos constam trechos de Mao Tsé-Tung, guarda de materiais e armas, fabricação de coquetéis molotov para serem entregues em guerrilhas urbanas e assalto a banco em Minas Gerais. Documentos do denunciado com nome falso foram encontrados em quarto alugado na Rua Marquês de Valença.

O registro da sessão encontra-se cortado, após a fala do relator e revisor, pela sessão secreta, ficando parcialmente prejudicada a análise. Destaca-se que, na parte que está disponível, constam indícios de tortura pelo delegado Sérgio Fleury, pelo comandante Amorim do Vale, agente do Departamento de Ordem Pública e Social (DOPS), pelo agente Teixeira, do Exército, e por Aldemar Rodrigues Neves.

A palavra foi dada ao relator, o ministro Amarílio Salgado, que fez um relatório em que se destaca:

> Os dois oficiais ouvidos que foram substituídos, capitão Ademar [inaudível] capitão-tenente José Roberto nada sabiam e que os depoimentos do acusado foram prestados livremente, sem qualquer sevícia ou coação, porque esse acusado ora recorrido, alegara coações, sevícia e essas duas testemunhas desmentem o acusado, embora nada saibam, nada soubessem, nada podiam esclarecer. Ora, o conselho verificou então o seguinte: diante desses três depoimentos, diante dos elementos dos autos, que tudo isso foi totalmente negado em juízo; além disso, os depoimentos das testemunhas ouvidas que apenas declararam haver presenciado as declarações, então, desmentido assim, que houvesse o acusado, o apelado, sofrido qualquer sevícias; e por mais que se vasculhem os autos, não consegue o conselho comprovar a materialidade dos argumentos apontados na denúncia. A prova não é precária, é precaríssima; inexistente.[254]

A palavra foi então dada ao ministro revisor Rodrigo Octávio, que começou chamando o processo de "um verdadeiro romance" iniciado por meio de outro processo, em que Outono Guimarães

---
[254] Gravação de apelação 40.801 2ª. Sessão de 12/02/1976.

Fernando Junior já havia sido condenado à prisão perpétua, tendo redução posterior pela desclassificação do delito, para seis anos e meio de reclusão. "Outono, apesar dos seus 2 metros de altura, foi seviciado." Após um comentário, "é uma confusão bem confusa", há uma sequência de risos.

Após a fala de ambos, a sessão se torna secreta com uma única notícia: réu absolvido.

O terceiro processo, revisão criminal 1.125, julgado na 31ª. Sessão de 16/05/77, relatado pelo ministro Lima Torres e tendo como revisor o ministro Rodrigo Octávio, tratava de Mário Miranda de Albuquerque, condenado por desclassificação a quatro anos de reclusão, incurso no artigo 43 do DL 898/69 por acórdão do STM de 2 de outubro de 1972, que pedia a revisão do processo, por intermédio do advogado Álvaro Augusto Ribeiro da Costa. A defesa argumentava que o crime de tentar organizar partido proibido, sendo um crime de efeitos permanentes, não poderia resultar em duas condenações em processos diferentes. Ou seja, o réu foi condenado duas vezes por tentar reorganizar o Partido Comunista Brasileiro Revolucionário (PCBR), em razão de terem sido "estourados" dois apartamentos, aparelhos, sedes provisórias do partido, ambos no Recife, com diferença de seis meses entre os atos. Argumentava que se tratava do mesmo ato, e não de dois crimes, e em razão disso havia uma dupla condenação.

O ministro Rodrigo Octávio, após o relator, fez longo relato do caso, defendendo seu voto, mesmo antes de votar o deferimento da revisão, e deu conta de registro de tortura nos autos, afirmando:

> (...) mas fato mais grave, talvez, suscite o exame da Apelação 39.155, oriunda as acusações feitas aos policiais Domingos de Brito Lima, Fausto Venâncio da Silva e outros (...) na auditoria da sétima TJE, com Maria Barros dos Santos, Maria Ivone de Souza Loureira, Livia da Silvia Guedes, Carlos Alberto,

por sevícias e de torturas feitos a ele e a Odija Carvalho de Souza, podendo ter causado sua morte.

Na defesa da salvaguarda de direitos e garantias individuais expressa no Artigo 173, Parágrafo 14, como consequência de nossa formação humanística e espírito democrático e tradição geral assim como do compromisso assumido na Declaração Universal dos Direitos do Homem, aprovado na Assembléia Geral das Nações Unidas, em que pese o atestado de óbito afirmar que a causa mortis tenha sido embolia pulmonar (...) tal crime, se houve, deverá ser devidamente apurado; tanto mais que nem sequer houve autópsia, e o corpo foi enterrado com o completo desconhecimento da família.

Esse rapaz, preso a 28 de janeiro, faleceu a 8 de fevereiro, no hospital da policia militar; houve um requerimento para abertura do IPM e consequente autópsia. [inteligível] o Conselho de Justiça denegou: não deixou fizesse nem inquérito nem autopsia.

É preciso que se diga de maneira clara e insofismável que o governo ou as forças armadas não podem responder pelo abuso e ignorância de meia dúzia de fanáticos e irresponsáveis, que usam de torturas e sevícias para obter provas comprometedoras no apoio de servir a estrutura político-jurídica existente. Essa petição não teve a consideração devida pela procuradoria militar, foi motivo até de deboche na procuradoria militar.

Diz a procuradoria: não vejo razão para tanta celeuma em torno falecimento do cidadão Odija de Carvalho Souza, que usava o falso nome de Wilton Alencar e outros e se estendia nos meios partidários que agitam este país sobre a ação política e nos meios sindicais...

É lamentável também que o conselho de justiça, por maioria, contra os votos dos capitães Celso Soares e Iná Francisco Ferreira, podendo verificar com mais profundidade as acusações relativas ao espancamento de Odija pelos policiais Domingos de Brito Lima, Fausto Venâncio da Silva e outros, tenha deixado de fazê-lo, manifestando nos seguintes termos:

O Conselho Permanente de Justiça do Exército resolve por maioria de votos não determinar a abertura de inquérito policial militar solicitado pela petição de folhas 223 do anexo 03, uma vez que às folhas 27 encontra-se certidão de óbito que teria falecido as 5:30 no hospital militar. Resolve ainda por maioria de votos não determinar a abertura de IPM requerido pela petição da esposa face ao que chegou pelos peritos que concluiu às folhas 249 não podendo confirmar as lesões. Chegaram à conclusão que pelo tempo não poderiam achar as marcas das sevícias todas.

Chamo atenção, que são seis indivíduos, a acusada, esses 2 os policiais. As circunstâncias de não haver sido feita autópsia e do sepultamento ter sido feito de forma clandestina, sem aviso a pai, mãe, esposa e etc., gera graves suspeitas.[255]

O relator, ministro Lima Torres, fez também um voto longo, mas contra o deferimento da revisão, destacando que o réu confessou ter alugado os apartamentos e ser "um velho integrante da

---

[255] Gravação do julgamento. Revisão criminal 1.125, julgado na 31ª. Sessão de 16/05/77.

subversão". E, mais adiante, que "ele reconhece que a casa estava alugada para ele, para este fim. Ele não é nenhum ingênuo, nenhum inocente útil, não. Ele é do PCBR, dessa faixa de subversão, desde menino, e não deixou de ser, não. Vai continuar sendo".

O relator aproveita para ressaltar uma suposta liberalidade anterior do STM.

> Já se viu que nesse processo o nosso acórdão, data-venia, é bastante impreciso. Deu chance à defesa a ele se referir com todas as reservas, porque o acórdão realmente por focalizar o comportamento e a prova, que é abundantíssima, é fotográfica, é de confissão, ele não discute nesse processo. No outro ele não discute, mas também não teria sido ouvido, a defesa dele é que não discute. Mas nesse ele foi ouvido.[256]

O relator argumenta que não poderia acolher a tese de ser um crime permanente, pois sendo assim, os réus estariam "vacinados" para cometer vários crimes sem condenações pelo Judiciário. Passou a usar o argumento de que o tribunal não poderia julgar por benesse ou humanismo, mas somente com a lei.

> O que ele pretende, está inteiramente desamparado da lei. Eu só posso dar aquilo que a lei me autoriza a dar. Se no processo da revisão, o revisando deve demonstrar, isso, isso, isso e isso.

> E se ele não demonstra aquilo que a lei exige, eu não posso dar como dádiva, eu não tenho autoridade, os tribunais não podem ainda julgar por benesse; o tribunal julga de acordo com a lei. E se a lei não lhe autoriza dar senão aquilo, se ele tiver direito, se lhe dá. No caso, não houve erro, não houve

---

[256] Gravação do julgamento.

apreciação equívoca. Que a apreciação foi daquele ato criminoso. Houve equívoco do tribunal quando não apreciou por inteira sua condenação anterior. Aí o tribunal se equivocou e lhe deu um benefício em seu favor, uma condenação que apagou, sem dizer por quê, 5 anos, pelo artigo 46, que era também evidente, era tão gritante quanto foi no processo anterior, cujo acórdão eu acabei de ler para Vossas. Excelências.[257]

Após os argumentos acima, voltou a fazer observações quanto ao réu. Afirmou que "Mario, é meridianamente claro de que se trata de um individuo empedernido na subversão, ele é um convicto, a expressão é essa mesmo. Não há como ajustar ao texto legal o seu pedido".

Quando vai se referir à tortura, seu respeito à lei não fica assim tão ortodoxo:

As torturas ficaram alegadas no processo. Ficaram efetivamente alegadas.

Esse, o Odjas, teria sido preso no fim de janeiro, faleceu segundo o atestado de óbito, por não-sei-o-que pulmonar... embolia pulmonar. Não houve realmente corpo de delito, não houve exame, não houve necrópsia, mas isso só veio ao conhecimento das autoridades judiciárias por ocasião dos interrogatórios, onde eles alegavam sevícias e apontavam esse fato desse senhor ter sido morto. Diziam mesmo: foi morto, a polícia matou!

Oras, em primeira instância, em primeiro grau, há 5 ou 6 anos atrás, isso é de 70-71, tem sete anos, foi feita essa alegação.

---

[257] Gravação do julgamento.

O conselho se recusou a dar seguimento, não deu validade àquela alegação. Veio para esse tribunal, esse tribunal num e noutro processo não tomou nenhuma providência, não se impressionou pelo menos, não disse nos acórdãos nada a esse respeito. Eu não me animo agora nesse pedido de revisão, mexer no problema, porque me parece que me carece competência para tal. Dois acórdãos desse tribunal já se manifestaram em torno de toda prova do processo, num e noutro... já examinou tudo isso, já viu tudo isso e não tomou nenhuma providência, não serei eu, o relator no processo de revisão, numa revisão que eu vejo desamparada da lei, a lei não a ampara, exatamente porque a lei manda que eu não tome conhecimento, quando o pedido de revisão não se ajusta àquele escândalo daquelas exigências legais, eu não posso me animar agora a mandar abrir inquérito ou mandar apurar a morte ocorrida há 7 anos atrás deste Odijas, que é atribuída a pessoas da policia.

Eu posso até admitir, em termos pessoais e lamentar mesmo por isso profundamente, que tais fatos possam ter ocorrido, posso até admitir que eles devessem ter sido na época devidamente apurados. Mas agora, seria de aspecto muito fora de propósito. Eu me sentiria deslocado se adotasse providências com o sentido de se apurar coisas de 7 anos que não foram apuradas, não foram cogitadas, pela primeira instância, e por este tribunal, eu agora, me sobrepor a esse entendimento desse tribunal à época, para como que corrigir esse tribunal, mandar que se apurasse agora. Eu não me animo a isso, e acho absolutamente fora de propósito.[258]

---

[258] Gravação do julgamento.

Passada a palavra ao ministro Rodrigo Octávio, este profere longo voto pela concessão da revisão, afirmando que o STF, por intermédio do ministro Xavier de Albuquerque, teria respondido no plenário contra o argumento que os réus ficariam "vacinados", demonstrando que se trataria simplesmente do reconhecimento de que haveria duas condenações pelo mesmo fato.

Quanto à tortura, afirmou:

(...) nunca é tarde para se ter justiça. Está provado, por que não se fez autópsia, por que se segregou o corpo, não se entregou à família? Ninguém responde essa indagação. A própria família com petição dentro do processo e o defensor só foi tomar conhecimento em 28 de março, ele morreu em 8 de fevereiro.[259]

Um longo trecho do voto merece destaque:

Em relação aos réus Maria Ivone de Souza Moreira, Carlos Alberto Soares, Lívia da Silva Guedes e Rosa Maria Bastos Santos, que tinham sido condenados pelos mesmos fatos em outra apelação também em Recife [ininteligível] quando procuravam reorganizar o PCBR, reorganizar, não organizar o PCBR, pois não tinham organização. O PCB, que foi dissolvido e o PCBR estavam tentando organizar no Nordeste uma organização político-militar de caráter partidário que visa a tomada do poder político através da guerra revolucionária, através da participação de estudantes e operários, para implantar o regime socialista leninista-marxista. Considerando para o fim atendidos os requisitos da revisão, requerida consoante o art. 550 e letra c do art. 551 do CMP, quer dizer erro de

---

[259] Gravação do julgamento.

avaliação, não se levou em conta o problema da coisa julgada, considerando que o Supremo Tribunal Federal, no Recurso Criminal 1.201, no plenário em 5 de junho de 1974, decidiu que as ações realizadas pela mesma organização subversivas, tipificadas ou não na mesma ação penal, caracterizam crime permanente por consequência cassada a segunda condenação pela mesma ação. [ininteligível] Considerando que os depoimentos dos réus, em sua maioria, como além afirmar as continuadas sevícias sofridas pelos mesmos e ainda por Odijas Carvalho de Souza, morrido 10 dias após a prisão, este rapaz de 25 anos, morre por embolia pulmonar, tendo sido seus possíveis autores policiais Domingos de Brito Lima, Fausto Venâncio da Silva e outros pelo art. 121 parágrafo 2, 3, a 4 do COM, agravada a suspeita por não ter havido comunicação à família, não ter sido realizada a indispensável autópsia que poderia confirmar a morte com violência ou não, apesar de petição da família, voto no sentido de reconhecer a coisa julgada — Nos termos do art. 40 inciso 21 e do art. 442 do CPPM remeter as peças, depoimentos, únicas provas que se tem hoje, que são as provas testemunhais pois as provas materiais o tempo já levou, relativas às torturas sofridas por ação dos policiais Edmundo de Brito Lima e Fausto Venâncio da Silva que teriam causado a morte de Odijas Carvalho de Souza 10 dias após a prisão. Trata-se de assegurar a própria sobrevivência do ordenamento jurídico posto pela emenda constitucional de 1969 e legislações subsequentes, pela exata observância do art. 153 que define as garantias e direitos do cidadão e a liberdade individual inerente a todo estado democrático onde as leis governam e não os homens com antileis. É também obrigação que devemos ao nosso espírito jurídico, à nossa formação como nação, nossa tradição democrática e liberal e ao compromisso assumido na declaração universal dos direitos do homem aprovada na 3ª Assembléia Geral da ONU de 1948, de que o Brasil é signatário, não podendo ser arquivados os fatos relatados no judiciário, fazendo assim mais uma vez justiça, fazendo seu papel básico na democracia de salvaguarda de todos os valores humanos e políticos, afirmando a supremacia do direito como ordenação humana, de forma mais uma vez a consagrar a liberdade sob a lei, fortalecida a normatividade jurídica capaz de assegurar o bom senso indispensável a sua perpetuidade político social.[260]

É passada a palavra ao ministro Valdemar Torres da Costa, que destaca que "parece que os recursos postos na lei processual têm a sua oportunidade", passando a longos argumentos contra a revisão. Passa também a centrar-se em argumento técnico sobre a lei, mas nenhuma palavra profere quanto às denúncias de tortura.

Não seria através de um pedido de revisão que, como bem disse o eminente ministro relator, tem os seus requisitos impostos em lei, para que não sirva a revisão de eterno remédio aos inconformados contra as decisões da justiça. Evidentemente o caso do peticionário desta tarde, desta revisão, em que pese o louvável trabalho, exaustivo, sem dúvida, realizado pelo eminente ministro revisor, animado sem dúvida, dos melhores princípios humanos que lhe exortam a personalidade, mas este peticionário está desamparado por estes textos legais.

A revisão não pode ser requerida e muito menos concedida a pretexto de piedade ou de humanidade para com os culpados.

---

[260] Gravação do julgamento.

Aqui se deferem as revisões, não por piedade aqueles que pedem. Mas aos que trazem ao tribunal elementos indiscutíveis que representam os requisitos com os quais a lei faculta exame da revisão e até o seu deferimento.

Eu entendo, data venia, desse brilhante trabalho, que também é sem duvida o excelente resultado de um esforço extraordinário do nosso ilustre colega, Ministro Rodrigo Octávio que, como relator e como voto ministro relator, nas circunstâncias em que é pedida essa revisão, com a inexistência de elementos que a justifiquem, realmente não há outra solução de natureza jurídica, data venia, do que não se tomar conhecimento... porque só se deve tomar conhecimento daquilo que tem amparo na Lei e não aquilo que possa servir de pretexto de recurso de qualquer um inconformado com a decisão da justiça.[261]

O dogmatismo, aqui, se apresenta como uma grande missão da luta permanente do tribunal que, por meio do argumento legal, optou por não tomar conhecimento das denúncias de tortura, apesar do voto de um ministro, general do Exército, dar conhecimento de provas, ou ao menos graves indícios de sevícias. Ao contrário, a lei é "adaptada ao caso concreto": por questões técnicas, é possível desconhecer pedidos da defesa e até mesmo ignorar torturas.

---

[261] Gravação do julgamento.

CAPÍTULO 8

O Dogmatismo Individualista

Este dogmatismo, como hipótese do trabalho, foi implantado pela reforma de 1930. Ele veio substituir a ideologia do higienismo, que se propunha conduzir o país "à civilização" e, utilizando o suporte médico e "científico", deu à classe dominante "legitimação apriorística das decisões quanto 'às políticas públicas a serem aplicadas no meio urbano' (...) e suporte ideológico para a ação saneadora".[262]

Este discurso tecnicista substituiu o viés médico que sustentava o Direito. Gizlene Neder destaca que a emergência da Criminologia,

> (...) no quadro específico das formações sociais européias, decorre da necessidade de legitimação da dominação burguesa, fortemente contestada na virada do século. A busca da "cientificidade", no caso a Criminologia, significa a elaboração de um discurso capaz de garantir a hegemonia burguesa junto às classes subalternas, tecendo o consenso.[263]

---

[262] CERQUEIRA FILHO, Gisálio e NEDER, Gizlene. *Op. cit.*, p. 35.
[263] NEDER, Gizlene. *Op. cit.*, pp. 18-19.

Neder aponta a busca de legitimidade pelo discurso jurídico no Brasil, da hegemonia de Antonio Gramsci (dominação e consenso) no pensamento europeu, que tinha na emergência da Criminologia a "cientificidade" sob influência do pensador italiano Cesare Lombroso, à tentativa de legitimação da dominação burguesa, fortemente contestada na virada do século. No Brasil, a Criminologia relacionou Lombroso às teses da miscigenação racial e às lucubrações sobre a presença de negros nas cidades brasileiras, atreladas ao evolucionismo e ao racismo, para tentar formar a ideia do "criminoso brasileiro".

Um aparato de estado foi construído para sustentar este viés, como destaca Gizlene:

> Entendemos que as modificações por que passaram as instituições judiciária e policial no momento estudado refletem este processo de construção burguesa. Tais modificações configuram-se de modo especial, na reforma ocorrida em 1902 e em 1907, através do decreto no 6.440, de 30 de março (que institui o serviço médico-legal e o de identificação e estatística, a guarda civil e a polícia marítima) e da criação da Escola de Polícia, em 1912.[264]

O que os autores não apontam é que em 1930 o discurso hegemônico que iria se montar não seria mais o da "cientificidade" na Criminologia, mas o de um dogmatismo radical, a-histórico e a-sociológico, em um prosseguimento da "consolidação conservadora da dominação burguesa no Brasil",[265] que Florestan Fernandes se dedica a estudar, em "Revolução Burguesa no Brasil". Sérgio

---

[264] NEDER, Gizlene. *Op. cit.*, p. 21.
[265] FERNANDES, Florestan. A Revolução Burguesa no Brasil: Ensaio de Interpretação Sociológica. 5ª ed., São Paulo: Globo, 2006, p. 245.

Buarque de Holanda, em "Raízes do Brasil", ao abordar o "bacharelismo", vinculando as carreiras liberais "ao apego quase exclusivo aos valores da personalidade",[266] próprio da minoria, destaca: "o bom sucesso do positivismo entre nós e entre outros povos parentes (...), as definições irresistíveis e imperativas de Comte" pelas quais o "mundo acabaria irrevogavelmente por aceitá-las, só porque eram racionais, só porque a sua perfeição (...)".[267] Estas chegaram a "formar a aristocracia do pensamento brasileiro, a nossa intelligentsia".[268]

Carlos Aguiar, em sua obra "Criminologia e Direito Penal em Roberto Lyra e Nélson Hungria: uma proposta indisciplinada", constata que parte do enfoque jurídico-penal hegemônico no país é de caráter conservador e caminha no sentido de preservar boa dose do arbítrio consagrado na ditadura estado-novista. Apesar de o pensamento jurídico-penal ter assumido, desde então, um aspecto mais sofisticado e dissimulado, ainda assim permanece no Estado de Direito o viés dogmático, normativo e tecnicista.

Analisando as ideias de Nélson Hungria e Roberto Lyra, que contribuíram decisivamente, como homens de seu tempo, para o redirecionamento do pensamento jurídico-penal no Brasil, Aguiar aponta que na "sociedade brasileira, pós-1945 principalmente, há uma dócil recepção da doutrina de segurança nacional".[269] Esta "dócil recepção" implica a própria contradição do Estado Democrático de Direito que, embora tendo como regulador um direito de corte liberal conservador, adota "docilmente" a doutrina de segurança nacional, que contribui em muito para o exercício normativo, dogmático, do pensamento jurídico no que diz respeito, particularmente, ao "inimigo número um" do "regime democrático", que seria o comunismo.

---

[266] *Ibidem*, p. 157.
[267] *Ibidem*, p. 158.
[268] *Ibidem*, p. 158.
[269] BATISTA, Nilo. Fragmentos de um discurso sedicioso In Revista Discursos Sediciosos. Rio de Janeiro, Relume Dumará, 1996, p. 71.

As consequências não estão somente dentro do ensino jurídico, mas na formação de novos legisladores. É necessário verificar quais os reflexos desta estratégia no Golpe de 64 e na preponderância de São Paulo (USP — Largo de São Francisco) na formulação jurídica da "doutrina de segurança nacional". Os julgamentos ocorridos no STM, do AI-5 à anistia, formam um material importante para este propósito.

O STM é formado por dez militares de diferentes forças, cinco civis togados e os advogados de presos políticos. Os juízes civis representam o encontro entre o dogmatismo e as ideias militares. Os advogados, de uma formação multidisciplinar, que os ligava à História e à Sociologia. Basta verificar a presença, entre estes, dos nomes de Evaristo de Morais Filho e Nilo Batista, para perceber que naquele pequeno grupo se continha o que a reforma de 1930 não havia conseguido sujeitar.

Os efeitos daquela estratégia talvez sejam reconhecíveis, ainda, no autoritarismo do Judiciário atual que, muitas vezes, é mais radical do que foi o próprio STM em pleno regime ditatorial. Certas decisões de hoje no STJ em relação ao mais importante meio processual do cidadão pela liberdade, o *habeas corpus*, se confrontadas a atos do STM nos anos 1970, evidenciam a importância da comparação e do estabelecimento de uma linha histórico-ideológica consistente entre o dogmatismo pós-30, os julgamentos de presos políticos e a época atual.

Houve um momento do regime militar de 1964, quando não se concedia liminar em *habeas corpus*, por não ser previsto em lei, em que foi aberto um primeiro precedente, em favor de Mauro Borges Teixeira, governador de Goiás, por intermédio do ministro Gonçalves de Oliveira. Em contraposição, o fundamento de recentes decisões do STJ cria óbices legais ao instrumento,[270]

---

[270] HC 57.270 — CE, DJ 23.05.2006. HC 53.298 — PI DJ 23.05.2006.

fundamentando a falta de previsão legal para negativa de liberdade. Um *"dura lex, sed lex"*.

São inúmeras as decisões judiciais que mostram o dogmatismo e o autoritarismo vindos da ideologia formada pelo disciplinamento das instituições de ensino de que saíram os quadros do poder, e também as comparações que podem ser feitas, neste particular, entre as décadas de 1930, 1970 e a atualidade.

Este não pode ser um fenômeno esquecido pela ciência política. Esta cisão entre Ciência Política, Sociologia e Direito é constantemente colocada nos tribunais, no exercício do poder, quando, por exemplo, se tentou impedir que cantores de *funk*, pobres, excluídos, fossem investigados pelo simples fato de cantar. O voto oral do desembargador Murta Ribeiro, na sessão de julgamento, é um bom exemplo.

> (...) Na verdade, o habeas-corpus (...) Nós sabemos a sua natureza jurídica. Muito antes de dizer que a direita do Direito penal ou da esquerda do Direito penal, isso aqui não está em jogo neste momento. O habeas-corpus tem a sua natureza, a sua finalidade. Ele surgiu para garantir o Direito de ir e vir do cidadão, foi alargado pela jurisprudência, tem sido empregado em campos mais largos. (...) Mas, na verdade, nós não temos como dizer que a investigação policial sobre fatos relevantes (...) Porque dizer que isso é uma expressão da cultura, daquela cultura limitada dos excluídos, politizando a idéia do exercício do Direito da liberdade, não é assim que vai fazer por um Habeas-corpus. Porque o Habeas-corpus tem sua finalidade! Nós não podemos cercear o Direito de investigação policial (...) Portanto, eminente presidente, a minha situação é de que eu não estou sendo político da direita ou político da esquerda, não estou querendo fazer o social prevalecer sobre o Direito legislado, mas eu estou

querendo dizer da posição técnica jurídica que o habeas-corpus não se prende a essa finalidade que o ilustre advogado da tribuna tão bem defendeu (...) Não há essa visão absoluta de que no habeas-corpus se poderia enveredar pelo social. Nós aqui, juízes, iríamos poder então dizer "não, se o Estado não cumpre a sua obrigação, este excluído pode tudo". Data vênia, não pode não. Eu acompanho o relator.

Este dogmatismo jurídico é inodoro, incolor, facilita o *self-service* normativo e a

> vulgarização do pensamento político positivista e pragmático, chegando ao clímax das tecnicidades, casuísmos e considerações cínicas contra a filosofia e a ética assentadas em princípios mínimos da legalidade para todos.[271]

Aquele projeto universitário, parte do projeto político da construção de nação e do ideário liberal, contribuiu para formar um novo indivíduo social, o que deve ser levado em conta. Morse assinala que "a crise da razão se manifesta na crise do indivíduo, como agente do qual se desenvolveu". Aqui é perceptível que

> (...) a consciência e a ciência, em seu compromisso histórico, resvalam para novas definições. A consciência, originalmente uma noção teológica, converteu-se em "individualismo", uma noção política ou sociológica.[272]

Alguns aspectos do projeto liberal, de que a reforma universitária foi parte, devem ser observados. Quem compôs o quadro

---

[271] CERQUEIRA FILHO, Gisálio. *Op. cit.*, p. 30.
[272] MORSE, R. *Op. cit.*, p. 121.

formado pelo dogmatismo? Qual a personalidade dos novos quadros do poder: dogmáticos, inseridos em um "respeito à lei", distantes, frios? Morse vê no Marquês de Sade o "profeta" que

> previu as implicações totalitárias da liberação do indivíduo burguês da tutela da tradição e das instituições, da emancipação de sua mente da "orientação de uma outra pessoa".[273]

O autor ainda destaca que a ciência tornou-se razão, um termo "despojado de pureza associada com a ciência galileana ou cartesiana, utilizado para manipulações e inserido numa relação de controle muito ambivalente com o individualismo".[274]

Tal conjuntura representaria uma "transição kantiana da heteronomia para a autonomia" que teria implicado uma afinidade entre conhecimento e planificação que, por sua vez, acabou por racionalizar todas as facetas da existência burguesa, "resgatando a pessoa do governo de outras pessoas para entregá-la aos ditames da conveniência". Importante trecho da obra merece destaque, sobre os vínculos entre a burocracia, a universidade e o atletismo, assim como o exercício administrativo como forma de tortura, o que se aproxima do exercício absolutamente técnico (desumano) dos novos quadros do Poder Judiciário:

> O atletismo, a burocracia ou a organização universitária de nossos dias, que regulam a interação de um modo tão preciso para que nenhum jogador tenha dúvidas sobre seu papel, encontram um precedente exato nos grupos sexuais da Juliette de Sade, os quais "empregam proveitosamente cada momento, não descuidam nenhum ofício e cumprem todas

---

[273] MORSE, R. *Op. cit.*, p. 121.
[274] *Ibidem*, p. 121.

as funções", totalmente no espírito da atividade intensiva e determinada da cultura de massas. Dificilmente será preciso aqui recordar que, embora os carcereiros ibero-americanos sempre tenham tratado com crueldade seus prisioneiros, eles recorrem a métodos anglo-americanos quando pretendem obter a distância psíquica e a equanimidade necessárias para aplicar a tortura como uma técnica administrativa. Mais do que os "fascistas", os anglo-americanos conseguiram converter a guerra num exercício administrativo de desfolhamento e demolição executado sem ódio nem heroísmo, bem dentro do espírito do funcionário da Colônia Penal de Kafka. A guerra, segundo a descrição geral de nossos veteranos, é "apenas mais um trabalho". O sadismo, em outras palavras, não é mera crueldade, mas o prazer intelectual de atacar a civilização com suas próprias armas, amor intellectualis diaboli. A piedade e a compaixão se tornam desonrosas.[275]

Morse observa que o indivíduo, em sua emancipação ocidental, permitiu-se substituir os deuses por expressão pré-cognitiva, na transição da música de Beethoven (que representa a plenitude da individualidade com o poder da coletividade) para a de Wagner, Richard Strauss e Tchaikovsky (que glorifica o indivíduo autônomo e acaba reduzindo-o a consumidor de ideias e estilos arbitrários). Morse destaca o que a sala de concertos ou o teatro de ópera burguês representa como cenário privilegiado para a reunião de indivíduos monadistas e entediados, encerrados pela música em fantasias privadas e ao mesmo tempo experimentando uma ilusória participação. Mostra como o narcisismo desencadeado pela música erudita tem seu paralelo em nosso século no jazz, no *country*, no *rock* e na *disco-music*, encontrando o antagonismo nas vibrantes escolas de samba do Rio de Janeiro, que agrupam.

---

[275] MORSE, R. *Op. cit.*, pp.120-121.

Minimamente intrigante é o fato de cerimônias de posse de promotores, quadros formados nos efeitos duradouros da reforma, serem realizadas, no Rio de Janeiro, no Teatro Municipal, ao som de Jesus, Alegria dos Homens, de Bach, que buscava a perfeição criando música para servir a Deus. Era luterano e teve educação religiosa severa. "Suas inovações audaciosas" nos prelúdios de órgão, como organista da igreja de Muehlhauser (na Turígia) deram razões aos pietistas contra os ortodoxos. Bach deixou de se casar com a filha de Buxtehude (costume da época), e por isso deixou de sucedê-lo na igreja. Casou-se com a prima Bárbara, motivo de escândalo, e após sua morte, com Ana Magdalena, acabando a vida com muito prestígio na Igreja de Santo Tomás e Leipzig.

O projeto bíblico-enciclopédico também é citado por Gisálio Cerqueira Filho, ao notar que o movimento religioso do pietismo criou uma passagem da epistemologia para a religião e se consumou em uma estética. Este movimento refletiu o descontentamento em relação aos rumos do protestantismo luterano. Seria a reforma dentro da reforma, e segundo Gisálio, de crucial importância para a cultura germânica, influenciando Kant, Schreber... O pietismo contou, da mesma forma, com um conjunto de músicos — Bach, por exemplo, além de Schreber — que ajudaram a propagar emocionalmente a sua ideologia. As vinculações educacionais com a religião e a raiz religiosa das faculdades do Recife e São Paulo devem ser lembradas aqui.

A propagação das ideologias também é teatral, conta com o cinema e se crava na emoção e na fantasia. "Minha música não significa apenas música! Mas muito mais, infinitamente mais", falava Richard Wagner, que teve sua obra, depois, utilizada pelo nazismo.[276] Trabalhava o imaginário.

---
[276] CERQUEIRA FILHO, Gisálio. *Op. cit.*, p. 60.

O conceito de ideologia em Marx passou por várias etapas de desenvolvimento intelectual. A primeira fase compreende seus primeiros escritos e vai até 1844, nos debates filosóficos com Hegel e Feuerbach. Sem utilizar o termo, mas com elementos materiais do futuro conceito, fez críticas à religião e à concepção hegeliana do Estado, definidas como "inversões" que obscurecem o verdadeiro caráter das coisas. Marx concordava com Feuerbach, em que o homem faz a religião, mas ia mais longe ao afirmar que:

> (...) a inversão religiosa compensa, no espírito, uma realidade deficiente, reconstitui na imaginação uma solução coerente que está além do mundo real, para compensar as contradições do mundo real.[277]

Esta ligação entre a arte, a emoção e a ideologia é tratada por Slavoj Zizek,[278] que comenta o fato de que a obra musical de Schubert, *Winterreise* (viagem no inverno), melancólica, de um amor desenganado, era escutada compulsoriamente pelos soldados nazistas.

> O contra-argumento óbvio é que tudo é um mero paralelo superficial. Mesmo que haja um eco da atmosfera e das emoções, elas estão em cada caso inseridas num contexto inteiramente diferente: em Schubert, o narrador vaga durante o inverno porque seu amor o abandonou, ao passo que os soldados alemães estavam a caminho de Stalingrado por causa dos planos militares de Hitler. É precisamente neste deslocamento, contudo, que consiste a operação ideológica

---

[277] BOTTOMORE, Tom (ed.). **Dicionário do Pensamento Marxista**. Rio de Janeiro: Jorge Zahar Editor, 1988. p. 184.
[278] ZIZEK, Slavoj. **Às Portas da Revolução — Escritos de Lenin de 1917**. São Paulo: Boitempo, 2004, p. 211.

elementar: a maneira de um soldado alemão agüentar essa situação era evitar a referência às circunstâncias sociais concretas que se tornariam visíveis por meio da reflexão (que estavam eles fazendo na Rússia? Que destruição trouxeram para a esse país? E o que dizer sobre matar judeus?) e, em vez disso, se entregar a um lamento romântico de um destino miserável, como se a catástrofe histórica mais ampla simplesmente se materializasse no trauma de um amante rejeitado. Não haveria prova suprema da abstração emocional, da idéia de Hegel de que as emoções são abstratas, uma fuga da rede sociopolítica concreta acessível apenas ao pensamento?[279]

A busca religiosa por um ideal de perfeição (presente na posse dos promotores no Municipal), somada a uma ideologia de desamparo, de falta de iniciativa, depressão social, desespero social, abriria espaço para o grande pai dos alemães, Hitler, e aqueles sentimentos inscritos na sociedade ganhariam conotação política.[280]

Não se está afirmando que a cerimônia era nazista, mas sim ressaltando o sentimento do homem gerado pelo projeto burguês, pelo projeto de nação, cuja contribuição à reforma de 1930 é crucial, e cujos efeitos estavam presentes nos julgamentos na década de 1970. Gisálio destaca "a via prussiana" como metáfora/metonímia para um complexo de afetos e sentimentos (ancorados na escravidão e na ideologia do favor) que obstaculizam a prática liberal e democrática do Brasil, hoje.[281]

No pensamento católico, luterano e no pietismo presente nos atos políticos é possível, com o interesse "centrado nos afetos e emoções, sobretudo inconscientes e de longa duração", perceber

---

[279] ZIZEK, Slavoj. *Op. cit.*, pp. 211-212.
[280] CERQUEIRA FILHO, Gisálio. *Op. cit.*, pp. 74-75.
[281] *Ibidem*, p. 30.

características que "produzem efeitos políticos (que) são, sem dúvida, a religião".[282] Sintomático é que no portal do pleno do STM encontrem-se os dizeres "Deus e o seu direito".

Morse adverte que "a cultura de massas teve um êxito fabuloso na individualização, mas fracassou ignominiosamente ou se negou a produzir a individualidade". Em outro trecho, destaca o papel da objetividade que, neste trabalho, se encontra representada pelo pragmatismo:

> A pseudoindividualidade é farta em improvisações, estilos de vida e insinuações da personalidade. Mas o núcleo coerente do ser individual está irremediavelmente dividido entre a vida profissional e a privada, estando a vida privada cindida entre intimidade e imagem pública e a intimidade cindida entre a mal--humorada companhia do casamento e o amargo consolo da solidão, que põe o indivíduo em luta consigo mesmo e com os demais. Imaginemos Nietzsche, diz Arno, parando de "trabalhar" às cinco da tarde para jogar golfe com um corretor da bolsa ou um decano universitário. Esse moderno habitante das cidades que "se relaciona" com outros sem entregar nada de si mesmo "já é virtualmente um nazista repleto ao mesmo tempo de entusiasmo e violência". A objetividade que elimina a distância entre as pessoas.[283]

Morse demonstra que, no liberalismo, a personalidade transforma-se em "um ego encolhido, cativo de um presente evanescente", esquecendo o uso das funções intelectuais outrora capazes de transcender por meio das associações e sindicatos. No liberalismo e dogmatismo a que serviram a reforma universitária

---

[282] *Ibidem*, p. 51.
[283] MORSE, R. *Op. cit.*, p. 122.

encontra-se o projeto antagônico ao trabalhismo. O novo indivíduo foi criado com a eliminação das concepções metafísicas da personalidade individual, submetendo-as à definição racional do interesse privado, e as participações foram delegadas às "grandes forças econômicas e sociais da época".

CAPÍTULO 9

Conclusões

Esta investigação, que teve início como as investigações policiais de Conan Doyle, por caminhos misteriosos, partiu de uma série de dúvidas e hipóteses primárias e secundárias.

Estas foram respondidas, não na mesma ordem dos questionamentos iniciais. Os dados colhidos permitem esclarecer por que houve a criação de faculdades próprias de Sociologia, História e Filosofia e a exclusão destas matérias da faculdade de Direito e em que esta cisão serviu para a formação da sociedade brasileira, no plano do conflito do projeto burguês com a oligarquia. Ao mesmo tempo, no que o dogmatismo jurídico sustentou, como ideologia, as práticas de autoritarismo e de repressão política.

As sociedades portuguesa e brasileira resistiram de todas as formas ao liberalismo, deturpando os princípios liberais para manter o *status quo* e a hierarquia. A resistência e a deturpação destes princípios formaram uma sociedade estratificada, na qual o mundo do Direito não só exerceu a função analisada por Marx de manter estas estruturas e burocratizar os conflitos, mas também permitiu, por meio de uma série de ritos e formas, vindos desde a sociedade portuguesa, a ascensão de burgueses a cargos equiparados à nobreza. Este é, na realidade, o sentimento que paira no Judiciário.

O estudo aberto, laico e secularizado, sempre foi combatido na sociedade ibérica, e vivemos não só permanências, mas lutas históricas de resistência conservadora ao estudo laico para todos. A Sociologia ingressava no debate por meio do Direito, especialmente pela escola do Recife, que influenciou a escola do Rio de Janeiro, de modo especial nas questões de caráter científico que extrapolavam uma dogmática ainda vinculada ao método religioso e às influências do Direito Romano. A mistura entre o Direito, a Arte, a Sociologia e a Poesia, embrenhada na poesia científica, era pura nitroglicerina, com alta capacidade de explodir com os muros dogmáticos.

É verdade que estas matérias não constavam oficialmente do currículo, mas o ambiente acadêmico permitia um ensino que subvertia a sociedade em que existia. Isto, evidentemente, precisava ser disciplinado. Francisco Campos teve papel preponderante, mas não deve a análise se ater a ele, mas ser ampliada às intervenções de Rui Barbosa na oposição a Clóvis Bevilaqua, a limitação da circularidade entre Recife e São Paulo.

Aos olhos dos conservadores, um ambiente multidisciplinar continha a possibilidade de desordem, e com isso o medo daquilo que representa a mudança. Soma-se a esse medo aquele da classe perigosa, relacionada ao povo, ao negro; havia o mesmo sentimento que o mundo do Direito tinha e tem ao olhar aquilo que rompe ao dogmático.

A sociedade reservou um lugar longe do poder a estes que querem fugir ao dogma, aos sociólogos, historiadores, filósofos. Além do modo fordista de fragmentação da produção que influencia o ensino fragmentado, forças conservadoras e religiosas atuam por esta fragmentação, pois nela vislumbram o afastamento dos temas que afetam o dogmatismo, "preservando assim o direito puro".

Esta estratégia conteve uma possibilidade histórica, de um estudo multidisciplinar no qual o Direito poderia se amalgamar com as áreas afins. Em um passado-futuro teríamos uma raiz humana; numa universidade de base comum, História, Sociologia, Psicologia, Filosofia e suas especificações. Mas o que ocorreu foi a separação absoluta das matérias.

Esta separação serviu para manter os intérpretes autorizados do Direito em um mundo tão hermético quanto o dos mosteiros. Os ritos, formas, vestes e arquitetura do Poder Judiciário não deixam esquecer isto, como as origens religiosas das fundações das faculdades do Recife e de São Paulo.

O dogmatismo serviu para sustentar a estratificação da sociedade e manter as cortes herméticas inquestionáveis, apaziguando assim o conflito burguês com as oligarquias a fim de que os burgueses do Judiciário ocupassem um espaço oligárquico. A isto serviu a reforma universitária de Francisco Campos, de 1930, na "consolidação conservadora da dominação burguesa no Brasil."[284]

As forças religiosas trataram de exterminar os projetos educacionais inimigos deste dogmatismo e de uma sociedade mais justa, impedindo os projetos de Anísio Teixeira e outros, seja em 1920, 1930, 1964. Foram implacáveis com ele, que viveu o isolamento político e depois a morte em um poço de elevador. A Igreja era e é contra o projeto de educação para todos, pois rompe com seu poder de educação, poder e negócio, ao mesmo tempo em que permite um colégio secularizado e laico.

Esta base dogmática e fantasiosa do poder encontra-se nos julgamentos de presos políticos da década de 1970, cujas bases ideológicas manifestas não se atêm à segurança nacional, mas vêm da eleição divina, da missão de conduzir o povo contra os subversivos natos, por um Grande Brasil, templo ou sala de sessões em cuja porta está estampado "Deus e teu direito". Ora, que secularização é esta que tem na palavra "Deus" a mais pronunciada na corte militar? Ao mesmo tempo, a compreensão da

---
[284] FERNANDES, Florestan. *Op. cit.*, p. 245.

repressão e o reconhecimento dos advogados que defenderam os acusados de crime político durante o regime militar representam apenas a ideia de bondade da corte e seu corte "compreensivo", mas não liberal. Neste discurso permanente, dos advogados de presos políticos que militaram no STM, o amor pelo censor.

Entre a reforma de 1930, o Estado Novo e a Ditadura de 1964 existem diferenças enormes e similitudes inegáveis. Evidentemente, o corte histórico de 1930 encontra o trabalhismo e o fim da República Velha do café com leite, enquanto no Estado Novo uma plena ditadura que, tal qual como o movimento de 1939, visava à construção nacional.

Mas em conflito com o trabalhismo estava o integralismo e as forças que Getúlio enfrentaria em 1954 e que dariam o golpe em 1964. Entre elas, as forças religiosas que assumiram a educação no acordo entre Getúlio e a Igreja, promovido por Francisco Campos, mantido e ampliado por Capanema. Forças estas que vão exterminar a escola nova e isolar Anísio Teixeira, e apesar de Fernando de Azevedo permanecer na cátedra, fica assim, sem influência política, sem conseguir implementar os projetos comuns da escola nova.

A interseção entre os cinco ministros civis e os dez militares no STM está exatamente no dogmatismo e no conservadorismo religioso. E é esta a ligação ideológica congruente entre o disciplinamento acadêmico dos militares e o dos juristas que sustentaram o golpe.

Estas práticas ideológicas "ensinadas" nas faculdades a partir daquela reforma, isto é, o isolamento do Direito das áreas afins, cooperaram com a sustentação do autoritarismo brasileiro e da manutenção das desigualdades político-sociais.

O projeto de Francisco Campos passou a exercer hegemonia sobre a cultura jurídica, o que colaborou para a sustentação institucional do regime militar e cujas permanências podem ser observadas até os dias de hoje.

Várias destas questões vieram à tona nas eleições presidenciais que ocorreram em 2010. O presidente do STM acabou por avocar o processo penal a que Dilma Rousseff respondeu durante a ditadura militar e o lacrou no cofre da Presidência, impedindo o acesso. A Conferência Nacional dos Bispos do Brasil (CNBB), ao mesmo tempo, imprimiu um jornal contra a candidatura do Partido dos Trabalhadores (PT). Matéria publicada na revista *IstoÉ* de 27/10/2010 trouxe a lume ligações do movimento Tradição, Família e Propriedade (TFP), católicos ortodoxos, até mesmo movimentos pelo retorno à monarquia do Brasil e integralistas em apoio a José Serra. Até o papa manifestou-se quanto à eleição brasileira.

O debate da lei da ficha limpa foi carregado de um sentimento de alma pura e perfeita, em uma ideia de que aqueles que respondem processos judiciais não têm direito à candidatura. Em meio a isto, o ministro Gilmar Mendes advertia quanto a ideias nazistas no julgamento do STF.

O brasilianista Anthony Pereira, em meio ao processo eleitoral brasileiro, em entrevista à *Folha de S.Paulo* (domingo, 3 de outubro de 2010, pág. A9 Caderno Poder), dispara que o Judiciário e as Forças Armadas não mudaram durante a redemocratização. Identifica no Judiciário um legado da ditadura.

Mas escapa-lhe esta raiz oligárquica, religiosa e superior dos membros do Judiciário.

O nome de Dilma Rousseff sonoramente nos traz as lembranças de Jean Jacques Rousseau, fazendo uma ligação com a Revolução Francesa. Mulher, foi rapidamente dita prepotente e autoritária, em uma referência indireta ao medo daqueles que pegaram em armas para a defesa da democracia. A petulância de Emília, a boneca de pano das obras de Monteiro Lobato, foi colada a ela, no imaginário. Já houve referência de que Emília seria uma alusão a Emílio, obra de Rousseau com exata abordagem sobre a educação. Dilma foi chamada de boneca de Lula, em uma referência de que não passaria de um fantoche. O resultado foi na aposta contra este discurso. De alguma forma se relembrou a frase da primeira posse do presidente Lula: "o dia que a esperança venceu o medo".

Verificando-se o mapa do resultado eleitoral, vê-se que Dilma ganhou no Rio de Janeiro e no Nordeste, enquanto São Paulo, o Sul e o Centro do país votaram em Serra. O desempenho em Minas Gerais repetiu 2006, com menos intensidade. Apesar de o governo estadual estar em mãos do Partido da Social Democracia Brasileira (PSDB), a candidata do PT foi a vitoriosa. Esta proximidade ideológica entre o Rio de Janeiro e o Nordeste, em um bloco contrário a São Paulo, Centro e Sul do país, se verificou, de toda forma. As ligações entre Recife e Rio de Janeiro acabam por se relembrar na união de votos contra o polo São Paulo, agora já não mais tão colado eleitoralmente no âmbito federal.

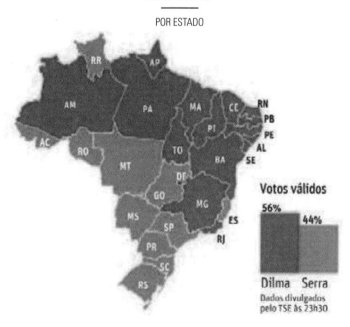

Nesta mesma conjuntura política a nação brasileira vive o lançamento do filme Tropa de Elite 2, de José Padilha, quase precipitando o que ocorrerá: a invasão do Morro do Alemão pela polícia e Forças Armadas. O que parece não conter nenhuma ligação com a presente tese, na realidade representa uma teia ideológica presente na sala de aula, na política e nas telas.

Mesmo com a dificuldade de uma análise de algo no presente, e já extrapolando a conclusão a fim de permitir um olhar sobre as imagens do momento histórico, com a lente do trabalho, para o cotidiano da mídia e da televisão.

O primeiro filme apresenta as ações violentas da polícia "para garantir o sono do papa". Em uma mistura de ficção e realidade, traz um retrato da atuação diária da polícia, que naquela oportunidade garantia o sono da maior autoridade da Igreja Católica. Cabe lembrar que ninguém menos que o papa se manifestou contra a eleição de Dilma. Em uma mistura da permanência das técnicas da polícia política com torturas a céu aberto, somada às permanências das ordálias da inquisição portuguesa e mesmo das raízes do escravagismo brasileiro, o enredo apresenta uma perfeita polícia do terror.

"Pede para sair", repete o Capitão Nascimento depois do início das aulas no Batalhão de Operações Policiais Especiais (BOPE), que começam, como em uma seita (palavras do roteiro), com as palavras, "rezem por suas almas, pois seus corpos já nos pertencem". A ideia de uma polícia perfeita, acima de qualquer corrupção, e altamente assassina está cravada no tomismo, como se verificou no Capítulo 1 — A velha República, na ilusão da perfeição, em que o representante do superior quer causar submissão pelo medo, pelo *"shock and awe"*, nome americano dado ao ataque do Iraque. O processo de secularização em toda a Europa não atingiu a laicização, como demonstra Carlo Ginzburg, tornando claras influências religiosas por meio do termo *awe* e, impregnado nele, o medo do "estado de natureza" e a necessidade de impor sujeição presente na obra Leviatã, de Thomas Hobbes.[285]

Este medo também se encontra na submissão como cadáver, ou *perinde ac cadaver*,[286] tão incrustada na cultura luso-brasileira. Mas não para por aí. Há uma verdadeira ideia de fragmentação, já se demonstra no filme a impossibilidade de convivência da polícia pura com o meio universitário, considerado de maconheiros. A mesma divisão entre Sociologia, História e Direito, o filme repete entre polícia e faculdade de Direito. Vale lembrar as iniciativas do governo Brizola, por meio das quais foi criado o Centro Unificado de Ensino e Pesquisa, para integração com a sociedade civil e em especial para a reciclagem de policiais civis e militares, em cursos com visão histórica e social da realidade brasileira, executados no âmbito universitário pelo professor

---

[285] GINZBURG, Carlo, *Op. cit.*
[286] NEDER, Gizlene. *Op. cit.*

Gisálio Cerqueira Filho, que levou os policiais para o ambiente universitário da UERJ.

No segundo filme, lançado às portas do segundo turno, o Capitão Nascimento, retratado pela revista *Veja* como o primeiro herói brasileiro, espanca políticos, ditos impuros, dando a impressão de que a solução estaria nas mãos do BOPE. Ora, se a polícia assassina é perfeita e os políticos corruptos, ou aqueles ligados aos direitos humanos maconheiros, não seria melhor a ditadura? Afinal, todo o sistema político aparece na imagem de Brasília como algo sem solução. Há ainda os ingredientes do personagem do capitão, que mora no mesmo apartamento do primeiro filme, agora só, em razão da separação. O casamento imperfeito não seria culpa do policial perfeito, mas da mulher que abandonou o lar e que, de maneira impura, foi se juntar ao deputado dos direitos humanos. Como resultado de uma educação laxista e não rigorista, o filho do capitão é preso com maconha. Na campanha presidencial em que Lula perdeu a eleição para Collor, este lançou a descoberta de uma filha do primeiro, fora do casamento, trabalhando na mesma ideia de casamento perfeito. Ressalte-se que Lula, à época da gestação daquela filha, nem sequer era casado.

Não é o caso de afirmar que estas conexões foram propositais. Não foram. A questão é que efeitos políticos causam as conexões. Da mesma forma, não é o caso de defesa de candidaturas, mas da compreensão dos embates políticos, ideológicos e históricos que tangenciavam os debates, pelo dito e não dito.

Como uma mistura de ficção e realidade, e de influência sob o imaginário, o país acorda com as imagens do Rio de Janeiro com carros pegando fogo em vias públicas. O fato não é incomum em várias cidades do mundo, com similitude aos acontecimentos políticos como revolta em Los Angeles, protestos em Paris, e mesmo na última cidade, como noticiado pelo *Estadão*, há um hábito dos jovens parisienses de incendiar carros em várias regiões da cidade.[287]

Aquelas imagens, no entanto, passaram a causar, em conjunto com o momento do filme Tropa de Elite, algo jamais visto. Durante inúmeras oportunidades houve exército nas ruas do Rio de Janeiro. Sempre, no entanto, com ideia de tempo de permanência, a exemplo da Eco 92. Mas o que ocorreu foi o ingresso das tropas militares, inicialmente ao lado do BOPE e das forças policiais, seus blindados rompendo os limites físicos da "favela", ideológicos e imaginário, rompendo a ideia temporal. Os militares, segundo notícias posteriores, não têm data para sair.

Isto tudo ocorre com a "autorização" da população, que concorda quanto à necessidade de o exército lá ficar, exercendo papel, agora, que extrapola a Constituição, de polícia. O comando das Forças Armadas, abaixo do presidente da República, é feito por um ex-ministro da Suprema Corte, o que, de certa forma garante a "constitucionalidade" dos atos.

Mas os métodos do Capitão Nascimento acabam por "solucionar" o enredo. Apesar da predestinação (ao mal), atualização moderna (Jansênio e Blaise Pascal) da teologia agostiniana, do Brasil errado, "pecado do lado de baixo do equador", a cadeia acaba reservada para além dos negros do início do filme que, representados por Seu Jorge, depois de vários assassinatos intramuros, acaba assassinado pelo policial do BOPE. No filme, a cena perfeita que seduz: a ideia de que aqueles devem morrer muito lembra a cena final da vida real que foi para as telas, do assalto do ônibus 174, em que o policial erra o tiro e acerta na refém. Mas a polícia, o BOPE, acaba o serviço com o assassinato do menino sobrevivente da chacina da Candelária,

---

[287] Disponível em <http://www.estadao.com.br/noticias/internacional.paris-tera-30-mil-policiais-para-evitar-queima-de-carros-a-0h,489147,0.htm>. Acessado em 15/11/2010.

mas "predestinado" a morrer: "desde pequeno eu estava predestinado a ser ruim assim".

Este menino, vítima do BOPE, foi órfão dos Cieps (Centro Integrado de Educação Pública) e do projeto de Anísio Teixeira e de Darcy Ribeiro, teve seu destino, como disse Darcy Ribeiro, sem Ciepes; e interpretando a afirmação, Gisálio aponta a homofonia de sem Cieps, "desCiepado, decepado".[288]

O que se espera é que a revelação destas conexões entre as cisões do conhecimento e de áreas, a lembrança dos projetos multidisciplinares (também da mistura de sentimento e ciência da poesia científica) da universidade, de educação laica para todos, possa ajudar a recuperar o passado futuro e, ao mesmo tempo, a compreensão das ideologias impregnadas de catolicismo que impediram as realizações destes projetos que produziriam a superação da ruptura, tornando amalgamados o Direito, a Sociologia, a História e a Filosofia, a permitir agentes públicos melhores, mais humanos, a superação das amarras que impedem uma educação laica e igualitária para todos os brasileiros.

---

[288] CERQUEIRA FILHO, Gisálio. **A Ideologia do Favor e a Ignorância Simbólica da Lei**. Rio Janeiro: Vice-Governadoria do Rio Janeiro — CEUEP, 1993, p.46.

Dimensão Empírica do Projeto

1. Fontes

1.1. Fontes em áudio

- Gravações de julgamentos de presos políticos da década de 1970 — Superior Tribunal Militar.
- 105 atas de 1976 e 83 atas de 1977, arquivo do Superior Tribunal Militar.
- Fitas de rolo contendo gravações de 54 sessões de 1976 e 22 sessões de 1977. Arquivo do Superior Tribunal Militar. Cópias entregues à Universidade Federal Fluminense (UFF), Departamento de História, Laboratório Cidade e Poder.

1.2. Fontes Escritas

- Revista Acadêmica da Faculdade de Direito do Recife, hoje Faculdade de Direito da Universidade Federal de Pernambuco, 1891 até a presente data.
- Revista Acadêmica da Faculdade de Direito de São Paulo 1928-1964.

- Revista Jurídica da Faculdade Nacional de Direito do Rio de Janeiro 1928-1964.
- Revista Forense 1937-1964.
- Revista Brasileira de Criminologia 1947-1964.
- Revista Lei e Polícia 1948-1964.

Bibliografia

ADORNO, Sérgio. **Os Aprendizes do Poder**. Rio de Janeiro: Paz e Terra, 1988.

ANTONIO, Sergio. Reino Cadaveroso ou o Problema da Cultura em Portugal In ANTONIO, Sergio; e, SERRÃO, Joel (Orgs.). Prosa Doutrinal de Autores Portugueses: Segunda Série, Lisboa, Portugália.

AZEVEDO, Fernando de. **A Educação e seus Problemas**. São Paulo: Companhia Editora Nacional, 1937.

___. **A Educação entre dois Mundos, Problemas, Perspectivas e Orientações**. São Paulo: Edições Melhoramentos, 1958.

___. **No Tempo de Petrônio: Ensaios sobre a Antiguidade Latina**, 3ª. Ed., rev. e ampl., São Paulo: Edições Melhoramentos, 1962.

___. **História de Minha Vida**. Rio de Janeiro: Livraria José Olympio Editora, 1971. BALANDIER, Georges. **O Poder em Cena**. Brasília: Ed. UNBM, 1982.

BATISTA, Nilo. **Introdução Crítica ao Direito Penal Brasileiro**. Rio de Janeiro: REVAN, 1991.

___. **Fragmentos de um Discurso Sedicioso** In Revista Discursos Sediciosos. Rio de Janeiro: Relume Dumará, 1996.

BAKHTIN, Mikhail. **Marxismo e Filosofia da Linguagem**. Trad. por Michel Lahud e Yara Frateschi Vieira; Colab. Lúcia Teixeira Wisnik e Carlos Henrique D. Chagas Cruz. 12ª. Ed. São Paulo: HUCITEC, 2006.

BENCHIMOL, Jaime L. **Pereira Passos — Um Haussman Tropical: A revolução urbana da cidade do Rio de Janeiro no início do século XX**. Rio de Janeiro: Secretaria Municipal de Cultura, Turismo e Esportes, 1990.

BENTO, Luiz Carlos. **Gustavo Capanema e a Educação Brasileira: Cultura, Educação e Projetos Políticos** In Revista GEPHEGO On-line.

BERGALLI, Roberto. *Historia Ideológica del Control Social*. PPU: Barcelona, 1989.

BEVILAQUA, Clóvis. **História da Faculdade de Direito de Recife**. 2ª. Ed., Rio de Janeiro: INL, 1977. BOTTOMORE, Tom. **Dicionário do Pensamento Marxista**. Rio de Janeiro: Jorge Zahar Editor, 1988. BOURDIEU, Pierre. **O Poder Simbólico**. Rio de Janeiro: Bertrand Brasil, 1998.

BURCKHARDT, Jacob. **A Cultura do Renascimento da Itália**. São Paulo: Companhia das Letras, 1991. BURKE, Peter (Org.). **A Escrita da História: Novas Perspectivas**. São Paulo: Ed. UNESP, 1992.

CAMPOS, Francisco. **Pela Civilização Mineira**. Belo Horizonte: Imprensa Oficial, 1930.

___. O Estado Nacional: Sua Estrutura e Seu Conteúdo Ideológico In **O Estado Nacional: Sua Estrutura e Seu Conteúdo Ideológico**. Coleção Biblioteca Básica Brasileira, Senado Federal, Brasília 2001.

___. A Política e Nosso Tempo In **O Estado Nacional: Sua Estrutura e Seu Conteúdo Ideológico**. Coleção Biblioteca Básica Brasileira, Senado Federal, Brasília, 2001.

CAMPOS, Reynaldo Pompeu de. **Repressão Judicial no Estado Novo — Esquerda Direita no Banco dos Réus**. Achiamé Editora: Rio de Janeiro, 1982.

CARVALHO, José Murilo de. **Os Bestializados — O Rio de Janeiro e a República Que Não Foi**. Companhia das Letras: São Paulo, 1987.

CERQUEIRA FILHO, Gisálio. **A Ideologia do Favor e a Ignorância Simbólica da Lei**. Rio Janeiro: Vice-Governadoria do Rio Janeiro — CEUEP, 1993.

____. **Édipo e Excesso: Reflexões Sobre a Lei e a Política**. Porto Alegre: Sergio Antonio Fabris Editor, 2002.

____. **Autoritarismo Afetivo: A Prússia como Sentimento**. São Paulo: Ed. Escuta, 2005.

____. O Príncipe Perfeito: Uma Fantasia Sobre o Poder. **Conferência de Abertura da XII Semana de Iniciação Científica PIBIC/ CNPq** In UECE, Anais do Encontro, Fortaleza, 2002.

____; e NEDER, Gizlene. **Emoção e Política (A)ventura e Imaginação Sociológica para o Século XXI**. Porto Alegre: Sergio Antonio Fabris, 1997.

____; e, NEDER, Gizlene. Ideias Jurídicas e Pensamento Político no Brasil entre Dois Catolicismos: Ultramontanismo versus Catolicismo Ilustrado In Anais do II Encontro Anual do Instituto Brasileiro de História do Direito, Niterói, RJ, 9/12 de agosto de 2006.

____; e, NEDER, Gizlene. **A Teoria Política no Brasil e o Brasil na Teoria Política**. ABCP: PUC-RIO. CHACON, Vamireh. **História das Idéias Socialistas no Brasil**. 2ª Ed., rev. e aum. Fortaleza: Ed. Civilização Brasileira/UFC, 1981.

____. **Vida e Morte das Constituições**. Rio de Janeiro: Forense, 1987.

CHALHOUB, Sidney. **Visões da liberdade: Uma História das Últimas Décadas da Escravidão na Corte**. Companhia das Letras: São Paulo, 1990.

____. **Cidade Febril — Cortiços e Epidemias na Corte Imperial**. São Paulo: Companhia das Letras, 1990.

____. **Lar e Botequim: O Cotidiano dos Trabalhadores no Rio de Janeiro da *Belle Époque***. Editora UNICAMP: São Paulo, 2001.

FAORO, Raymundo. **Machado de Assis: A Pirâmide e o Trapézio**. 2ª. Ed., São Paulo: Editora Nacional, 1976.

___. **Assembléia Constituinte: A Legitimidade Recuperada**. 3ª. Ed., Brasília: Brasiliense, 1985.

___. **Os Donos do Poder: Formação do Patronato Político Brasileiro**. 8ª. Ed., 2ª. Ver., Rio de Janeiro: Ed. Globo, 1989.

___. **Existe um Pensamento Político Brasileiro?** Rio de Janeiro: Editora Ática, 1994. FARIA, Antonio Bento. **Sobre Direito de Expulsão**. Rio de Janeiro: Ribeiro dos Santos, 1925.

FERNANDES, Florestan. **A Sociologia no Brasil. Contribuição para o Estudo de sua Formação e Desenvolvimento**. 2ª. Ed. Petrópolis: Vozes, 1976.

___. **A Revolução Burguesa no Brasil: Ensaio de Interpretação Sociológica**. 5ª. Ed., São Paulo: Globo, 2006.

FILHO, Alberto Venâncio. **Das Arcadas ao Bacharelismo**. São Paulo: Perspectiva, 1982. FILHO, Álvaro Melo. **Reflexões sobre o Ensino Jurídico**. Rio de Janeiro: Forense, 1986.

___. Currículos Jurídicos: Novas Diretrizes e Perspectivas In **OAB Ensino Jurídico: Novas Diretrizes Curriculares**. Brasília: Ed. Conselho Federal, 1996.

FILHO, Manuel Bergstrom Lourenço. **Introdução ao Estudo da Escola Nova**. São Paulo: Companhia Melhoramentos, 1942. FOUCAULT, Michel. **Vigiar e Punir: Nascimento da Prisão**. Trad. por Lígia M. Pondé Vassallo. Petrópolis: Vozes, 1987.

___. **A ordem dos Discursos — Aula Inaugural, pronunciada em 2 de dezembro de 1970, no** *Collège* **de** *France*. São Paulo: Edições Loyola, 2004.

GINZBURG, Carlo. Sinais: Raízes de um Paradigma Indiciário. In GINZBURG, Carlo. (Org.). **Mitos, Emblemas, Sinais: Morfologia e História**. São Paulo: Companhia das Letras, 1989.

___. **Nenhuma Ilha é uma Ilha: Quatro Visões da Literatura Inglesa**. Trad. por Samuel Titan Jr. São Paulo: Companhia das Letras, 2004.

___. Fear, Reverence Terror: Reading Hobbes Today In **European University Institute, Max Weber Lecture Series — MWP — 2008/05**, Badia Fiesolana, Italy. Texto original sob o título "Medo, Reverência, Terror — Reler Hobbes Hoje". Conferência realizada por iniciativa do Laboratório Cidade e Poder — UFF — Universidade Federal Fluminense, Niterói, RJ, 18/09/2006.

GOMES, Orlando. **Raízes Históricas e Sociológicas do Código Civil Brasileiro**. São Paulo: Martins Fontes, 2006. GRAMSCI, Antonio. **Obras Escolhidas, Vol. 2**. Coleção Teoria. Lisboa: Ed. Estampa, 1974.

GUIMARÃES, Manoel Luís Lima Salgado. **Educação e Modernidade: O Projeto Educacional de Anísio Teixeira**. Tese para obtenção de grau de mestre em filosofia. PUC — Pontifícia Universidade Católica do Rio de Janeiro, Departamento de Filosofia, Rio de Janeiro, 1982, 152p.

HORBACH, Carlos Bastide. **Série Memória Jurisprudencial — Memória Jurisprudencial: Ministro Pedro Lessa**. Brasília: Supremo Tribunal Federal, 2007.

JAMESON, Frederic. **Pós-Modernismo: A Lógica Cultural do Capitalismo Tardio**. São Paulo: Ática, 1996. JUNIOR, Martins Izidoro. **A Poesia Scientific**. Recife: Typs. Industrial e da Folha do Norte, 1883.

JUNQUEIRA, Eliane Botelho. **Faculdade de Direito ou Fábrica de Ilusões?** Rio de Janeiro: IDES — Letra Capital, 1999.

___; e, RODRIGUES, Horácio Wanderlei. **Ensino do Direito no Brasil: Diretrizes Curriculares e Avaliação das Condições de Ensino**. Florianópolis: Fundação Boiteux, 2002.

___; e, OLIVEIRA, Luciano (Orgs.). **Ou isto ou Aquilo — Sociologia Jurídica nas Faculdades de Direito**. Rio de Janeiro: Letra Capital, 2002.

JUNQUEIRA, Sônia B. **A Criação do Ministério da Educação e Saúde Pública**. Tese para obtenção de grau de mestre pela PUC – Pontifícia Universidade Católica do Rio de Janeiro, Rio de Janeiro, 1977.

LESSA, Pedro. **Philosophia do Direito: O Idealismo Transcendental, ou Criticismo, de Kant**. São Paulo: Revista da Faculdade de São Paulo.

LESSA, Renato. **A Invenção Republicana**. Rio de Janeiro: Topbooks, 1999.

LEVI, Giovanni. Sobre a Micro-História In BURKE, Peter (Org.). **A Escrita da História: Novas Perspectivas**. São Paulo: Ed. UNESP, 1992.

LIMA, Helena Ibiapina; e, AZEVEDO, Fernando de. **E o Projeto Liberal de Educação**. Disponível em <www.fe.unb.br/revistadepedagogia>.

LIMA, Hermes. **Anísio Teixeira — Estadista da Educação**. Rio de Janeiro: Civilização Brasileira, 1978.

LOMBROSO, Cesare. **O Homem Criminoso**. Trad. por Maria Carlota Carvalho Gomes. Editora Rio: Rio de Janeiro, 1983.

MÉNDEZ, Emilio García. *Autoritarismo y Control Social*. Tese orientada pelo prof. Dr. Alessandro Baratta, Buenos Aires, ARG., 1987.

MENEZES, Lená Medeiros de. **Os indesejáveis: Desclassificados da Modernidade. Protesto, Crime e Expulsão na Capital Federal (1890-1930)**. Rio de Janeiro: EdUERJ, 1996.

MONTENEGRO, Delmo. **Martins Júnior, Augusto dos Anjos, Joaquim Cardozo: Presença da Poesia Científica na Literatura em Pernambuco**, 2004.

MORAES, Maria Célia Marcondes. **De Educação e Política nos Anos 30: A Presença de Francisco Campos**. Rev. Bras. Est. Pedag., Brasília, v. 73, no 17-4, maio/ago., 1992.

MORSE, Richard M. **O Espelho de Próspero**. São Paulo: Companhia das Letras, 1988.

NEDER, Gizlene. **A Ilustração Luso-brasileira:** *Perinde ac cadaver*. Tese Apresentada no Concurso para Professor Titular de História Moderna. UFF — Universidade Federal Fluminense, Departamento de História, Rio de Janeiro, 1995.

___. **Discurso Jurídico e Ordem Burguesa no Brasil**. Porto Alegre: Sergio Antonio Fabris, Editor, 1995.

___. **Iluminismo Jurídico-Penal Luso-Brasileiro, Obediência e Submissão**. ICC — Instituto Carioca de Criminologia, Rio de Janeiro: REVAN, 2000.

___; e, CERQUEIRA FILHO, Gisálio, **Os Filhos da Lei**. IBCCrim — Instituto Brasileiro de Ciências Criminais. Revista Brasileira de Ciências Criminais, São Paulo, v. 16, no 45, fevereiro, 2001.

___; e, CERQUEIRA FILHO, Gisálio, **As Idéias Jurídicas e Autoridade na Família**. Rio de Janeiro: REVAN, 2007.

OLIVEIRA, Luciano. Que (e para quê) Sociologia? Reflexões a Respeito de Algumas Idéias de Eliane Junqueira sobre o Ensino da Sociologia do Direito (ou seria melhor Sociologia Jurídica?) no Brasil In JUNQUEIRA, Eliane Botelho; e, OLIVEIRA, Luciano (Orgs.). **Ou isto ou Aquilo — Sociologia Jurídica nas Faculdades de Direito**. Rio de Janeiro: Letra Capital, 2002.

PAIM, Antônio. Por uma Universidade no Rio de Janeiro In SCHWARTZMAN, Simon (Org.). **Universidade e Instituições Científicas**. Rio de Janeiro, Brasília: CNPq, 1982.

PANDOLFI, Dulce (Org.). **Repensando o Estado Novo**. Rio de Janeiro: FGV Editora, 1999.

PENNA, Maria Luiza. **Educação e transformação em Fernando de Azevedo**. Tese para obtenção de grau de mestre pela PUC — Pontifícia Universidade Católica do Rio de Janeiro, Rio de Janeiro, 1981.

PENNA, Maria Luiza. **Fernando de Azevedo: Educação e Transformação**. São Paulo: Perspectiva, 1987. REALE, Miguel. **1010-2006 — Filosofia do Direito**. 19ª. Ed., São Paulo: Saraiva, 2000.

RIBEIRO, Darcy. **UNB: Invenção e Descaminho**. Rio de Janeiro: Avenir Editora, 1978.

ROMANO, Roberto. **Entre as Luzes e os Nossos Dias: A Crise da Universidade**. Rio de Janeiro: REVAN, 1998. SALMERON, Roberto. **A Universidade Interrompida Brasília: 1964-1965**. Brasília: Ed. UnB, 1999.

SCHWARTZMAN, Simon (Org.). **Universidade e Instituições Científicas**. Rio de Janeiro, Brasília: CNPq, 1982.

___; et alli. **Tempos de Capanema**. 2ª. Ed., Rio de Janeiro: Fundação Getúlio Vargas e Editora Paz e Terra, 2000.

SERRA, Carlos Henrique Aguiar. **História das Idéias Jurídico-penais no Brasil: 1937-1964**. Tese para obtenção de grau de doutor pela UFF — Universidade Federal Fluminense, orientado pela profª. Drª. Gizlene Neder, Rio de Janeiro.

SEVCENKO, Nicolau. **A Revolta da Vacina — Mentes Insanas em Corpos Rebeldes**. São Paulo: Brasiliense, 1984.

SHORSKE, Carl E. Museu em Espaço Contestado: A Espada, O Cetro e O Anel In SHORSKE, Carl E. (Org.) **Pensando com a História: Indagações na Passagem para o Modernismo**. São Paulo: Companhia das Letras, 2000.

TEIXEIRA, Anísio. **Educação para a Democracia**. Rio de Janeiro: José Olympio, 1936.

___. **Educação e Universidade**. Ministério da Educação e Cultura, Instituto Nacional de Estudos Pedagógicos: Editora UFRJ, 1988.

TORTIMA, Pedro. **Crimes e Castigo — Para Além do Equador**. Editora Inédita: Belo Horizonte. 2002. VARGAS, Getúlio. **A Nova Política do Brasil**. Rio de Janeiro: J. Olympio, 1938.

VELLOSO, Mônica Pimenta. A Ordem: Uma Revista de Doutrina, Política e Cultura Católica In **Revista de Ciência Política no 2, Vol. II**. set./78, Rio de Janeiro, FGV, 1978.

VIDAL, Diana Gonçalves (Org.). **Na Batalha da Educação: Correspondência entre Anísio Teixeira e Fernando de Azevedo (1929-1971)**. Bragança Paulista: EDUSF, 2000.

WIRTH, John D. **O Fiel da Balança: Minas Gerais na Federação Brasileira. 1889-1937**. Rio de Janeiro: Paz e Terra, 1982.

ZAFFARONI, Eugenio Raúl. **Em Busca das Penas Perdidas**. Rio de Janeiro: REVAN, 1991.

___; e, BATISTA, Nilo. **Direito Penal Brasileiro, Vol. 1**. Rio de Janeiro: REVAN, 2003. ZIZEK, Slavoj. **O Mais Sublime dos Histéricos: Hegel com Lacan**. Rio de Janeiro: Jorge Zahar Editor, 1988.

___. **Eles não Sabem o que Fazem: O Sublime Objeto da Ideologia**. Rio de Janeiro: Jorge Zahar, Editor, 1990.

___. **Às Portas da Revolução: Escritos de Lenin de 1917**. São Paulo: Boitempo, 2004.

Manifesto dos Pioneiros da Educação Nova. **A Reconstrução Educacional no Brasil. Ao Povo e ao Governo**. São Paulo: Cia Editora Nacional, 1932.

Conselho Federal da OAB. **Ensino Jurídico OAB: 170 anos de Cursos Jurídicos no Brasil**. Brasília: Conselho Federal da Ordem dos Advogados do Brasil, 1997.

Siglas

ABL — Academia Brasileira de Letras
AIB — Ação Integralista Brasileira
ALN — Aliança Libertadora Nacional
ANL — Aliança Nacional Libertadora
BOPE — Batalhão de Operações Policiais Especiais
CBPE — Centro Brasileiro de Pesquisas Educacionais
Ceped — Centro de Estudos e Pesquisas no Ensino do Direito
CIEP — Centro Integrado de Educação Pública
CLT — Consolidação das Leis do Trabalho
CNBB — Conferência Nacional dos Bispos do Brasil
DASP — Departamento Administrativo do Serviço Público
DOPS — Departamento de Ordem Pública e Social
ESG — Escola Superior de Guerra
IAB — Instituto dos Advogados do Brasil
INEP — Instituto Nacional de Estudos Pedagógicos
IPM — Inquérito Policial Militar
OAB — Ordem dos Advogados do Brasil
PCB — Partido Comunista Brasileiro
PCBR — Partido Comunista Brasileiro Revolucionário

PD — Partido Democrático
PRM — Partido Republicano Mineiro
PRP — Partido Republicano Paulista
PSD — Partido Social Democrático
PSDB — Partido da Social Democracia Brasileira
PT — Partido dos Trabalhadores
PUC — Pontifícia Universidade Católica
RMS — Recurso de Mandado de Segurança
SBPC — Sociedade Brasileira para o Progresso da Ciência
STF — Supremo Tribunal Federal
STJ — Supremo Tribunal de Justiça
STM — Superior Tribunal Militar
TFP — Tradição, Família e Propriedade
TSN — Tribunal de Segurança Nacional
UDF — Universidade do Distrito Federal
UDN — União Democrática Nacional
UERJ — Universidade do Estado do Rio de Janeiro
UFF — Universidade Federal Fluminense
USP — Universidade de São Paulo

ANEXOS

REVISTAS DAS FACULDADES DE SÃO PAULO E RECIFE

Relatório somado de temática – Corte temporal com discurso

FACULDADE DE SÃO PAULO

1900-1929

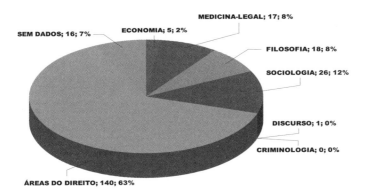

1931-1940

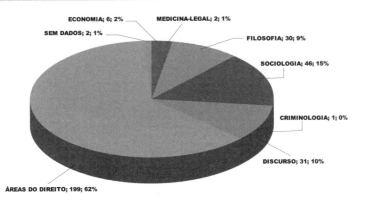

1948-1964

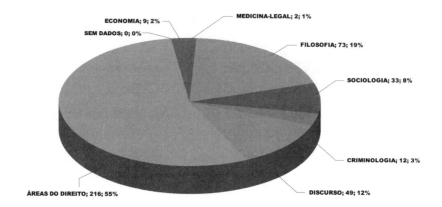

FACULDADE DO RECIFE

1911-1930

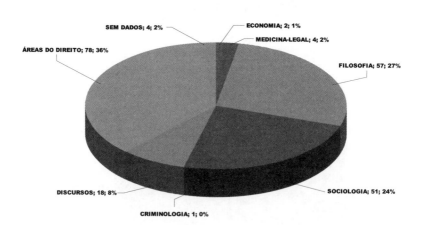

Poder & Saber

1931-1940

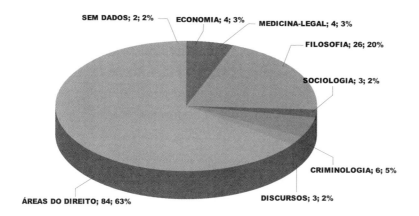

1946-1964

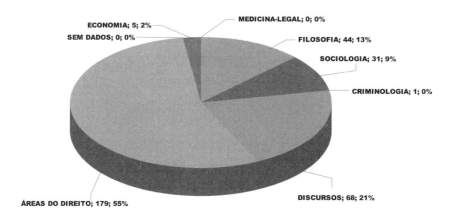

FACULDADE DE SÃO PAULO

1900-1929

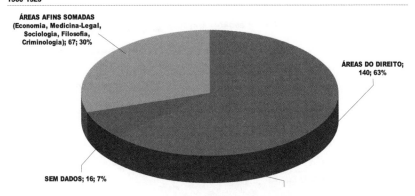

1931-1940

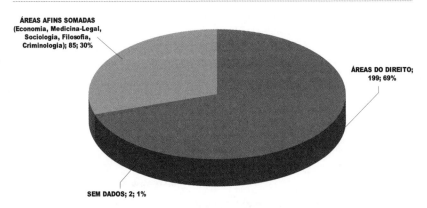

1948-1964

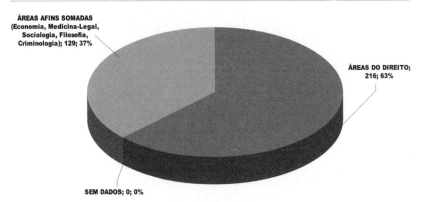

FACULDADE DO RECIFE

1911-1930

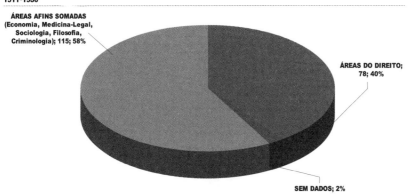

1931-1940

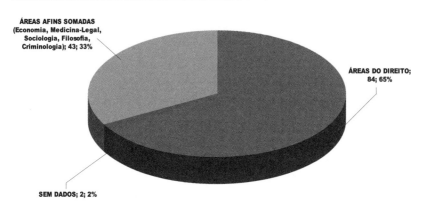

1946-1964

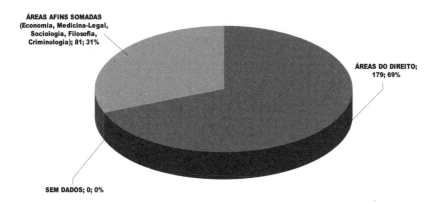

LEIA TAMBÉM

GEOPOLÍTICA DA INTERVENÇÃO
A verdadeira história da Lava Jato

A Operação Lava Jato desvendou um grande esquema de corrupção, ajudou a recuperar bilhões em dinheiro desviado dos cofres públicos e aplicou penas severas aos autores desses crimes. Por trás do encantamento que produziu na sociedade, sempre houve rumores a respeito das reais motivações dos investigadores, especialmente sobre um suposto conluio entre o governo americano e a Lava Jato. O autor, Fernando Augusto Fernandes, rejeitou as especulações e foi atrás de fatos e provas para contar essa história, sob sua ótica privilegiada, de quem viveu alguns de seus episódios decisivos como advogado. Este livro apresenta um relato objetivo, ilustrado com vários documentos e passagens que mostram com clareza os interesses ocultos dos Estados Unidos na Lava Jato. Não se trata de uma história colhida na superfície, mas sim de um trabalho de fundo, para localizar e encaixar as peças de um quebra-cabeças que retrata um Brasil emergente como liderança regional, os cobiçados poços de petróleo do pré-sal e o ataque a um dos líderes de esquerda mais populares e bem avaliados da história do país, em meio a ligações familiares e religiosas que vão sustentar as controvertidas ações do Judiciário. O livro é leitura obrigatória para compreensão de um dos episódios mais marcantes da história do Brasil.

LEIA TAMBÉM

VOZ HUMANA
A Defesa Perante os Tribunais da República

O objetivo deste livro é contar a história de resistência dos advogados perante os tribunais da República. A própria pesquisa foi alvo de repressão e censura, que acabou levando o autor à tribuna do Superior Tribunal Militar, palco da resistência judiciária contra a ditadura pós-64. Muito se perdeu com a apreensão do material de pesquisa, relatado à frente, por ordem do general Antônio J. Soares Moreira, presidente, à época, do Superior Tribunal Militar, e a proibição de acesso, por este pesquisador, ao arquivo em que se encontram todos os processos que tramitaram no Tribunal de Segurança Nacional (Estado Novo) e perante a Justiça Militar (ditadura pós-64). Este trabalho traz, de maneira cronológica, a atuação dos advogados contra o "desenvolvimento" das leis de repressão e controle social, que deram campo fértil às leis de segurança. A obra não tem a pretensão de cobrir toda atuação de uma classe de lutadores pelas s individuais frente à opressão, mas contar, sim, um pouco de.

GOSTOU DO LIVRO QUE
TERMINOU DE LER?
APONTE A CÂMERA DE SEU
CELULAR PARA O QR CODE
E DESCUBRA UM MUNDO
PARA EXPLORAR.

Impressão e Acabamento | Gráfica Viena
Todo papel desta obra possui certificação FSC® do fabricante.
Produzido conforme melhores práticas de gestão ambiental (ISO 14001)
www.graficaviena.com.br